人口8000万人
時代に向けての
日本経済

Japanese economy
with a population of 80 million

牛嶋 正
Tadashi Ushijima

風媒社

はしがき

　1980 年代にわが国が成熟社会を迎え、日本人の平均寿命が毎年ほぼ男女とも 1 年ずつ伸びるようになって先進国のなかでも最も上位の長寿国になっていく過程では、「高齢化」はむしろ社会がより豊かになる指標ともみなされた。しかも、先進国の多くが成長率 1 ないしは 2％で低迷するなかで、わが国は 4、5％の成長率を維持していた。そのうえ、バブル景気の進展とともに人口の東京一極集中が進んだため、1980 年代に入って出生率が急速に低下していったにも拘わらず、少子高齢化がやがてもたらすであろう人口減少の問題に対して人びとはそれほど注意を払ってこなかった。

　しかし、1991 年にバブルが崩壊し、成長率ゼロの「空白の 10 年」が始まり、国際社会においても冷戦構造の崩壊とともに経済のグローバル化が進展し、日本を含め先進国の経済力が、中国やインドのように膨大な人口を抱え計りしれない潜在的需要をもつ国々に向かうとき、世界経済の流れがこのような巨大な人口をもつ発展途上国の経済発展の速度に左右されるようになっていった。わが国においても多くの輸出産業が生産基地を中国やインドに移し、バブル崩壊後国内で思うように力を出し切れなかった多くの企業がその経済力を中国、インド、東南アジアに振り向けていった。

　このような日本企業の海外での生産活動はそのままその国の経済成長を押し上げることになるが、日本経済の成長・拡大には直接寄与することはない。もし、これらの企業が国内において生産し、それを輸出して中国国内の需要を満たしていくとすれば、貿易収支の黒字として日本経済の GDP に加えられ、その分わが国の成長率を押し上げることになったはずである。

　この間に出生率がどんどん低下し、合計特殊出生率は 1980 年代の 1.8 から 1.3 まで低下していった。人口維持のためには合計特殊出生率は 2.1 が維持される必要があるとされることから、ようやく戦後急速に増え続けてきた人口のこれからの推移について議論されるようになった。

　1995 年の国勢調査後に発表された人口問題研究所の報告では、1.3 のまま出生率が上昇しなければ、21 世紀の早い時期にわが国において人口減少が始まり、年を追ってその速度は早まっていき、21 世紀の中ごろには人口は 1 億人を割ることになると発表された。当然、その間も少子高齢化が進展す

ることから、このような社会構造のもとでその基盤をなす協働体制をいかに保持していくかが緊急の課題になっていった。

当時、高齢者の側から「70歳までは現役」という言葉が発せられていたが、このことに社会全体で真剣に取り組むことはなかった。国は年金給付の年齢を段階的に65歳まで引き下げることを決め、そのために起こる定年と年金支給年齢のギャップをどう埋めるかを企業も真剣に考えるようになっていった。しかし、21世紀に入って実際に人口減少が始まってくると、「70歳までは現役」という高齢者側の発言を国全体で制度化していくことが求められることになっていった。

戦前は定年は55歳であったが、平均寿命が60歳前後であったから、老後はわずか5、6年という短い期間であった。したがって、子供たちからの独立生活であっても、現役時代の蓄えで十分に老後の生活を送ることができたはずである。これに対して、定年が65歳としても、老後の生活が15年も20年もつづくことになれば、いかに整備された年金制度でも、老後の生活を支えるためには、かなり高い保険料を設定しなければならないことになり、年金制度を保険方式で行うこと自体が難しくなっていった。

21世紀に入って、ようやく「空白の10年」を乗り越えて成熟社会を迎え、潜在成長率2%に沿って日本経済が動き出したとき、経済を支える労働力人口の減少が大きな問題となった。経済のサービス化に伴って技術革新による労働生産性の上昇がそれほど期待できなくなってくると、労働力人口の伸びが成長の大きな支えになり、それだけに人口に先駆けての労働力人口の減少が問題視された。その場合、高齢者の多くが「70歳までは働く」という方向に老後の生き方を変えたとすれば、いましばらく労働力人口の減少を食い止めることができるようになる。

このような状況下、2008年にリーマン・ショックが発生し、グローバル化のもとで一気に金融危機が世界の各国に波及することで、1929年恐慌以来の影響を実体経済にもたらした。アメリカ経済との結びつきの強い日本経済は、潜在成長率2%に沿って動き出していたにもかかわらず、21世紀初頭のデフレ経済に逆戻りし、失業率は一気に5%近くまで上昇し、70歳までは自立・自活して少しでも協働社会にとどまることを考え始めた高齢者の意気込みまで萎えさせてしまった。

さらに日本経済にとって、デフレ経済からの脱却を難しくしたのは円高

傾向がつづいたことである。「空白の 10 年」においてわが国の GDP を支えてきた貿易収支の黒字を維持することが精一杯であって、黒字幅の縮小がそのままデフレ経済からの脱却を遅らせたことになる。円高による貿易収支の黒字幅の縮小分を財政支出の拡大で補おうとしたため、プライマリー・バランスの赤字を拡大させる結果となり、わが国において財政再建が緊急の課題となっていった。

　2013 年 12 月に発足した安倍政権はデフレ経済からの脱却と財政再建という両立の難しい二つの課題に取り組むことになるが、不退転の決意を示すため、敢えて、この二つの課題を国際公約とすることを決め、まず、リーマン・ショック以降 5 年もつづいてきたデフレ経済からの脱却を目指し、2 年後に 2% のインフレ率の実現を図るため、日銀と提携して思い切った金融緩和策を打ち出すことになった。このような安倍政権の経済運営は基本的には従来からの成長路線を踏襲するものであって、もう一つの国際公約である財政再建に対してどのような取り組みをするかが、国の内外から注目された。

　これに対して、安倍政権は民主党の政権時代に与野党協議で決められていた消費税率 10% への引き上げを予定通り実行することで、財政再建に対する国際公約をまず果たしていくという姿勢を取り、2014 年 4 月に第 1 段階の消費税率を 5% から 8% に引き上げることを実行した。しかし、税率 10% への引き上げについては延期がつづいており、デフレ脱却と財政再建の二つの国際公約ともいまだに実現されていない。

　中国やインドなど世界経済のけん引力となってきた国々がこれまでのような勢いを失ってきているとはいえ、それなりの成長率を維持し、アメリカ経済も着実に景気の回復を辿りつつあることを考える時、安倍政権の掲げるデフレ経済からの脱却は実現可能とみなされるが、誰もがその確信をもつことができないのは何故か。それには二つの理由が想定される。

　その第一は、為替レートが円安基調にありながら、貿易収支の赤字が 2 年近くもつづき、これまで貿易立国を目指す過程で築かれてきた貿易収支の構造が完全に崩れてしまったことである。バブル崩壊後空白の 10 年がつづくなかでデフレ経済に陥らずに GDP を維持してきたのは貿易収支の黒字であった。これはリーマン・ショック後円高がつづく過程でも維持されてきた。それが円安のもとで貿易収支の赤字はつづき、逆に、GDP を押し下げる方向に作用している。

もう一つの構造の変化は人口減少が始まり、それに先駆けて労働力人口が急速に減少し始めていることである。これは経済構造の変化というより社会構造の変化であるが、一国の潜在成長力がその国の人口の伸び、とりわけ、労働力人口の伸びによって決定されることを想定するとき、21世紀の日本経済にとって労働力人口の減少はきわめて大きい構造的変化とみなさねばならない。このような構造的変化を想定するとき、従来から取られてきた有効需要を引き上げてGDPを押し上げるという政策目標はとり難い。

　人口減少の過程においては、労働力人口の減少の速度によっては、GDPがマイナス成長でも国民の生活水準を向上させることが可能であることから、経済運営の目標をGDPの伸び率よりも、国民一人当たりの所得水準を着実に引き上げていくことに置くべきと考えられる。そのために、減少する労働力人口をもって人口増のもとで構築されてきた社会の協働体制をいかに効率的に維持していくかが問われる。そこでは経済運営の目標値としてこれまで想定されてきた失業率に代わって、いずれの職場においてもそこで働く労働者が長く労働インセンティブを維持し、さらにそれを強めていくような方向を目指さなければならない。したがって、雇用政策は失業率の低下を目標とするのでなく、労働者の一人一人が自分の能力を最大限発揮することができる職場で働けるようにすることが目標となる。

　経済運営の目標は成長率を一定の水準で維持することに置かれるのでなく、国民一人あたりの平均所得水準の着実な上昇を目指し、分配状態の平準化を推し進めることになる。これまでの成長政策のもとでは、一定の成長率を維持するため、一定の範囲で個人間ないしは地域間の所得格差は許容されてきたが、平均所得水準の着実な上昇を目指す経済運営では、いずれの所得格差であっても拡大は許されず、格差是正がもう一つの重要な政策目標となる。

　わが国は明治維新以降1世紀以上にわたって人口増のもとで経済が運営されてきた。その間、人口減少を見たのは第2次世界大戦が終結する前の1944年だけであった。国づくりの目標をどこに置くにしても、その大前提に人口増加があったことになる。したがって、これまでの国づくりにあっては改めて人口増加に関しては問われることがなかった。バブルが崩壊して少子高齢化が進展しても、また、21世紀に入って労働力人口が減少し始めても、人口増の前提はそのまま維持されてきた。

しかし、国造りの大前提は 2010 年を境に人口増から人口減に代わることになった。当然、国づくりの目標も国づくりの手順も見直しが迫られることになる。ただ、年間の人口減が 30 万人前後の場合、急激にこれまでの国づくりの方向を転換することは難しいが、現在の低い出生率がつづくとすれば、21 世紀の末にはわが国の人口は 5000 万人を切ることになりかねない。そのとき、これまでの日本人の日々の生活の安定・安全を維持してきた協働体制を維持することが難しくなり、日本列島のいずれの地域においても安定・安全な生活が保障されない状況が生まれてくることも懸念される。

　では、日本列島のいずれの地域においてもいまの安定・安全の日常生活が守られていくためにはどれくらいの人口が必要とされるのか。この問題に対するこれまでの分析で得ている人口は 8000 万人と想定しており、21 世紀末にそこに収束させ、22 世紀において、人口が一定のもとで国造りに徹することを目指そうとしている。そのためには、現在、1.3 と 1.4 の半ばで推移している合計特殊出生率を 21 世紀に 2 まで引き上げることが求められ、22 世紀において 2 が維持されていかねばならない。

　本書は、21 世紀の日本経済の運営にあたって前提に「人口減」を置き、そのうえで、人口増の大前提のもとで進められてきたこれまでの国づくりの目標や手順に対してどのような組み換えや修正が必要となるかを、できるだけ多くの側面や場面で見ていこうとするものである。

　しかし、この作業は問題の領域の広がりからも、分析の手法の多様性からも、一個人で進めることは不可能である。ましてや、現役を退いてかなりの時間が経つ私のような高齢者にとっては手に負えない研究内容とみなされる。ただ、私の場合は、これまでの半世紀以上にわたる研究生活がかなりの部分において、戦後の日本経済の歩みと重なり、それぞれの場面において軽重の違いはあるが、できるだけ客観的に、またできるだけ分析的に経済・財政の事象を眺めてきたという思いがある。この思いを心の支えにこの大きな課題に取り組むとき、あるいは、これからの分析の方向づけにおいても誤りを最小限度にとどめてくれるのではないかという気持ちも持っている。

　2011 年に当時の日本人男性の平均寿命である 80 歳に達してからの研究のテーマを「人口減少のもとでの日本経済の運営の方向づけ」に置き、それに集中してきた成果が、このように 13 の章で構成される一冊の本にまとめられ、風媒社から出版の運びになったことを、これまでにいろいろな形で私の

研究活動を支えていただいた多くの人びとに対する感謝の気持ちと、私自身に対するねぎらいの気持ちをもって受け止めたいと思っています。

　最後に、『宝暦治水』（2007年）に引き続き、さまざまなアイデアと示唆をいただき、このような大部の著書に仕上げていただいたことに対して、風媒社の山口章社長と劉永昇編集長に対して心から感謝申し上げます。

2018 年 6 月　　　著者

目次

人口減少と日本経済

— 21世紀における日本経済の行方—

1　2010年＝日本経済の転換点

(1) テーマとその進め方

　第2次世界大戦後の日本経済を振り返っても、サンフランシスコ条約の締結と国際社会への復帰（1953年）、第1次オイルショック（1973年）、バブルの崩壊（1991年）、銀行・証券会社の連続倒産（1995年）などいくつかの転換点を迎え、その度に日本経済はその向かう方向を少しずつ変えてきた。21世紀に入って直ぐに迎えた2010年は21世紀の日本経済の目指すべき方向を考えるとき、もっとも大きな転換点と位置づけられる。明治維新以降1世紀以上にわたって人口増のもとで経済運営が行われてきたのに対して、2010年からは人口減少を前提にした経済運営ないしは国づくりに向かわねばならない。

　今はまだ年間で20万人ないし30万人ほどの人口減少であるが、今後、減少速度は加速し、2030年で人口は1億1400万人、2050年には1億人を切ることも予想されている。このようにこれからの人口推移を想定するとき、21世紀における日本経済の運営をどのように進め、どのような国づくりを進めるかについて、これまでの人口増のもとで進められてきた経済運営に対して大きな方向転換が迫られる。本書は、人口減少がつづく21世紀において日本経済をどのように運営し、どのような国造りを進めるべきかを明らかにすることを目指す。

　人口増のもとでわが国は第2次世界大戦終結までは富国強兵を目指し、戦後は「貿易立国」を目指して国力拡大の成長路線を採ってきた。このうち、戦後の貿易立国は戦争放棄を宣言した平和憲法の下で経済の発展を図り、それを通じて国際社会に貢献することを目指すが、その場合、資源の乏しいわ

が国がこの目標を実現していくためには海外に資源を求め、国内でその資源を使って優れた工業製品をつくり、そのうちの一部を輸出して外貨の確保に努めるが、そのためにつねに貿易収支を黒字で維持することが求められる。このことから戦後日本が目指した国づくりの方法は「貿易立国」と呼ばれてきたが、それは加工型産業構造の確立を目指すものにほかならない。

(2) 人口と潜在成長力

　一国がどれほどの経済拡大の力を持つかを見る指標として「潜在成長力」が使われてきたが、それを決めるもっとも大きな要因として人口とりわけ労働力人口が想定された。すなわち、モノをつくるのに優れた機械や設備が使われるが、いくら優れた機械・設備があってもそれを動かす人間がいなければモノはつくられないし、機械そのものも人間がつくったものであることを考えるとき、人口とりわけそのなかで労働に参加できる労働力人口がその国の潜在成長力を決める重要な要因とみなされてきた。その場合、人口の規模とともに人口の伸び率も考慮しなければならない。さらに、人口に加えて技術水準および今後の技術開発力も一国の潜在成長力を決める要因に加えられる。

　戦後、わが国が貿易立国を目指した 1950 年代の日本経済は道路・港湾・鉄道・通信施設等の経済活動の基盤となる社会資本の整備は十分ではなく資源も乏しかったが、人口は 9500 万人に達しようとしており、その伸び率も 2、3% 前後の高い水準にあったことから、大きな潜在成長力を秘めていたともいえる。そのため、貿易立国のもとで、その潜在力を引き出す手段の確立に向かった。これに対して、現時点では、人口は 1 億 2600 万人であるが、これからは人口の減少が想定されることから、わが国の潜在成長力はこれまでのように大きく想定することは難しく、21 世紀の日本経済の運営ではこのまま戦後の貿易立国が目指してきた成長路線を踏襲することは不可能ともみなされる。

(3) 新しい経済運営の目標

　「実質成長率 2% 以上、インフレ率 1.5% 前後の安定した軌道に沿って経済を運営しながら、国民一人当たりの平均所得水準を着実に高めることを目指す。そのために失業率をできるだけ 4% 以下に抑え、個人間および地域間の

所得格差が縮小に向かうように努める」が、21 世紀を迎えてわが国が掲げてきた経済運営の目標であった。バブル崩壊後 10 年以上の長い停滞のあとに迎えた新しい世紀であっただけに、これまでの目標に比べて少し控えめなこの目標は多くの国民のコンセンサスを得ることになり、その後、政権の交替がたびたび繰り返されたが、いずれの政権も経済運営に関してはこの目標を受け継いできた。

　そして、2003 年以降この目標はほぼ実現を見たが、2008 年のリーマン・ショックおよび 2011 年の東日本大震災以降はギリシャ、イタリア、スペイン等の EU 諸国において財政危機がつづき、わが国はリーマン・ショック以降 5 年以上にわたってデフレ経済から抜けられなかった。2012 年 12 月の総選挙で民主党から政権を奪回した自民党は安倍内閣[1] を発足させ、デフレ脱却を目指して新しい成長戦略を打ち出してきたが、円安による貿易収支の改善が期待され、株価もリーマン・ショック前の水準を回復するなど景気の上向きを示す状況にはあったが、2 年後に 2% のインフレ率の回復を目指す当面の目標の達成に対する確信はいまなお得られていない。

　ただ、2010 年にわが国の人口はピークに達し、人口の減少が始まったことを今後の経済運営にあたって念頭に置かねばならない。まだ、人口減少の速度は緩やかであるが、それに先駆け労働力人口の減少がかなりの速度で進んでいることを考慮するとき、いわゆるアベノミクスの目標実現は難しくなる。アベノミクスが目指す成長路線は人口増加のもとでとられてきた経済運営の目標そのものである。しかし、人口が減少する過程でも経済を安定的に維持していくためには、平均所得水準が持続的にわずかでも上昇することが求められる。これまでのようにパイを大きくすることを通じて平均所得水準を高めるのではなく、パイの分け方に政策の重点を置き、個人間および地域間の所得格差の拡大を抑え、最低限度の生活を少しでも高めていくことで安定・安全な社会の確立を目指さねばならない。

　この場合、国は GDP 成長率を目標に掲げて経済の経営を進めるのではなく、最低限度の生活を着実に高めていくことに政策の重点を置くことが求められる。このような目標として平均所得水準の確実な上昇と所得分配の平準化が求められる。このような目標を掲げての経済運営の方向づけは、貿易立国の目標とはその方向を異にするものである。

2 日本経済を取り囲む 21 世紀の環境

(1) 日本経済を取り巻く環境の変化

　21 世紀の日本経済の運営および国づくりの方向を見定めるにあたって、その大前提に人口減少をおき、その転換点として 2010 年を想定してきたが、それまでの人口増加を前提とする 20 世紀の経済運営においても、日本経済を取り巻く情況において見逃すことのできない多くの変化が起こってきた。それは、わたしたちの日常生活も含めて経済社会のあらゆる側面において見出されるが、ここではその環境の変化を次の 5 項目にまとめておこう。

　　(1)　少子・高齢化
　　(2)　経済のサービス化
　　(3)　経済のグローバル化
　　(4)　地球温暖化
　　(5)　情報化

これら 5 つの項目のいずれもが 20 世紀において、わが国がめざしてきた「貿易立国」のもとでもたらされてきた。その意味から、21 世紀における日本経済の運営の大前提に「人口減少」をおくとしても、これらの日本経済を取り巻く環境の変化がもたらす経済運営上の諸問題を無視して、日本経済における国づくりを議論することはできない。

　このうち、少子高齢化については、1970 年にわが国の高齢化率が 7% に達して高齢社会の仲間入りをしてから、それ以降は他の国より早く高齢化が進み、21 世紀に入る前に先進国のなかでもトップの高齢社会を迎えた。さらに、1980 年代に入って合計特殊出生率が 1.8 を割り、それから急速に低下して 1.3 を下回ることになって、世界一の少子高齢社会になり、2010 年には人口減少の転換期を迎えることになった。

　さらに、少子高齢化は年金をはじめ社会保障制度への影響は大きく、当然、医療保険、介護保険など社会保障制度に与えてきた影響についてはきちっと議論し、「すべての国民に対する最低限度の生活の保障」という国の基本的役割[2] について議論を進めなければならない。

(2) 人口減少のもとでの経済運営の目標

　国民のすべてが将来に少しでも希望を持ち毎日の生活が安定・安全に営まれるためには、生活を支える所得が将来にわたって安定して得られること

が保障され、少しずつでも上昇が期待されることが条件となる。しかし、人口減少のもとでこの条件を満たすことは必ずしも容易ではない。なぜなら、人口増の場合は分配すべきパイそのものが拡大することでこの目標を実現することができたが、人口減少の過程ではパイの縮小を前提にその分け方を工夫しながらこの目標の実現を図らねばならないからである。

そのためには個人間においても地域間においても格差をできるだけ是正し、最低限度の生活水準を着実に高めていくことに経済運営の重点を置かなければならない。このような消極的な考えは、一国の潜在成長力がその国の人口の伸びによって支えられるという考えにもとづく。本書ではこの問題は第6章「所得分配と社会保障─少子高齢化と社会保障─」において改めて取り上げ、「すべての国民に対して最低限度の生活を保障する」という国の基本的役割と関連づけて議論する。

(3) 経済のサービス化と新しい価値基準

形のある「財」の場合は売り手にとっても買い手にとってもその財の価値評価は比較的容易であるが、形のないサービスの場合は、サービスの量や数を測ることが難しく、それだけにサービスの質という中身が問題となることから価値評価は容易ではない。そのため、サービスに関しては市場において価値の調整機能が十分に働かないという問題をもたらし、資源の効率的利用においても不都合なケースが現われてきた。たとえば、仕事のない弁護士や公認会計士の存在やフリーターと呼ばれる若者の存在はその一例である。そして、国内総生産のなかに占めるサービスの割合が70%以上に達していることを考えるとき、価格の調整機能の後退はもはや避けられない。

したがって、サービスの分野において価格に代わってサービスに向けられる資源の効率的利用を促す新しい価値基準を用意することが求められるが、サービスの種類ごとにそれにマッチした価値基準の設定が必要なことから、この条件の充足は必ずしも容易ではない。この問題の解決にはサービスの種類ごとにそれぞれのサービスの質に合った独自の価値基準の設定が求められることから、まず、すべてのサービスに共通に適用される基準づくりのルールを確立することが前提となる。この問題については、第4章「市場原理の有効性とその限界─サービス化の進展と市場メカニズム─」においてサービスの分類を行いながら検討を加える。

(4) グローバル化とマネーの流れ

　経済のグローバル化は21世紀においても更なる進展が予想されることから、これまで以上に生産基地の海外への進出をはじめとして、インフラの整備の面でも海外での経済活動は拡大すると予想される。これに伴って人や資本の国家間の流れが拡大することを考えるとき、その国内への影響が人口減少過程においてどのような現れ方をするかが問題となる。これまでの人口増加の過程でのグローバル化では生産基地の海外への進出によって国内での雇用機会が狭められることが問題となったが、人口減少過程で労働力人口の減少が想定されるとき、これがどのように形を変えていくかが問題となる。

　さらに、グローバル化については金融危機の問題と関連して、ある国における金融危機がすぐさま世界の各国に伝播して、リーマン・ショックのように世界的金融危機に拡大する危険を念頭におかねばならない。とくに、金融市場が1日24時間地球上のどこかで開かれていて、つねにその情報が世界中に伝播され、市場間の連鎖反応が拡大的に進み、各国の資金が一瞬にして一金融市場に集中することも想定され、金融危機の拡大を招きかねない危険をはらんでいる。

　では、一国で発生した金融危機が世界的規模の金融危機に拡大することを防ぐことはできないのか。この問題はリーマン・ショック以降10年近くにわたってデフレ経済からの脱却ができないでいるわが国にとっては重要な問題である。

(5) 地球温暖化と環境問題

　温室効果ガスの濃度は21世紀に入ってからも急速に高まっている。京都議定書にもとづいて先進工業国が21世紀に入ってCO_2の抑制に努めてきたことを想定すれば、CO_2の21世紀に入ってからの濃度の急速な高まりは、中国やインドをはじめとする発展途上国における急激な生産活動の拡大にもとづくことは明らかである[3]。

　もし、この速度でCO_2の濃度が高まれば、地球温暖化の危険水域とみなされる450ppmにあと20年ほどで到達すると予想される。このことからすれば、発展途上国も含めて思い切ったCO_2をはじめとする温室効果ガスの削減計画を協議・立案し、それに沿って各国は地球温暖化の防止に協力すべきである[4]。この実行が京都議定書の作成にあたって議長国を務めたわが国

からみて容易ではないことは理解できるが、まず、国内においてこの覚悟を共有する世論を形成しなければならない。場合によっては、原発の再開問題と関連して議論されているエネルギー問題とも関連し、アベノミクスが目指している成長路線自体が方向転換を余儀なくされることも考えられる。

(6) 情報化と個性の喪失

インターネットの普及や携帯電話の機能の多様化など情報伝達手段の高度化は、これらの情報伝達手段を利用する個人に対して、膨大な情報を一方的にもたらすことになり、その利用者ははじめは自分が求める情報を取捨選択することに努めるが、いつの間にか情報の選択の意欲も失い、大量の情報から目につくものだけを拾い上げるようになる。そのうちに、情報選別の気力も能力も後退し、日常生活における他人との関係において意見の食い違いなどの問題が起こったとき、適切な対応に欠けることから問題をこじらせたまま相手との関係が薄れるという事態が増えることも懸念される。

さらに、このような状態がつづくとき、示された情報にしたがって行動することが多くなり、いわゆる個人生活のマニュアル化ないしは画一化が進行することになる。誰もが同じ行動を取り、同じ考えを持つことから個性が失われ、ここでも余計な判断力・思考力が必要とされなくなり、結果的にそれに関連する能力も後退する。このような人びとの行動の画一化・マニュアル化が協働体制を基盤とする現代の社会での経済活動にどのような影響を与えるかは大きな問題となりつつある。

1日24時間の生活時間のうちから生活必需時間[5]を取り上げるとき、多くの人びとは両親や兄弟などの家族と一緒に生活することから、マニュアル化・画一化が進むことによって、家庭で家族同士が交わす会話が少なくなり、家族間の親密性が薄れるとともに、子供たちにとっては社会性を身につける場としての家庭がその機能を次第に低下させることにもなりかねない。

また、労働時間や移動時間においてもパソコンや携帯電話を使っての個人間の関係は直接顔を合わせての会話でないことから、相手の表情を見ることなしの会話となり、通り一遍の連絡で終わり、少しの感情の流れもなくなる。このことによって労働時間における時間の拘束性を強く感じるようになれば、労働生産性にも影響をもたらすことは避けられない。

(7) 環境の変化のもとでの新しい目標

　人口減少を前提にする限り、これまでのように成長路線をそのまま継続していくことが困難であるとすれば、それに代わる経済運営の目標として、「国民の一人一人が緩やかであっても生活水準の向上が実感でき、各人が掲げる生活の目標ないしは人生の目標に向かって一歩でも二歩でも前進していることが実感できる経済環境を実現する」ことが新しい目標となる。このような目標を掲げる場合、成長路線のように何パーセントの成長率というように明示的に設定することができないだけに、経済運営の方向は曖昧となる。

　人口増の過程においては各個人の生活水準の向上は全体のパイが大きくなるなかで図られてきたため、個人間あるいは地域間の所得格差が広がっても、各人の生活水準の向上は可能であったといえる。しかし、人口減少のもとではパイの縮小事態も想定しなければならないことから、所得格差に関してはその拡大は許されず、当然経済運営にあたってかなりの部分を格差是正に向けなければならない。

　所得格差の拡大が地域間にしても個人間にしても成長路線に伴う結果とすれば、人口減少に伴って格差の是正を全面的に進めることは、成長路線の「影」の部分の修復ともみなされる。同じように地球温暖化の進行に対して、これを食い止めることに 21 世紀の経済運営の重点を置く場合、地球温暖化がこれまでの成長路線における温室効果ガス CO_2 の大量排出にもとづくかぎり、ここでも 21 世紀の経済運営は成長路線の「影」の部分の修復という形を取る。このように、21 世紀の経済運営のかなりの部分は、どちらかといえば後ろ向きの議論になりがちであるが、これらの施策を進める過程で地方の役割は大きくなり、地方が気にすることで経済運営が着実にその目標を実現することになるとすれば、地方においても前向きの経済運営が求められる。

　これまでのような人口の他地域とくに大都市への転出を極力抑え、むしろ、他地域からの転入を促さなければならない。そのためには格差の拡大を何としても食い止めるという消極的な経済運営ではなく、地域の特色を生かす前向きの経済運営を展開しなければならない。そのために、官民は一体となってそれぞれの地域において独自の経済運営を進めることが求められる。

3　人口減少のもとでの経済運営

(1)　平均所得水準上昇の条件

　国民一人あたりの平均所得水準の上昇の条件は、GDP の実質成長率 $\triangle Y/Y$ が人口の増加率 $\triangle P/P$ を上回ることである。これまでのわが国での経済運営は人口増加のもとでその伸びを上回る実質成長率を保持し、それに伴って平均所得水準の着実な上昇を維持してきた。そのことが各個人の将来に向かっての見通しを明るくし、日本経済の根底に成長を支える潜在力を持たせてきた。すなわち、GDP の拡大、人口の増加、平均所得水準の上昇という三つの要因がうまくかみ合って拡大再生産の過程が堅持されてきた。言い換えれば、わが国においても人口増加が潜在成長力を決める重要な要因であったことになる。

　この三つの要因のうち、人口の増加率については、もちろん、日日の経済活動によっても影響を受けるが、実際には多くの要因が関連しており、たとえば、人口の動向に直接関連する出生率などは、女性の生き方と関係することからさまざまな要因が係わる。それだけに人口の動向には急激な変化は見られないが、それに影響を加え政策的にその動向に変化をもたらすことも難しい。そのため、短期的な経済運営においては、人口動向は与えられたものとみなされてきた。したがって、平均所得水準の継続的上昇を維持するための条件、

$$\triangle Y/Y > \triangle P/P$$

を満たすため、短期的には実質成長率がどのように決まるかが問題となる。

　いま、生産に参加する労働力人口[6] を N で表し、国内総生産を Y で表すとき、実質成長率は次のように定式化される。

　　実質成長率 $\triangle Y/Y=$
　　　労働力人口伸び率 $\triangle N/N+$ 労働生産性伸び率 $\triangle Y/N ／ Y/N$ [7]

　ここで労働力人口の伸び率と人口の伸び率が等しいとおくとき、平均所得水準は労働生産性の伸び率がプラスであれば上昇する。しかし、人口がほぼ横ばいで推移しながら労働力人口が減少するときは、平均所得水準を上昇させるためには労働生産性の上昇が大きく図られねばならない。逆に人口が減少しても、労働力人口が維持されるときは労働生産性の伸びがそれほど大

きくなくても平均所得水準の上昇は維持される。かくして、人口減少下での平均所得水準の増減に関しては労働力人口の推移が重要な決め手になる。

(2) 人口の地域間移動と所得格差

　実質成長率を決める関係式から、いま仮に、各地域での労働生産性の伸び率がほぼ等しいとすれば、各地域の実質成長率は労働力人口の伸び率によって大きく左右される。そして、人口増加の過程において地域間の人口移動もつづいてきたが、その移動の主体が労働力人口であったことから、人口の転入より転出が上回る地域と転出より転入が上回る地域では、実質成長率に大きな格差をもたらし、それが平均所得水準の地域格差を拡大させてきた。

　したがって、人口増加過程における地域格差の推移に関しては、都道府県間の転出・転入人口の推移を比較することである程度把握することができる[8]。そして、これまでの人口増の過程では、人口増加の速度が大きいほど社会増減人口の幅が地域間で大きくなり地域格差を拡大させた。問題は、人口減少が始まり減少速度が加速していくとき、地域間の人口移動がどの方向に向かうかである。

　もし、人口増の過程で見られた人口増の速度と地域間の人口の移動量との正の相関がそのまま人口減少の過程においても適用されるとき、むしろ、人口減少過程では地域間格差の拡大が急速に収まることも予想され、場合によっては、たとえば、農業や林業に仕事を求める若者が増加して、都市から地方への労働力人口の移動が増大するときは、転出入人口の推移が逆転することも想定される。

　ただ、人口減少が始まったとはいえ、2012 年 10 月 1 日のデータによれば、それまでの 1 年間の人口の減少は 23 万人前後に過ぎなかったから、人口の地域間移動について十分なデータが得られにくく、それだけ予想を伴うことになるが、別の見方をすれば、それぞれの地域で展開される「まちづくり」や「村おこし」がその地域の人口移動に大きな影響を与えることも十分に期待される。

(3) 労働生産性の伸び率と平均所得水準の推移

　いま仮に、労働生産性の伸び率＝0 の場合を想定するとき、平均所得水準の推移は人口の動向と労働力人口の動向に依存し、とくに、人口の減少過程

で労働力人口の動向が問題となる。人口が減少しても労働力人口が変わらないか、人口より緩やかな速度での減少がつづけば、平均所得水準は上昇をつづける。この状況は、図序-1「人口増加率と労働力人口の伸び率」の45度線で示される。

　図序-1にもとづいて人口が増加するときでも労働力人口の伸び率がそれ以下のとき、平均所得水準は低下する。逆に、人口の減少がつづいても労働力人口の減少速度がそれより緩やかであれば、平均所得水準は高まることになる。すなわち、45度線上で平均所得水準は一定の水準を維持し、45度線の下の斜線の部分で平均所得水準は上昇する。かくして、人口減少のもとでの方向づけで労働力人口の動向が重要性を持つことは明らかである。

図序-1　人口増加率と労働力人口の伸び率

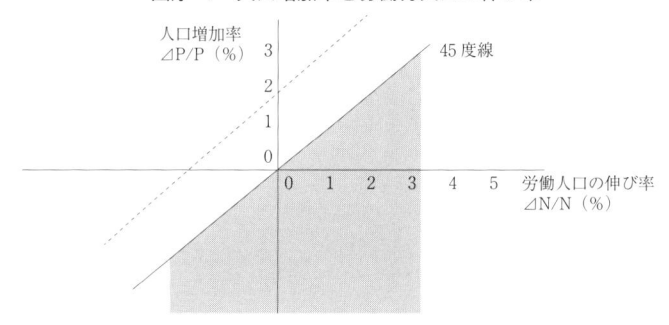

　これに対して労働生産性の伸び率が2%の場合を想定するとき、人口の増加率がゼロで労働力人口が減少してもその減少率が2%以下の場合は、平均所得水準は上昇することになる。言い換えれば、図序-1の平均所得水準を上昇させる経済運営の領域は広くなる。仮に、人口の減少より労働人口の減少が早くなっても、その差が2%の範囲内であれば、平均所得水準を一定の水準で維持するか、わずかな上昇さえ実現されることになる。

　かくして、人口減少のもとでの経済運営において、国民一人当たりの平均所得水準を少しでも高めていくという従来からの目標を実現していくためには次の二つの条件をできるだけ満たしていかねばならない。

条件1：労働力人口の減少を人口の減少よりできるだけ遅らせる
条件2：人口減少のもとでもできるだけ労働生産性の向上を図る

この条件のいずれも人口減少の推移のなかで満たしていくことは難しいが、このあと、第4節において、まず、条件1を取り上げ、わが国での人口と労働力人口の動向について見ていくことにしよう。

4　人口と労働力人口の減少速度

(1) 人口および労働力人口の将来推計

　2011年11月に厚生労働省が行った労働力人口の将来推計によると、日本の2030年における労働力人口は2006年の6657万人から1070万人減少して5588万人になると推計されている。両期間の中間の2017年では労働力人口は6217万人であり、労働力人口の減少速度はかなり急激である。図序-2「労働力人口の見通し」にもとづくとき、2006年から2030年までの24年間の労働力人口の減少率は年平均で0.7%であるが、2006年から2017年までは年率で0.6%、2017年から2030年までは年率0.8%であり、減少速度が加速することが予想されている。

図序-2　労働力人口の見通し

　これに対して、社会保障・人口問題研究所の将来人口の推計にもとづいて、図序-2に合わせて2006年、2017年、2030年のわが国の人口の推計値を求めると、図序-3「人口の見通し」が描かれる。図序-3にもとづいて2006年から2030年までの人口減少率を年率で求めるとき0.4%であり、明らかに労働力人口の減少速度の方が人口の減少速度より早くなっており、もし、労働生産性の向上が伴わなければ、国民一人当たりの平均所得水準は漸減を余儀なくされる。

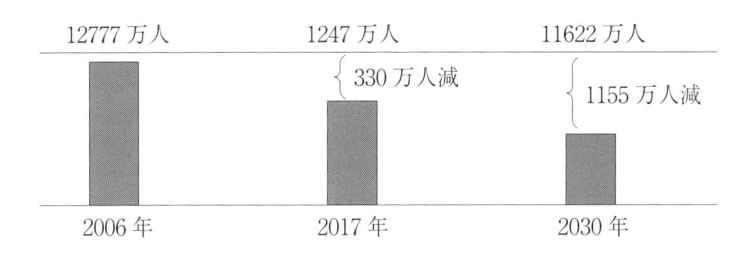
図序 -3　人口の見通し

このように人口と労働力人口の減少速度の差をもたらした要因の一つとして、高齢化が世界各国のなかでも最も早く進展し、労働力人口から引退しても平均寿命の延長に伴って人口の一員として長くとどまることを想定させる。もう一つの要因としては、わが国では1980年代になって急速に少子化が進み、労働力人口から老年人口に移る人口の方が年少人口から労働力人口に仲間入りする人口に比べて多いことにもとづく。かくして、労働力人口の減少を遅らせるためには、労働力人口として長く現役にとどまることを促し、労働力人口の減少を人口減少より遅らせることが求められる。

出生率も変わらず、平均寿命もそれほど変化しない安定的人口動態の国では、人口ピラミッドも安定した二等辺三角形の形を取る。これに対して、人口ピラミッドが不安定な形を取る場合は、出生率が年によって大きく変わる場合である。出生率の変化が戦争や大災害などの社会の大きな出来事によってもたらされるとすれば、人口ピラミッドの形がそれ自体不安定要因となり、そのまま経済運営の難しさを示す。図序 -1 と図序 -2 で見てきたように、労働力人口の減少が人口減少を上回って進行することによっても平均所得水準の低下をもたらす。しかし、いびつな人口ピラミッドの形状を二等辺三角形に正常化するのに 1 世紀という長い期間が必要とされることを想定するとき、21 世紀のわが国の経済・社会の運営は、いびつな人口ピラミッドを前提に進めなければならない。それだけに平均所得水準の上昇はその伸び率がいかに小さくても、経済運営の目標としては実現の難しいものとなる。

(2) 労働力人口の動向と高齢者の就労

わが国では 60 歳定年の企業が圧倒的に多い。これを踏まえて 1970 年に年金制度が創設されたとき、年金支給開始年齢は 60 歳と決められた。その後、

平均寿命の延長に伴って漸次 65 歳まで引き下げられてきたが、それに伴って定年から年金支給を受けるまでの間就業する人も多くなってきた。個々の企業もできるだけ 65 歳まで就業できるような制度・仕組みを準備してきた。

しかし、これからも日本人の平均寿命が現在の女性 86 歳、男性 80 歳からさらに伸びることを想定するとき、できれば定年を 65 歳まで延長し、70 歳代の前半までは働きたい人に対しては、働く場が用意されることが望まれる。これによって人口の減少がつづく過程でもしばらくの間労働力人口の減少を食い止め、その速度を遅らせることが可能となる。

2018 年にわが国の高齢化率は 23% に達し、高齢者の人口は 2948 万人に達している。このうち、600 万人の高齢者が何らかの仕事についているとみなされるが、定年を 65 歳まで引き上げ、70 歳まで働きたい人に働く場を用意することになれば、毎年 100 万人くらいの高齢者が労働力人口としてとどまることになり、図序-2 における労働力人口の減少率はかなり抑えることができ、その減少速度は人口の減少速度より遅くなり、図序-1 の 45 度線以下の領域で経済運営を進めることができることから、その間、平均所得水準の上昇を維持するという経済運営の目標は実現される。

戦前、多くの企業において定年は 50 歳から 55 歳であったが、当時、平均寿命が 60 歳前後であったことを考えるとき、日本人は平均寿命の年齢まで労働力人口にとどまっていたことになる。そのため、老後の生活はそれほど長くなかった。ましてや自営業者や農業の従事者は誰もがほとんど生涯にわたって働き続けて人生を閉じたともみなされる。戦後、驚異的な高度成長を通じて生活水準の向上とともに、日本人の平均寿命も急速に延び、いまや世界でも有数の長寿国となった。女性 86 歳、男性 80 歳の平均年齢を考えるとき、生活や労働に必要な体力も平均寿命に近い年齢まで保持できるようになったと考えられる。

現在、定年は 60 歳ないしは 65 歳まで延長されているが、平均寿命が延びてきたことからすれば、男性・女性とも後期高齢者に仲間入りする 75 歳くらいまでは労働力人口にとどまり十分に活動できる体力が保持されているともみなされる。もちろんこの年齢まで労働に参加するかどうかは各人の選択にゆだねられるとしても、定年後 5 年程度労働力人口にとどまる仕組みを 70 歳ないしは 75 歳まで延長することも可能であると考えるとき、しばらくの間労働力人口の減少を食い止め、少なくともその減少速度を緩めることは

十分に可能である。

　もし、このような制度・仕組みがつくられて多くの高齢者が70歳を超えても協働体制の一員としての役割を担いつづけることになれば、高齢者に対する見方も変わり、これによって平均所得水準が維持され少しでも向上を見ることができるならば、人びとは日々の生活において安定・安全を取り戻すことが十分に可能となる。

(3) 女性の労働力率と出生率

　表序−1「産業別就業人口の推移」にもとづいて、戦後の就業人口の推移を見るとき、ベースに人口の伸びがあるとしても、つねにそれを上回る伸びを維持してきたことが分かる。たとえば、1985年から1990年までの5年間の就業人口の伸び率はそれ以前の1960年代および70年代の比較的高い出生率と関連するが、それ以上に女性の社会進出、とくに、専業主婦として家庭にとどまっていた女性がパートタイム制や派遣社員制などの雇用形態の多様化に伴って労働人口に加わったことが大きい[9]。

表序・1　産業3部門別就業人口の推移

（単位：万人）

	1975	1980	1985	1990	1995	2000	2005	2010	2015
全産業	5,223	5,553	5,806	6,249	6,459	6,446	6,356	6,259	6,057
1次	672	607	521	485	392	362	358	314	374
2次	1,841	1,926	1,992	2,097	2,126	1,979	1,713	1,550	1,273
3次	2,710	3,020	3,293	3,667	3,941	4,103	4,285	4,395	4,407
人口	11,194	11,706	12,105	12,361	12,557	12,673	12,779	12,806	12,765

　人口の年齢構成を見る方法としては、人口ピラミッドで見るのが一般的であるが、もう少し大雑把に人口の年齢構成を3段階に分けてみる方法もある。すなわち、出生から15歳未満を年少人口、15歳から65歳未満を生産年齢人口、そして、65歳以上を老年人口と呼び、3区分している。このうち、生産年齢人口をそのまま労働力人口と見ているわけではない。労働力人口は生産年齢人口および老年人口のうち生産に参加して働く意思を持つことが条件となる。したがって、15歳以上の生産年齢人口でも学校に通っている生徒・

学生は労働力人口には入らない。専業主婦も家庭では一番の働き手であるが労働力人口には入らない。このように見てくると、労働力人口の推移は大きくは人口の動向に左右されるが、短期的には女性とくに主婦の生産参加への意向が問題となる。

　生産年齢人口および老年人口に対する労働力人口の割合を労働力率と呼んでおり、とくに、女性の労働力人口の推移を見るときこの比率が問題となる。表序 -1 で見てきた 1985 年から 90 年までの 5 年間はバブル期にあたり、いずれの企業も求人が旺盛で女性の労働力率を一気に高めたことが就業人口の増加をもたらしたことになる。その意味では、人口の減少過程で労働力人口の減少を少しでも食い止め、人口減少より少しでも遅らせていくために、女性の労働力率を高めていくことが大きな要因となる。

　ただ、女性の労働力率の上昇が一方で出生率の低下をもたらしたことは確かであって、1980 年代後半ころから合計特殊出生率[10] は急速に低下傾向をたどることになる。両者には特別の関係はないが、合計特殊出生率の低下が女性の晩婚化や未婚率の上昇にもとづくとすれば、これらの傾向は女性の社会的地位の向上を伴うことも確かである。一方、合計特殊出生率の低下が子育ての期間を短くし、それだけ女性が働きやすくなるとすれば、両者の間にトレード・オフの関係が想定され、女性の労働力率を高めることと合計特殊出生率を引き上げることとを同時に進めることは難しい。

　しかし、人口の減少を少しでも遅らせ、また、労働力人口の減少を食い止めるためには、二つの数値を同時に高めていかねばならない。そのために少し長い時間が必要とされるが、ドイツやフランスなどの西ヨーロッパの国々において、合計特殊出生率がわが国より高い水準を示しながら、女性の労働力率もわが国より高い水準をあることを想定するとき、保育制度や雇用制度など女性の生活を取り囲む社会環境を大きく変えることによってわが国においても労働力率と出生率を同時に高めることが可能となる。その実現にはかなりの時間と財源が必要となることはいうまでもない。しかし、人口減少のもとでの経済運営では回避することのできない課題である。

5　貿易立国の光と影—戦後の成長過程—

(1)　1 ドル =360 円からの出発

　日本が国際社会に復帰した 1953 年は終戦の年から 10 年もたっていなかっ

たことから、道路、港湾、鉄道、通信施設等の社会資本は戦争による荒廃から完全に立ち直っておらず、国づくりの目標に貿易立国を掲げたもののスタートラインに立った日本経済は目標に向かって力強く第一歩を踏み出すような状態ではなく、見方によってはきわめて頼りない姿であったとも想定される。その状況は1ドル＝360円の為替レートによって象徴的に示されていた。

　しかし、それから5、6年後に「戦後の奇跡」と呼ばれた高度成長を見ることになるが、なぜ、このような奇跡が起こったかをその背景まで含めて説明していくと、多くの時間とスペースを必要とすることから、ここでは日本経済が再出発するにあたって与えられた二つの僥倖を取り上げ説明するにとどめておこう。その一は、1950年から52年にかけて朝鮮半島で勃発した朝鮮戦争において、わが国が米軍を中心とする連合軍に対する物資の補給基地としての役割を担ったが、その間に60億ドルの外貨を得ることができ、海外からの資源の輸入を確実なものにできたことである[11]。

　もう一つの僥倖は、中近東の産油国が戦後に主権を取り戻して石油の発掘権を手に入れ、みずから原油の発掘に乗り出し、競って原油の輸出に向かったことから、1バレル＝8ドルという低価格でエネルギー資源を輸入することができたことである[12]。しかも、その輸送に使われているタンカーが戦前からわが国で培われてきた造船技術と結びついて、この分野でもわが国経済は立ち直りのきっかけを掴んだ。

　さらに、1960年代は世界的に好況がつづき、それを背景にわが国は年率で10％というハイレベルでの高度成長が、第1次オイルショックが発生した1973年までつづくことになり、「戦後の奇跡」を引き起こした。そして、これによって日本経済は急速に力をつけていくことになった。1964年には早くもOECDへの加盟が認められ先進国に仲間入りし、1967年にはわが国のGDPは世界のGDPの10％を占め、アメリカに次いで第2位となり、経済大国の地位を確立した。そして、貿易立国の最大の課題である貿易収支の黒字は1970年代から2012年10月期まで途切れることなく40年以上もつづくことになった。

　このような20世紀における実績はまさに貿易立国の「光」の部分であって、このような実績を残しえた要因がどこにあったかを振り返るとき、多くの要因・条件が指摘されるが、ここではそのうちから、三つの要因を取り上げて

おこう[13]。その第一は、その間人口の増加が2、3%という高い伸び率でつづいたことであり、第二に、日本人が勤勉でモノを大切にする国民であったことがあげられる。その間、毎年所得の増加がつづいたが、その多くが貯蓄に向けられ、それが各企業の技術開発への努力と結びつき、生産の拡大を促す膨大な設備投資につながっていった[14]。

そして、第三として、戦前から各地域で発展してきた地場産業において蓄積されてきた高度の生産技術ないしは生産技能がそれぞれの分野で行われる設備投資と結びついて労働生産性を著しく高めたことである。そして、このことが臨海工業地帯での生産活動の集中がかなり過度になることに対しても歯止めの役割を受け持ったことは確かである。

この間にわが国で形成されていった国力をもう一度為替レートで見るとき、現在は1ドル=115円前後であるから、単純に計算して1953年当時のわが国の経済情勢と比較して、おおよそ3倍以上の国力を身につけたことになる。このことはまさに貿易立国が目指してきたものであることから、これをもたらした諸要因ないしは諸現象はまさに貿易立国の「光」の部分ともいうべきであろう。

(2) 大量排出と貿易立国の「影」

貿易立国のもとで形成されてきた大量生産＝大量消費体制がもたらしてきた生活水準の向上、貿易収支の恒常的黒字は、まさに、貿易立国を目指す目標としてきたことから、経済運営の「光」の部分とみなされる。しかし、物事には「光」の部分に対してつねに「影」の部分があるとすれば、貿易立国を目指すわが国の戦後の経済運営においてもその例外ではなかった。貿易立国を目指して進められてきた経済運営において、その都度問題視されてきた多くの経済の出来事、たとえば、公害とか、ごみの大量排出と処理施設の不足、あるいは、交通事故の多発などはそのまま経済発展の「影」の部分とみなされる。

これらの「影」の多くの部分については20世紀の経済運営において、その都度修正が加えられ、問題解決のための対策が講じられ、それなりの成果はあげられてきたとみなされる。しかし、ある「影」の部分については20世紀の経済運営において十分な調整が見られず21世紀に持ち越され、さらに、人口減少が始まる2010年以降でも色濃く残っている部分もあるが、こ

れについては人口減少のもとで進められる 21 世紀の経済運営において引き続き取り組んでいかねばならない課題となる。ここではその中から二つの「影」を取り上げ、それへの取り組みを見極めながら、人口減少下での経済運営の方向を見定めておこう。

その一つは、経済成長の過程で進行してきた大都市および大都市圏への人口移動に伴って現れてきた、地域間の所得格差の拡大であり、その二は、経済大国の誕生の原動力となった大量生産＝大量消費体制がそのまま大量排出をもたらし、それが環境破壊につながっていったことである。

かくして、21 世紀において人口減少が進む中での経済運営は、これまでの貿易立国が目指してきた成長路線に沿っての経済運営に比べて消極的であり地味ではあるが、資本主義体制の行方を見極めるためにも、まず、わが国が取らねばならない経済運営の基本的方向であるといえる。ここでこの日本経済運営の方向づけを便宜的に「環境立国」と呼んでおこう。

(3) 五つの環境の変化と環境立国の目標

人口減少のもとで成長路線を取ることが難しいといっても、環境立国の目指す経済運営はまず貿易立国がもたらした「影」の部分の修復だけで進むわけではなく、序章の第 2 節で明らかにされた日本経済を取り巻く五つの環境の変化に対してどのように対処すべきかを同時に明らかにしなければならない。

まず、少子高齢化については 21 世紀に入って人口減少をもたらし、わが国の経済運営の大前提となる人口の推移をこれまでの増加から減少へと 180 度変えてしまった。そのため、五つの環境変化に対しては人口の減少を前提として対応していかねばならない。いずれにしても人口増加の場合に比べて多くの経済問題に対して難しい対応が求められることは明らかである。

この状況のもとで安定した経済社会を維持していくため、地域間ないしは個人間の所得格差をこれ以上広げることなく、最低限度の生活水準を少しでも高める形で国民一人当たりの平均所得水準を着実に高めていくという目標のもとで経済運営が進められねばならない。この目標は貿易立国の場合に比べて、それほど高い目標とはいえないが、パイそのものの拡大が望めない状態での目標追求であることを想定すれば、難しい経済運営が求められることになる。

平均所得水準の上昇は、$\triangle Y/Y > \triangle P/P$ によってもたらされることから、人口減少のもとではマイナス成長下でも実現する。そして、GDP の成長率は労働生産性が変わらないとき、労働力人口の伸びに一致するから、人口減少より早く労働力人口が減少するときは、平均所得水準の上昇を実現することは難しい。また、サービス化の進展に伴って技術革新がそのまま労働生産性の伸びにつながらないとき、21 世紀に目指す経済運営の目標実現はますます難しくなる。

6　本書の構成

これまで見てきたように、人口減少のもとで掲げた平均所得水準の確実な上昇という目標を実現するにあたって五つの環境変化に適切に対応しながら、経済運営を進める難しさが指摘されてきたが、このことを念頭により具体的に 21 世紀の日本経済の運営の方向を見極めることに本書の目標を置くが、すぐに五つの環境変化に対する経済運営の具体的な方向を検討する前に、理論編として三つの章を設け、五つの環境変化に対して十分な検討が行われるための理論的枠組および分析手法を用意する。そのため、本書は序章を含めて 13 の章によって構成されることになる。

理論編

第 1 章　市場経済・公共経済および環境経済 —経済の循環構造の拡張—

　　　　「環境」という概念を使って、これまでの経済学を構成してきた市場経済と公共経済に環境経済を加え、3 部門によって構成される経済学の体系を明らかにし、3 部門の関連を明確にするため、従来からよく使われてきた「経済の循環構造」に加えて、「資源の循環構造」を提示する。前者が市場経済と公共経済の関係を財・サービスの流れを辿りながら跡づけているのに対して、後者では自然環境を市場経済の関連を資源の流れを通じて明確にし、環境経済の経済学における位置づけを確定する。併せて、自然環境を社会環境の相互関係を明らかにし、自然環境の崩壊のメカニズムが明示される。

第 2 章　経済規律と財政規律 ―財政再建は可能か―

　　　GDP に占める財政支出の構成比は 20% を切っているが、実体
経済ではあらゆる分野で地方自治体も含めて政府が家計や企業の
経済活動に係わりをもつ。それだけに政府は市場に代わる財政規
律にもとづいて行動しなければならない。そのためにできるだけ
早急に財政再建に取り組み、財政運営が受益者負担の原則に沿っ
て運営されるように、国民の誰もが受け入れられる長期税制を確
立することが求められている。そうでなければ、秩序の整った経
済社会は構成されず、経済運営の方向も定まらない。改めて、家
計・企業・政府の三経済主体の行動規律を明示する。

第 3 章　技術進歩と経済構造 ―技術進歩の「光」と「影」―

　　　人間は有史以来 1 日 1 日生活の向上を目指し、少しでも多くの
モノを手にするための努力を行ってきた。そして、道具をつくり
機械を発明してきた。その意味では人類の進歩は技術進歩・技術
開発の歴史であったともいえる。ただ、何千年、何万年つづいて
きた道具の時代のあとに産業革命を経て機械の時代に移行し、技
術開発の速度は数千倍も数万倍も加速し、ついに、大量生産 =
大量消費体制を生み、有機経済を無機経済に変えた。この二つの
技術開発の到達点が自然環境の崩壊につながっていくとすれば、
改めて、人類にとっての技術進歩の意義を問い直さなければなら
ない。

　この三つの章の後に、環境の変化に対応する五つの章が政策編として並
ぶことになるが、差し当たってその順序は次のように決め、各章の内容を「概
要」の形で説明することで 21 世紀における日本経済の運営と国づくりの方
向を見ておこう。

政策編
第 4 章　市場原理の有効性とその限界
　　　　　―サービス化の進展と市場メカニズム―
　　　アダム・スミスが「見えざる手」と呼び、経済学で市場メカニ

ズムと呼んできた価格の需給調整機能はそれが十分に発揮される
とき、一定の資源のもとで最大の生産物を生み、人びとの暮らし
向きを最大限高めるものとみなされてきた。すなわち、最適資源
配分の実現である。しかし、そのためには生産されるモノが形の
ある「財」でなければならない。これに対して、生産され、供給
されるモノが形のないサービスの場合、目にみえないために価値
づけが難しい。そのため、価格の需給調整機能は十分に発揮され
ない。

　言い換えれば、サービスに関しては価格は財に対するように資
源配分機能を発揮できない。GDP のうちサービスが 70% にも達
する成熟社会では、市場における一定の秩序を確立するために価
格に替わる「見えざる手」を用意することが急務である。その一
つの提案として、4 次産業の 3 次産業からの分離を提案する。

第 5 章　金融危機と日本経済 ─グローバル化と資本主義体制の行方─

　グローバル化の進展に伴って、中国やインドなど膨大な人口に
もとづく潜在的需要が顕在化していくことで世界経済の活性化が
もたらされてきたが、一方で 2008 年のリーマン・ショックに見
られるように、一国で発生した金融危機が瞬時に世界中に波及す
るというリスクも含まれ、とくに資源の乏しいわが国のような場
合、その影響は大きい。この問題に対して十分な対応策ないしは
防衛策を講じておかなければ、21 世紀における日本経済の運営
はどのような方向付けを行ってもその実現は難しい。

　実物資本としての生産設備は生産に供せられることによって消
耗しやがて消滅するが、資本そのものは消耗することなく蓄積さ
れていく。そのため実体経済が拡大再生産を維持するために必要
とする資本量をはるかに超えて蓄積され、資本が実体経済から離
れてそれ自体で利得を得ようとするとき、金融そのものが実体経
済から乖離し、そこで発生する資本の独自の動きが実体経済の求
める方向と異なるとき、金融危機はつねに生まれる。

第6章　所得分配と社会保障 —少子高齢化と社会保障—

　　この章では、国の基本的役割のうち、第二の「すべての国民に対して最低限の生活を保障する」を取り上げ、とくに、高齢者の生活水準を守っていくために、国はどのような老齢年金制度を確立すべきかを検討し、併せて、人口減少下で国民の生活の安定・安全を図るため、最低限の生活を少しでも押し上げて所得格差をできるだけ狭めていくことの重要性を示す。

第7章　自治と分権 —情報化のもとでの分権立国—

　　情報化の進展は人びとの行動や生活に対して少なからず影響をもたらしてきた。その影響は日常生活では利便性ももたらしたが、情報の受け止め方によっては、人びとの行動力を鈍らせ、思考力を低下させるというマイナス面が強く出る危険もある。しかし、情報の利用の仕方によっては人間の行動をより効率化し、正しい方向に導くプラスの面も持つ。この章では、自治体が効率的な行政を行うための基礎となる、地域住民の行政に対するニーズの正しい把握に対して情報化がどのように寄与してきたことを取り上げ、21世紀の日本経済の運営にあたっての目標の一つである地域格差の是正に対して、情報化の進展がどのように関連するかを見ていく。

第8章　環境と水田 —地球温暖化と環境立国の条件—

　　この章で地球温暖化の問題を取り上げるが、直接、二酸化炭素を含めて温室効果ガスの削減問題を取り上げるのでなく、わが国の自然環境を守るという観点から、わが国にとって唯一の豊かな資源である水資源を守り、それを有効に利用することを目指すという観点から、水田を取り上げて議論を進める。当然、水田における稲作が畑での穀物栽培よりも、自然に対し優しい栽培方法であることを明らかにしながら、水田をこれからも守っていく仕組みを「環境保全税」の導入という具体的な形で提案し、わが国が21世紀に目指す環境立国の条件を明らかにする。

政策編の五つの章を受けて、21世紀の人口減少下のもとで日本経済をどのように運営していくかを、国造り編の四つの章において明らかにしていく。その基本的方向づけをわが国の恵まれた自然環境をしっかり守りぬき、将来の世代に譲り渡していくことを目指すことに求めていく。

国造り編
第9章　中間階層の後退と社会の安定・安全
　　　　経済のサービス化が中間階層の後退を余儀なくし、社会の安定・安全を後退させてきた経緯を説明し、それを食い止めるための対策を模索する。

第10章　人口1億人（2050年）に向けての経済運営
　　　　わが国においての自然環境の保全は水田の維持によって守られるという置き換えを行い、その水田を守っていくために求められる人口減少速度を維持するための対策を探る。

第11章　人口8000万人（世紀末）に向けての国造り
　　　　水田の持つ保水力を維持していくためには、各地においても人口の変動を出来るだけ避けなければならないが、そのため、22世紀においては8000万人の人口を維持して日本列島の自然環境を守っていくことを目指す。

第12章　人口8000万人のもとでの22世紀の日本経済
　　　　ここでは人間固有の行為とみなされる奉仕・学習・創造を誰もが日常生活の中で実践していくような生活環境を構築し、誰もが人生の目標を定め、それに向かって一歩でも、二歩でも前進する努力を重ねていくことを目指す。

　かくして、本書は序章を含めて13章から構成されるが、序章で提示された人口減少をたどる日本経済が21世紀に目指す国造りの三つの方向、すなわち、貿易立国、環境立国、および分権立国の実現に向けての条件ないしは社会の仕組みを議論するのは、国造り編を構成する四つの章においてである。

［注］

1) 2012 年 12 月の総選挙後に成立した安倍政権は基本的にはこれまでの自民党の経済運営の方向を受け継いでいるが、ただ、2 年以内に 2％のインフレ率の実現を目指している点は目新しい。

2) 国の基本的役割については、第 2 章「経済規律と財政規律」で最適資源配分、適正な所得分配および完全雇用の実現という経済の三基本問題と関連づけて改めて説明する。

3) 今や世界経済発展の牽引力の役割を果たしているこれらの発展途上国に対して、温室効果ガスの排出抑制を求めてその成長率を抑えることが、非常に難しくなっている。

4) 先進国と発展途上国との協議の上で結ばれたパリ協定（COP21）からの離脱を宣言しているアメリカの行動が懸念される。

5) 睡眠、食事、休息など健康に毎日を生きていく上で必要とされる時間を生活必需時間を呼ぶが、誰もがこれに 10 時間前後を当てているとみなされる。

6) 労働力人口は、15 歳以上の生産年齢人口と老年人口のうち労働に参加する意思のある者を指す

7) Y（GDP）を N・Y/N によって置き換え、その増分 $\triangle$ Y を $\triangle$ Y＝（N＋$\triangle$ N）（Y/N＋$\triangle$ Y/N）－N・Y/N で表すとき、実質成長率 $\triangle$ Y/Y を表す式が得られる。

8) 一府県の人口動態に関しては人口の他府県への転出人口の差によって決まる。

9) この 5 年間はバブルが進行した期間であり、各企業はいずれも事業の拡大に努め、労働市場は明らかに売手市場が形成され、女性の社会進出を促し、その労働力率を高めていった。

10) 合計特殊出生率は統計的手法を用いて算出されるかなり技術的な数値であるが、一言で説明すれば、一人の健康な女性が生涯を通して出産する子供の数の平均値である。

11) この間の日本経済の活性化は「特需景気」と呼ばれたが、この特需によって日本経済は戦前の水準まで GDP を戻すことができた。

12) このときはまだ OPEC の設立を見ておらず、産油国はまさに販売競争のもとに置かれていて原油の低価格がつづいた。

13) 高度成長の後半頃から、すなわち、1970 年代の少し前から「戦後の奇跡」をもたらした要因は何かについて国の内外において多くの経済学者が参加して、活発な議論が展開され、さまざまな要因が指摘されてきたが、決定的な論旨はなかった。ただ、石油の輸入を容易にした 60 億ドルの外貨の保有は高度成長を背後から支えたことは明らかである。

14) 技術進歩と労働生産性との関係については、第 4 章「市場原理の有効性とその限界」において経済のサービス化と関連して論じられる。

1章

市場経済・公共経済および環境経済
―経済の循環構造の拡張―

1 自然環境と社会環境

(1) 唯物史観の二つの拡張

　経済社会を下部構造[1]（生産構造）と上部構造[2]（社会の仕組みおよび制度）とに区分し、下部構造は技術の進歩とともに変遷を重ねていくのに対して、上部構造は固定的なものとして捉え、技術進歩によってもたらされる下部構造の移動が両者の間にズレを生み、それが両者の安定した位置を取り戻すために上部構造の見直しを促す。この下部構造と上部構造のズレの見直しが改革や革命を引き起こす。このような形で社会の変遷過程を捉えようとするのが「唯物史観」[3]である。

　この歴史観は、人類がこれまで辿ってきた生活史において少しでも豊かさを求めて、労働の生産性を高めるための技術開発に力を入れてきたことを想定すれば、説明的であり説得的でもある。下部構造の変化をもたらす技術進歩がいまのように急速でなく、ゆっくりしたテンポのときは経済社会の変化も緩やかで、この歴史観で十分に下部構造と上部構造の関連性を捉え得た。

　しかし、現在見られるように技術進歩の速度が加速し、それが短時間で各地に伝播するとき、下部構造の変化は急速で複雑な形態をとり、上部構造との関係を両者のズレという形だけでは捉えきれなくなった。そのため、この歴史観だけでは、経済社会の急激で複雑な変化を説明しきれないことから、唯物史観の根底にある弁証法の考えを生かしながら、新たに二つの要素を加えて、唯物史観の分析手法の拡張を試みる。

　その一は、図のように上部構造と下部構造を同時に支える自然環境を土台として置き、経済社会を3層の構造で想定することである。したがって、

技術進歩によって生産構造としての下部構造が右にシフトするとき、上部構造との間にズレが生じ、同時に、自然環境との間にもズレを生む。そして、下部構造が自然環境からはみ出すとき、上部構造および下部構造で営まれる人間の経済活動が自然に負担を加え、自然はこれまで支えてきた二つの上部構造から影響を受けることになる。

もう一つの新しい要素は、上部構造と下部構造の双方関係である。上部構造と下部構造は人間が自ら造り出した個人を取り巻く外界として、自然環境に対して社会環境と呼ばれるが、さらに、社会環境は工場、事業所、生産設備、道路、鉄道、学校、病院など目に見える構造物や建築物等の物的基盤と、経営形態、企業組織、労使関係、家族、地域社会など目に見えない人間関係とに二分される。そして、下部構造は社会環境のうちの物的基盤を、また、上部構造は人間関係を表わすとすれば、両者は相互依存の関係にある。

上の図によれば、下部構造の右へのシフトは技術進歩によってもたらされるだけでなく、上部構造における人間関係の変化が下部構造としての物的基盤にも影響を与え、両者の間に相互依存関係が存在する。このように、唯物史観に対して二つの拡張を行なうとき、これらの新しい要素を含む経済社会の変遷についての説明は唯物史観にもとづくだけでは不十分であって、経済学はこれまでの分析領域の拡張が求められる。

(2) 環境経済の導入

はじめに、自然環境[4]と社会環境の間の相互関係を取り上げ、経済学のこれまでの学問領域の拡大を試みることにしよう。

先の図で、社会環境（上部構造と下部構造）が自然環境を土台としていることから、これまでの経済学は「自然は与えられたもの」ないしは「資源は無限」という前提に立ち、技術進歩によって下部構造が右にシフトしても、自然環境の土台の中に社会環境は収まっていた。産業革命によって生産手段が道具から機械に変わることで技術進歩の速度は加速し、とくに、20世紀

の後半に入っての半導体の発見とその改良は技術進歩の速度を速め、技術開発の領域を拡大させた。しかも、技術開発は主に省力化に向けられたため、労働生産性を著しく向上させ大量生産＝大量消費体制の形成を促した。

　この事実をもう一度先の図で見るとき、急速な技術進歩で下部構造が大きく右にシフトし、土台としての自然環境からはみ出る形をとり、下部構造は自然環境に影響を与える。その状況は、大量生産＝大量消費の後に大量排出がつづき、日常生活からの一般廃棄物、生産活動からの産業廃棄物が自然に負荷をもたらし、その負荷が自然の持つ廃棄物の吸収力（浄化力）を超えるとき、環境破壊が始まるという構図である。ここにおいて経済学が前提としてきた「自然は与えられたもの」を取り外し、下部構造および上部構造で営まれる経済活動が廃棄物の大量排出を通じて自然環境に負荷を加え、土台としての自然にどのような影響を与えるかを明らかにすることが求められ、経済活動の目標に「自然環境の保全」がもう一つ加わる。この自然環境と社会環境の相互作用は経済学に新たに加わった領域であることから、これまで経済学が分析の対象としてきた市場経済に対して「環境経済」と呼ぶことにしよう。

(3) 生活の「場」と生産の「場」

　これまで唯物史観が問題にしてきた下部構造と上部構造という二つの経済構造はいずれも社会環境に属する。そして、生産構造ないしは産業構造を示す下部構造は形を持つ物的基盤とみなされ、その上に造られた社会の仕組みや制度を構成する上部構造は人間関係によって形成される。

　しかし、産業革命の後、労働生産性の向上とともに職住分離が進み、労働時間と生活時間との区分が明確になってくると、学習、娯楽、奉仕、休養といった経済活動に直接関係のない行動にかなりの時間を費やすことになり、社会環境のうちの物的基盤もこれらの生活時間を過ごす「場」を用意する。住居をはじめ生活道路、公園・広場、商業施設、学校、病院等の物的基盤は生産の「場」よりむしろ生活の「場」である。

　また、社会環境のうち形を持たない人間関係についても、生活の「場」において家族、隣人、知人・友人、師弟、同好の友、同郷者等の形で、生産の「場」におけるより、広く形成されている。このように社会環境を生産の「場」としてだけでなく、生活の「場」としても捉えるとき、先の図で見て

きた下部構造と上部構造は経済社会の重要な部分を形成しているが、社会環境としてはその一部を構成するに過ぎない。

　いま、「環境」を「周りの外界、周りを取り囲んでいる事物、とくに人間や生き物を取り巻き、それとある関係を持って、直接・間接の影響を与える外界」5) と定義し、自然環境と社会環境に大別されるとみなすとき、つぎに示す環境に関する分類表が作成される。

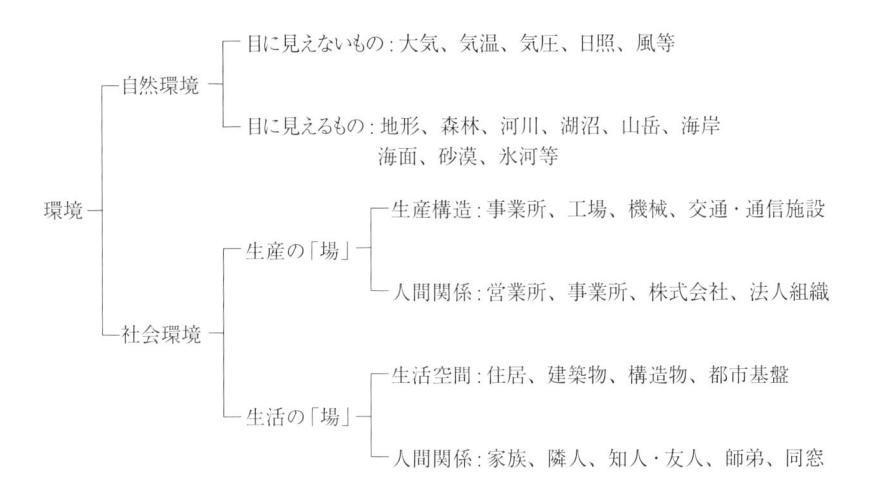

　もし、これまでの経済学が生産の「場」に重点を置いて分析を進めてきたとすれば、経済学が分析の対象とする経済現象が社会環境のなかで発生することからみて、やや偏りがあったとみなされる。しかし、実際は生産の「場」と生活の「場」の接点として「市場」を想定し、そこで財・サービスを媒体として結ばれる人間関係（経済関係）を分析することで生産・消費のすべての経済活動を分析の対象としてきた。

　生産の「場」で経済活動を行う個人ないしは個人の集合を「企業」と呼び、一方、生活の「場」で経済活動を行う個人ないしは個人の集合を「家計」と呼び、両者の出合う「場」を市場として捉え、そこで人と人との相互関係がどのように形成されるかを経済学は分析してきた。市場での人と人との相互関係はそこを流れる財・サービスを媒体とすることから、媒体の種類によって市場は、消費財市場、資本財市場、労働市場、資本市場等に分かれる。いま、これらの種類の異なる市場を総称して「市場経済」と呼ぶとき、それは

経済社会のかなりの部分を占め、社会環境として見てもかなりの領域を占めるが、社会環境の全体を構成するものではない。なぜなら、人と人との相互関係を造る媒体となる財・サービスの流れが、つねに市場を介するとは限らないからである。

(4) 市場の失敗と政府

　人びとの生活に必要な財・サービスのすべてが市場を通じて供給されるとは限らない。たとえば、高潮や洪水に対して人びとの安全を守るために造られる防波堤や河川堤防がもたらすサービスは個々の個人に対してではなく、かなりの広がりを持つ地域全体に供給される。したがって、そこに住む地域住民がほぼ均等にそのサービスを受けて生命・財産が保護される。

　防波堤や堤防が一旦建設されてサービスが供給されるとき、一定の地域に住むすべての人びとが差別なくそのサービスを受けることができる。このような財の持つ性質を外部性（externality）と呼び、この性質を持つ財・サービスを公共財（public goods）と呼んできた。この公共財は市場を通じての供給を難しくする。なぜなら、防波堤や堤防が一旦建設されれば、代価を支払わなくてもこの財・サービスを享受することができるから、公共財の持つ外部性が市場を通じての供給を不可能にする。

　問題は誰が防波堤や堤防（公共財）の供給者になるかである。ここにおいて政府の登場が求められる。防波堤や堤防の建設には比較的狭い地域でも膨大な費用がかかり、一個人一企業がなし得る事業ではない。国家の権力を背景に必要な資金を調達し、優れた人材を投入できる力を持つ政府が受け持つ。これまで経済社会を構成する個人を「家計」と「企業」に分類してきたが、ここに「政府」が3番目の構成員として加わる。

　当然、政府と家計、政府と企業の間の相互関係が経済現象に加わり一層複雑にしていくが、相互関係は市場を介する場合と市場を介さない場合とに分かれ、このうち、後者は公共財の供給に関連する事象といえる。先に掲げた堤防の建設を取り上げるとき、まず、問題になるのは膨大な建設費をどのように調達するかである。政府は市場の失敗によって市場を通じては調達することができないことから、公共財から利益を受けるものに対して「税」という形で負担を求める。税は市場で決まる価格と異なって「強制的に」徴収される。そのため、ここでも政府は国家の権力を背景にする[6]。

公共財の供給を通じて結ばれる政府と家計や企業との相互関係には、「市場」を介して結ばれる関係もある。堤防を維持管理する人材が必要であるが、それは労働市場を通じて家計から雇用することになる。このように見てくると、経済社会に「政府」という3番目の構成員が加わり、単純に市場経済と呼ぶことができなくなる。しかも、政府を国だけなく、都道府県、市町村まで加えて考えるとき、それを通じて供給される公共財の量も拡大し、経済社会の中で政府の活動領域がかなりの部分を占め、市場経済と区分する必要性が生まれた。

　いま、政府の経済活動の領域を市場経済に対して「公共経済」と呼ぶとき、経済社会は市場経済と公共経済からなる「混合経済」ともみなされる。このうち、市場経済は家計相互、企業相互および家計と企業の相互関係をすべて含むのに対して、公共経済は家計と政府、企業と政府および政府相互の関係を含むが、その関係には市場を通じて結ばれるものも含まれる。したがって、経済社会を市場経済と公共経済に区分するのは観念的であって、現実の経済現象で両者を明確に区分することは難しい。ただ、複雑な経済現象ないしは経済事象を理解するにあたって、経済社会を市場経済と公共経済に区分し、それに環境経済を加えて三つの領域で見るとき、経済現象に対する理解を深める道筋が生まれる。

2　市場経済と公共経済

(1) もう一つの経済主体—政府の導入—

　現実の経済社会には「家計」または「企業」に分類できない多くの経済主体が含まれる。国・都道府県・地町村の公共体（政府）をはじめ、公社・公団・事業団といった準公共体、学校・病院・宗教団体等の非営利団体などは、家計および企業とは別に取り扱うべき経済主体である。しかし、これらの経済主体が家計や企業との間に相互依存関係を持つ限り、完全に市場経済と切り離して外生化することはできない。そこで国・都道府県・地町村の公共体を「政府」として「家計」と「企業」に加え、準公共体および非営利団体も「政府」に含めることにする。

　ここでまず問題となるのは、「政府」が何を目標にその経済活動を律するかである。家計は効用の最大化を目指し、企業は利潤の最大化を目指して生産活動を行ない、その目標は明確である。これに対して、「政府」の行動目

標はそれほど明確ではない。いまも、国の存在理由と政府の行動目標は漠然としている。そこで、ここでは政府を国によって代表させ、国の基本的役割をつぎの三つにまとめておこう。

基本的役割1：国民の生命・財産の保護
基本的役割2：すべての国民に対する最低限度の生活の保障
基本的役割3：安定した経済運営による雇用の「場」の確保

この三つの基本的役割はそのまま政府の経済活動の目標となるが、目標が複数であるため、家計や企業のようにその行動を一つの関数式（行動式）で表わし得ない。しかも、効用の極大化とか利潤の最大化といった明確な目標ではなく、政府の行動目標は「保護」、「保障」ないしは「確保」といった曖昧な表現となっている。

政府は上に掲げた目標を実現するため、さまざまな行動を起こし、それを通じて家計や企業と関係を持つことになるが、その場合、つねに市場を介するとは限らない。たとえば、国民の生命・財産を守るために国が行なう治山・治水事業は、それがもたらす治山・治水というサービスは市場を通らないで、直接かつ一方的に家計や企業に与えられる。公共財（public goods）と呼ばれる政府が供給する財・サービスは治山・治水事業の外にも多くのものが含まれるが、それらのほとんどは市場を通じての供給ではない。

政府の供給する公共財が市場を介さないことから、政府はその供給に必要な費用を「税」という形で家計や企業から強制的に調達する。この場合、できる限り公平・公正に国民に税負担を求めるという「規範」が加わるため、税構造および税体系は事前に設定される。さらに課税額を決めるとき、均衡予算の維持[7]というもう一つの規範が加わるため、税構造および税体系の見直しは毎年行われる。

(2) 国の役割と公共財

国が三つの基本的役割を遂行するため供給する財・サービスのほとんどは「公共財」として市場を通さず供給され、家計・企業が市場に供給する「民間財」と区別される。まず、国民の生命・財産の安全を保障するという国の第一の役割の実現のために供給される治山・治水事業のうち河川堤防の建設

を取り上げ民間財と比較しておこう。

　河川堤防は河川の氾濫による被害から人びとの生命・財産を守るために建設されるが、一定の地域に住む住民を区別なく一律に取り扱い、誰一人として排除されない。実際に堤防が建設されると、その恩恵は想定される地域全体に及ぶ。この状況は、国が三つの基本的役割を果たすとき、区別なく国民を平等に取り扱うという国の基本姿勢にも適合する。いわば、公共財のもたらす利益は不特定多数の人びとに帰属することで、国民の生命・財産の安全が保障される。一方、民間財はその財を手にした人だけに利益が帰属する。

　利益の帰属の状態によって区分される民間財と公共財は、その供給にかかった費用の調達の方法でも異なる。いま、利益を受けたものがその利益に応じて費用を負担するという「受益者負担の原則」にもとづく民間財の場合、利益の帰属者はその財を手にしたものであるから特定化は容易である。これに対して、不特定多数の個人に利益が拡散していく公共財の場合、受益者の特定はできても受益額を確認することは難しい。このため、民間財については市場で示される価格を上回る便益をその財から期待できる人が、価格と引き換えにその財を得る。

　これに対して、不特定多数の個人に利益が拡散していく公共財の場合、市場を通じて供給しても市場に出向くものは皆無であろう。なぜなら、市場でどのような価格が提示されようと、それを負担しなくても公共財のもたらす利益を享受できるからである。しかし、国は国民の生命・財産を守るため、まず公共財を供給し、その後、受益者に対して価格の支払いを求めるのでなく、別の方法で費用の回収を行う。これが「税」である。ここにおいて公共財は市場を介しての供給を不可能にし、「市場の失敗」[8]（market failure）が起こる。市場の失敗によって価格はもはや政府の行動を誘導する機能は持ちえず、その行動を律するのは政府の役割そのものとなる。すなわち、政府の役割こそ政府の行動を律する規範となる。

(3) 混合経済の図式

　ここで家計と企業にもう一つの経済主体「政府」を加えて、経済社会を図1-1「経済社会のトライアングル」で示すことにする。これまでの家計と企業との相互関係に加えて、政府と家計および政府と企業の相互関係が加わる。ただし、家計と企業の相互関係は市場を介して結ばれるが、政府と家計

および政府と企業の関係は必ず市場を介すとは限らない。そのため、図1-1では家計と企業の関係は実線で表し、政府と家計および政府と企業の関係は破線で表わす。

図1-1　経済社会のトライアングル

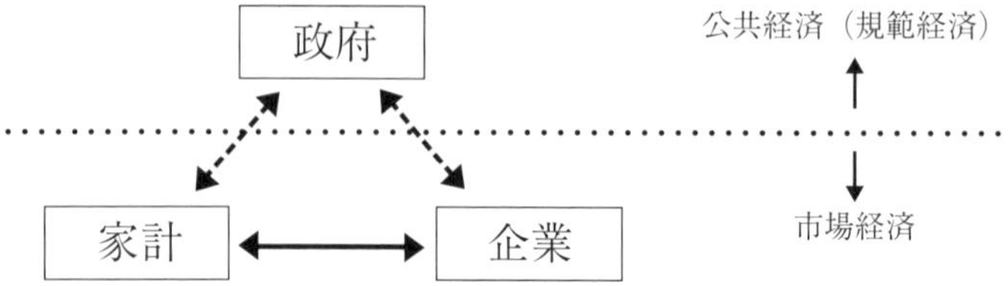

したがって、仮に経済社会を円で囲むとき、円内は上下に二分され、上部は公共経済ないし規範経済と呼ばれ、下部の市場経済と区分される。そして、下部の市場経済における家計と企業の相互関係の分析が価格に基礎を置いてきたのに対して、上部の経済社会は価格分析に替わって規範にもとづく分析となる。すなわち、財政学なしは公共経済学がそれである。ただ、図1-1において、政府と家計および政府と企業との関係には、市場を介しての相互関係も含まれるから、公共経済の分析を進めるにあたって全く市場経済を無視することはできない。

3　資源の有限と環境経済

(1) 資源は有限

　経済学は、人間を取り巻く環境を「自然環境」と「社会環境」に区分し、人間が自然環境からも社会環境からも影響を受けることを想定しながら、人と人との相互関係としての経済現象を分析してきた。その場合、人の営みは自然環境と社会環境のもとで生起する。この関係は図1-2「経済現象と環境」によって表すことができる。

　この図で底辺にある自然環境は社会環境を支え、それを包含する形をとっていることから、社会環境において生起する経済現象は直接・間接に自然環境に支えられる形をとっており、その意味では自然環境を無視して経済現象

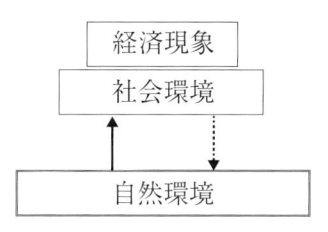

図 1-2　経済現象と環境

を分析することは一方的見方となる。たとえば、人の移動は社会環境の一つとみなされる道路を利用するが、地震などで地盤が緩み道路が破壊されるとき移動は困難となる。

　街道とも呼ばれてきた昔の道路は、できるだけ地形や地盤に手を加えることなく道が造られてきた。この場合、社会環境としての道路は、図 1-2 のように、自然環境に支えられてきた。これに対して、現在の都市間を結ぶ幹線道路は都市と都市を最短で結ぶため、斜面を切り開いたり、トンネルを掘ったり、海面を埋めたりしてかなり自然に手を加えてきた。それによって地盤が崩れたり水系が変化し、時には生態系に大きな変化をもたらし、この影響は社会環境で営まれる経済現象がその社会環境を通じて自然環境に働きかけるものである。このことは図 1-2 における自然環境から社会環境への矢印（実線）に加えて、社会環境から自然環境に向かっての点線の矢印で示される。改めて、自然環境と社会環境ないしは自然環境と経済現象との相互関係を見直す必要がある。

(2)　自然と人間をつなぐループ

　「人が生きていく上で必要な衣食住を得るための経済活動」を通じて結ばれる人と人との相互依存関係ないしは協働関係を経済現象とみなすとき、衣食住に関連する生産に必要な素材や原料の大半は自然に依存し、自然から与えられてきた。たとえば、綿布や綿糸の原料である綿花は人間が栽培するが、それを育てるために必要な土地も水も日照もすべて自然である。住まいや家具もその素材となる木材は自然によって与えられる。人間がモノを造るために自然に求める原料や資材を資源と呼ぶとき、図 1-2「経済現象と環境」の自然環境から社会環境への矢印（実線）はそのまま資源の流れを示す。

社会環境の枠に移された資源は、そこで衣食住に関連する財・サービスの生産に使われ、消費財や生産財としての役割が終わると「廃棄物」として自然環境に戻される。これが図1-2の点線の矢印である。自然から得た資源が社会環境で衣食住に関連する財・サービスに加工され、消費・利用される過程で排出されたものが廃棄物とすれば、図1-2の二つの矢印は社会環境のなかでつながり、社会環境での人間の経済活動はこの矢印を通して自然環境に影響を与える。この影響は廃棄物が自然に吸収される速度によって変わる。

自然環境から社会環境に向かう廃棄物は使われる資源によって有機物と無機物に二分されるが、有機物は自然に吸収され還元される速度は比較的早いが、無機物は自然に還元されるまでかなりの時間がかかり、それだけ環境への影響は大きい。ただ、廃棄物のうち自然に還元された部分はふたたび自然環境から社会環境に向かう矢印に乗ることになるので、図1-3「自然環境と社会環境の相互依存」のように資源の流れはループを描く。

社会環境で営まれる人間の経済活動は、このループによって自然環境と直接関連することになり、これまでの経済学が設定してきた「資源は無限」とか、「自然は与えられたもの」という前提は崩れる。そして、経済現象が資源のループに沿いながら、自然環境と社会環境において生起する限り、経済学の研究対象は自然環境にまで拡大されることになる。問題は、資源が自然環境におけるループを通るとき、そこでどのような人間関係が生まれ、どのような相互依存関係が生まれるかである。

図1-3　自然環境と社会環境の相互依存

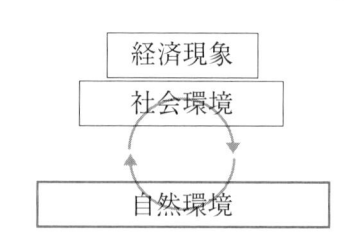

(3) 環境経済の誕生

経済現象が人と人との相互依存関係ないしは相互作用を基本とする限り、図1-3のループによって環境経済を新しい分野として市場経済から独立させ

るためには、自然環境を通るループにおいて新しい人間関係が生まれねばならない。

　たとえば、先進国における膨大な紙の需要に応ずるため、その原料の木材が別の国や地域での森林に求められるとき、その森林は侵食されそこで暮らす人びとの生活環境を悪化させるとすれば、自然環境の破壊を通じて利益を受ける者と、被害を受ける者とを生み出すが、これは環境破壊がもたらす新しい人間関係といえる。

　このような新しい人間関係は、廃棄物の排出という資源のループにおいても発生する。いま、二酸化炭素をはじめとする温室効果ガスを取り上げ、これが大量生産＝大量消費体制のもとで自然の持つ浄化力を超えて排出され地球の温暖化をもたらすとき、将来世代の人びとの生活環境を著しく低下させるが、このような大量生産＝大量消費体制を通じての現世代と将来世代の利害の対立も新しい人間関係である。

　そして、これらの自然環境の破壊を通じて発生する人間関係は、市場経済や公共経済での人間関係と全く別のものとみなされることから、図1-3におけるループのうち自然環境の部分については環境経済として分析される。ここで経済学は、資源の採集・発掘の段階で自然環境にどのような影響を与え、廃棄物の排出を通じて自然環境の破壊がどのように進むかを明らかにし、さらに、自然環境の破壊を通じて人びとの間にどのような利害関係をもたらし、それによってどのような新たな人間関係が生まれるかを明らかにする。

　なかでも、自然環境を通じて発生する地域間の利害関係および現世代と将来世代の間の利害関係を調整する規準および方法を確立することが、環境経済において中心的課題となるが、そのために環境経済に対する新しい分析手法の確立が求められる。多分、自然科学からも多くの分析手法の借用が必要となるが、いずれにしても新しい分析手法が確立されるとき、環境経済を分析の対象とする学問体系として環境経済学が確立する。

4　経済の環境構造と資源の循環構造

(1) 自然と人間の新しい関係

　人間が自然との距離を意識せず自然に包まれて生きていたときは、地震、火山の噴火、洪水、落雷など自然がもたらす脅威をおそれて、「人間が生きていく上で必要なもの以上は自然に求めない」という考えを持ったとも想像

される。しかし、人間が「蓄える」ことを覚え、自然に立ち向かうために社会を形成し、土地を耕してモノを育てるようになると、秋の収穫時に手にするモノを自然の恩恵と感謝しながら、自分たちの努力の成果とも考えるようになった。この時から、生きていくために必要なもの以上は自然に求めないという何万年、何十万年も守られてきた人間と自然の関係は崩れた。

収穫時に自然への感謝の気持ちと同時に、それは自分たちの工夫と努力の成果であると考えるとき、「労働」とか「生産」という言葉が自然の恵みとか自然からの贈り物といった言葉に取って代わった。ここにおいて自然の恩恵は「資源」という言葉に変わり、同時に、「生きていく上で必要なもの以上は自然に求めない」という考えは人の心から姿を消した。このことから人間は工夫を重ね生産力を高め、骨身を惜しまず働いてより豊かな生活を追い求め、人間の生産力拡大の歴史が始まった。工夫を重ねて生産に努めればいくらでもモノの生産を増せると考え、モノの生産にあたって土地、水、日照、鉱物等の自然の恩恵を受けていることも、「資源は無限」という前提に置き替えて都合よく忘れた。人間の生産力がそれほど高い水準に達していないときはとも角、産業革命以降の飛躍的な生産力の拡大は「資源は無限」の前提を改めて考え直すことになる。

森林は人間が生きていく上で必要なモノのほとんどを与えてくれる。水、燃料、食べ物をはじめ、地震や台風などの自然の脅威からも人間を守ってくれる。言い換えれば、人間の生活の「場」としての森林は最も適した環境を用意してきた。その森林も、人間の生産力を高め、耕作面積を拡大したり、また、原料として樹木が伐採されていくとき、人間は自ら生活の「場」としての森林の破壊に向かう。もし、人間がこの自然環境の破壊を食い止めようとするとき、「資源は無限」の前提も消えることになる。

いま、人間の生活の「場」の根底に自然環境があるとすれば、自然環境の破壊は生活の「場」の破壊に外ならない。しかも、根底からの生活の「場」の崩壊は人間にとって新たな脅威である。これは人間の生存そのものを危うくする脅威であることから、改めて、自然への接し方について考え直すことを人間は求められる。「資源は無限」の前提を立てる前に、自然の脅威を慰撫するために人間が自ら立ててきた「人間が生きていく上で必要なもの以上は自然に求めない」という自然に対する接し方をもう一度想起し、それに代わる新たな指針が何かを考えねばならない。

（2）資源の循環構造と資源の有限性

　図1-4「資源の循環構造」は、先に図1-3で示した自然環境と社会環境の関係の図式において、上部に位置している社会環境と経済現象を一緒にして、生産、消費および処理・排出の三つの枠組みを設定し、その間を資源が流れていくことで自然環境と社会環境の関係を示す。さらに、自然環境を出発点とする資源の流れは3個の枠組みと7個の矢印で示され、それぞれの矢印において資源はその形を変えていく。

図1-4　資源の循環構造

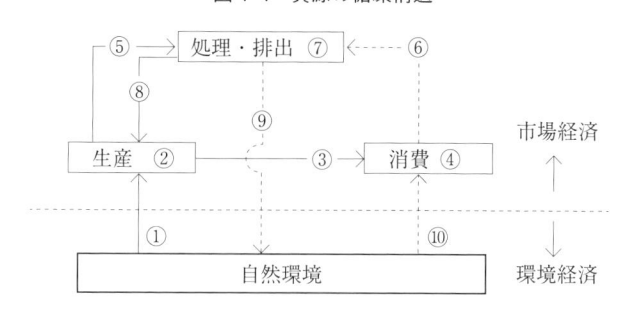

　図1-4で示された7個の矢印と3個の枠組みに付された①から⑩までの番号にしたがって、自然環境からもたらされた資源がどのように人間の生産に加わり、人間の生活に使われ、その後廃棄物として自然環境に戻される過程を辿る。まず、矢印①は自然環境からの資源の採集・発掘を表し、ここから人間の経済活動が始まる。枠組み②は生産活動を表し、ここで資源はいろいろな生産物に形を変えていくが、ここで資源の一部は廃棄物として自然に戻されるが、生産物の大半は矢印③を通じて人間の生活の「場」に移される。

　枠組み④で消費される生産物は使い終わったのち、廃棄物として矢印⑥を経て処理・排出の⑦に移っていく。ここで排出される廃棄物は、生産過程で排出される産業廃棄物と区別して一般廃棄物と呼ばれる。なお、産業廃棄物は矢印⑤を経由して処理・排出の枠組み⑦に向かう。枠組み⑦からは二つの矢印が出ており、このうち、矢印⑧は枠組み②に向かっていることから、資源のリサイクルを示す。これに対して、矢印⑨は資源が廃棄物に形を変えて自然環境に戻ることを示す。ここで自然環境から出発した資源は社会環境

を一巡して自然環境に帰る。

これに対して、矢印⑩は資源の流れではなく、「消費」の枠組みで営まれる人間の生活を住環境の強化を通じて自然環境が根底から支えるものである。したがって、①から⑨までの資源の流れでは人間が自然から受ける恩恵が資源の採掘・利用の形で示されているのに対して、矢印⑩は生活の「場」の強化という形で、直接自然から恩恵を受けることを示す。それだけに、①から⑨までの資源の流れの過程で廃棄物によって環境破壊という状況が発生するとき、人間は矢印⑩を通じて住環境の質の低下という「しっぺ返し」を受けるが、これは自然からの新たな脅威ともみなされる。

資源環境の破壊を通じて生活の「場」の質的低下がもたらされるとき、自然環境はもはや「与えられたもの」ではなく、矢印⑩を通じて受ける自然の恩恵を維持していくために、改めて、矢印①と⑨の自然への人間の働きかけと環境への影響を明らかにしなければならない。ここにおいて、経済学は矢印①、⑨、⑩を通じて自然環境を分析対象に加えることになるが、市場と直接関係するのは矢印①だけであることから、新しい分析対象はこれまでの市場経済とは別にして、環境経済と呼ぶことになる。図1-4でいえば、自然環境と社会環境の中間に引かれる破線を境にして、上部が市場経済、下部が環境経済と位置づけられる。

(3) 経済の循環構造と市場の役割

図1-5「経済の循環構造」は人体の血液の循環を模して造られた。血液は人体を構成する細胞と細胞の間を流れ、栄養を補給することで細胞の働きを助け、引いては人体全体の成長や運動を支える。いま、経済社会を人体に例えるならば、細胞は社会を構成する個人にあたり、その間を流れる血液は財・サービス、貨幣、証券等である。したがって、人と人との相互関係としての経済現象は財・サービスの流れの跡付けによって明らかになる。

図1-5「経済の循環構造」においては、細胞にあたる個人をその経済活動にもとづいて「家計」、「企業」および「政府」（公共体）の三つの経済主体に分けている。このうち家計は消費活動を通じて「効用の最大化」を目指して生活水準の向上を図る。これに対して企業は生産活動を通じて「利潤の最大化」を目指す。企業は生産活動の開始にあたって所有する生産設備に労働サービスを投下することになるが、その労働サービスは家計に求められ、こ

こではじめて家計と企業は労働サービスを介して関係を持つ。

図 1-5　経済の循環構造

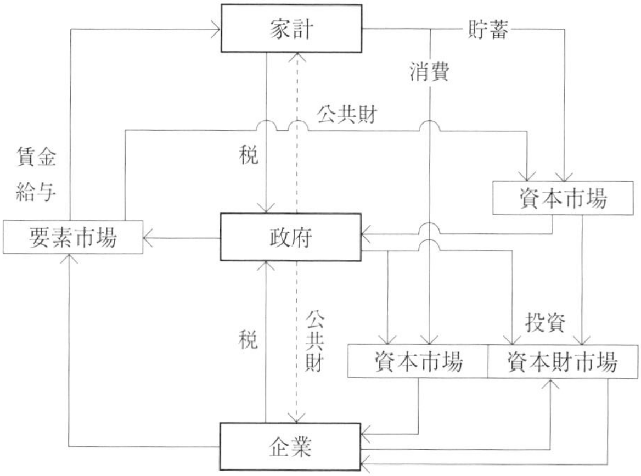

　企業は生産物が消費財の場合は家計に、また、生産物が資本財の場合は他の企業に供給することによって利潤の実現を図る。このように経済社会における経済主体間の関係は財・サービスを媒体として形成される。ここで家計と企業の経済活動の目的がそれぞれ異なるのに、なぜ、両者の間を財・サービスがスムースに流れるかという疑問が生まれる。たとえば、労働サービスの流れについていえば、家計はできるだけ高い賃金を要求し、一方、利潤の最大化を目指す企業はできるだけ低い賃金で労働サービスを雇用したいと考えるため、両者の利害は全く対立する。この利害の対立が調整されなければ、財・サービスは円滑に流れず経済社会の相互依存関係は生まれない。この調整役を担っているのは「市場」であり「価格」である。

　これに対して、3番目の経済主体である「政府」は何を目指し、どのような経済活動を行っているのか。図 1-5 によれば、家計と政府、企業と政府の相互関係がいくつかの線で結ばれており、財・サービスの流れによって相互関係が生まれていることが示されるが、その中間に「市場」が位置する場合とそうでない場合とに分かれる。たとえば、社会の安定・安全を目指す警察サービスは、市場を介さず一方的に無償での供給となる。警察サービスの大半を担う警察官の労働サービスは家計から供給され、ここでは家計と政府の間に要素市場が介在する。

警察サービスが市場を介さず無償で供給されることと関連してもう一つの問題が生まれる。それは警察官に支払われる賃金・給与の財源をどのように調達するかである。「経済の循環構造」によれば、政府に与えられた課税権を行使することによって家計および企業から強制的にかつ一方的に調達することになり、ここでも市場は介在しない。そのため、家計と企業の相互関係の領域の市場経済に対して、政府を中心に市場が介在しない循環構造の内側の領域を「公共経済」と呼ぶことができる。

(4) 価格と規範

　図1-5では、経済主体間の関係のうち市場を介しての関係については実線で財・サービスの流れを表し、市場を介さない関係については破線で財・サービスの流れを表している。市場を介しての財・サービスの場合、経済主体間の利害の対立を調整して流れを円滑にする役割を価格が受け持つとすれば、問題は市場を介さない財・サービスの流れは何によって調整されるのか。

　資源に限界がある限り、公共財の供給に伴って資源が公共経済に振り向けられる分、市場経済で使われる資源の量は制限されることから、それだけ家計および企業の経済活動は制約を受ける。政府の経済活動が市場経済に与える影響を考慮するとき、政府の経済活動を律する「規範」が価格とは別に必要となる。

　与えられた資源のもとで「経済社会を構成するすべての個人の生活水準を最大限高める」ことに政府の経済活動を律する規範を置くとしても、「政府」が国をはじめ都道府県、市町村まで多くの団体を含むとすれば、政府が供給する公共財の種類と供給量の多様性を上の規範だけで調整するのは不可能であって、国、自治体を含めて公共体の経済活動の指針となりうる「規範」であるためにはもっと具体的に国や地方自治体の経済社会における役割を明示するものでなければならない。

　これまでも、国に関しては三つの基本的役割が示されてきた。その一は、「国民全ての生命・財産を保護する」であり、その二は、「国民すべてに対して最低限度の生活を保障する」である。そして、その三として、「国民のすべてに対して適切な雇用機会を確保する」である[8]。これでも政府の行動指針としては漠然としているが、この三つの基本的役割は経済の三つの基本問題、すなわち、資源配分問題・所得分配問題および経済安定問題と関連して

おり、この経済の基本問題と関連づけて政府の役割を進めるとき、政府の経済活動に対する方向づけが与えられる。

これまでの財政運営を振り返るとき、いずれの国も政府の経済活動は拡大の方向をたどってきた。ここに市場経済における価格と公共経済における規範との違いが見られる。価格は家計や企業の経済活動を誘導・制御するのに対して、規範は公共体の行動に対して方向づけだけである。それ故、公共経済の拡大に歯止めをかけるためには、規範にも公共体の行動を制御する機能を持たせる必要があるが、その一つが課税に対する規範すなわち租税原則である。

三つの基本的役割を果たしていくために、政府はさまざまな公共財を供給することになるが、それに必要な財源を税で賄うという均衡予算主義が政府の行動に対して制御を加え、公共経済の拡大に歯止めをかける。さらに、課税にあたって守らねばらないルールが租税原則として提示されるとき、税による財源調達が難しくなり、税が政府に対するもう一つの歯止め効果を持つ。

このように、三つの基本的役割に加えて均衡予算主義と租税原則を明確にするとき、公共経済における公共体の行動を律する規範は、価格ほどではないにしても制御の機能を持ちうる規律を与える[9]。

(5) 二つの循環構造の結合

図1-4の「資源の循環構造」において、自然環境の上部の「生産」・「消費」・「処理・排出」の部分が「経済の循環構造」に置き換えるとき、二つの循環構造は結合し、市場経済、公共経済および環境経済の三つの経済領域が一つの循環構造図で示される。そこでも自然環境と社会環境が実践と破線で結ばれるが、問題は、破線で示される財・サービスの流れをコントロールする価格に替える「規範」は何かである。

これまでは「自然環境の保全」とか「自然と人間の共生」という言葉が使われてきたが、このようなフレーズでは公共体を律する規範よりも曖昧であり、資源の流れの制御は難しい。ただ、循環構造での家計や企業の経済活動が資源の流れに変化を与え、それが自然にどのような影響がもたらされるか問題とするとき、自然科学の分析手法や分析結果が活用されることから、むしろ、規範より客観的基準や方向性が示される必要がある。

たとえば、地球温暖化に関して言えば、二酸化炭素をはじめとする温室効果ガスに対する地球の吸収力（ないしは浄化力）を測定し、それ以上のガスの排出は地球の温暖化を進めるとして、地球全体の排出量に上限を設け、各国に対して温室効果ガスの排出量の割り当てを行なうことにすれば、それが環境経済における家計、企業および政府の経済活動に対する規範・規律となる。このように規範が客観的な数値で示されるとき、それにもとづく経済活動の展開には価格によって厳しい制約が加わるはずである。その前に規範となる数値が自然科学の分析を通じて科学的に導出されることを想定すれば、この分野での研究開発が継続的かつ大々的に進められねばならない。環境破壊がいずれも地球的規模で進行することを考慮すれば、規範造りは地球的規模で進めねばならないことから国際的協調が前提となる[10]。

5　自然への負荷と環境税

(1) 自然の脅威と自然破壊

　資源の循環構造（図1-4）における自然環境と社会環境を結ぶ二つの矢印①と⑨を流れる資源の量が、社会環境における大量生産＝大量消費体制のもとで増大するとき、自然に対する人間の受身的姿勢は後退して能動的に変わる。まず、矢印①において、大量生産に伴って資源の大量採集や大量発掘がつづく過程で自然環境の破壊が進むとき、資源は自然の恩恵ばかりとは言えない。また、大量生産＝大量消費による廃棄物の大量排出が矢印⑨を通じて自然に還元されるとき、自然の浄化力を超える排出は社会環境と自然環境の中間に廃棄物が滞留し環境破壊をもたらす。

　さらに、矢印⑩は、人間の生活の「場」としての住居やそれを取り巻く住環境を下から支える自然環境であることを示す。それだけに、矢印①と⑨によって自然環境が崩れていくとき、生活の「場」が揺らぎ、自然の恩恵が直ちに自然の脅威に変わる。しかもこの脅威は天災ではなく「人災」である。自分たちが経済活動を通じて自然に与えてきた影響が、いわば「しっぺ返し」として脅威に変わる。

　かくして、環境経済における人間の経済活動を律する規範を用意するにあたって、まず、産業革命以降の大量生産＝大量消費の体制が形成されていく過程で、人間の自然に対する姿勢が「受け身」から「能動的」に変わったことを認識する必要がある。そのうえで、生活の「場」を維持し強固にして

いくために、矢印①と⑨においてどのような経済活動を行うかを見極め、それを誘導する規範を用意しなければならない。ただ、立派な規範が造られても、それが守られねば実効は得られない。

(2) 省力化の研究と省エネルギー化の研究

　図1-4の矢印①での環境破壊を防ぐためには資源の流量を減らす必要があるが、それを生活水準を低下させずに行うためにはできるだけ資源を社会環境にとどめ、これまで以上に資源を有効に利用する必要がある。また、矢印⑨における環境破壊に対してはできるだけ排出量を減らすとともに、自然への還元を早めるため資源のうちの無機物をできるだけ有機物に置き換え、無機物については化学反応を通じて自然への還元速度を速め、また、自然のもつ浄化力を高めるように自然への働きかけも必要である。

　このように、資源の循環構造を流れる資源の量を減らすための方法は、新しい技術と関連し、リサイクル・システムの確立においても無機物の有機物による置き換えにおいても技術開発が先行する。また、無機物が自然に還元し易いように化学反応を加えることも新しい技術に依る。資源の流量を継続的に減らしていくためには、省エネルギーのための技術開発が継続的に行われねばならない。大量生産＝大量消費体制が産業革命以降止むことなく続けられてきた省力化のための技術開発に依るとすれば、省エネルギーのための技術開発が継続されるために必要な条件を考えるべきである。省力化のための研究開発については、その成果が直ぐに市場で評価され、研究に投下された費用が回収され、研究開発の継続が後押しされた。また、市場での研究成果の評価は目に見える形で行われ、研究者の研究への意欲を促した。

　これに対して、省エネルギーのための研究はその成果が直ぐに目に見える形で評価されることは少ない。資源の循環構造でいえば、実線の矢印でなく、破線の矢印に沿って研究活動が行なわれる。市場経済で行われる研究活動は市場においてその経過は評価され再検討されるが、それが部分的な評価に終わるため返って研究活動に制限が加わることが想定される。

(3) 省エネルギー研究に対する評価と研究費

　電力の送電中のロス（漏電）を減らすための研究を想定しよう。これまでの送電中のロスを20％と想定し、この比率を15％まで抑えて省エネルギー

を進めるための研究を想定する。仮に、この研究開発の成功は、火力発電では石油ないしは石炭の消費量を 5% 減らせるからかなりの省エネルギーになる。ただ、この研究成果が市場で評価されるのは減量となった石油価格だけであり、二酸化炭素の排出量の減少による環境に与える効果は評価されない。そのため、研究費の回収は難しく、研究活動継続のための条件は整いにくい。

ここでも石油の減量によってもたらされる環境への影響が正しく評価され、研究成果に加えることができれば、研究費の回収は十分に行われ、研究活動の継続のための条件は整う。しかし、環境改善の効果をどのように評価し、その評価額に充てられる財源をどのように調整するかが問題となる。この二つの問題がいずれも環境経済での問題であって、その解決を市場経済に委ねられず、それだけ省エネルギーのための研究活動の継続を難しくしている。

いま仮に、省エネルギーのための研究活動の成果を自然に対する負荷の抑制に限定するとしても、廃棄物の性質によって負荷の状態が異なることから、評価の基準を一つにまとめることが難しく、結局、第三者の評価機関を設置し、部門ごとに評価委員会を設け、研究者からの申請を受けて審査を行い、評価結果を公表するという方法をとるべきである。はじめは審査が慎重に行なわれ時間がかかるが、評価の基準が固まるにしたがって審査の時間は短縮され、研究成果の評価が直ぐに下されることも研究継続の条件とみなされることから、評価機関の運営が重要となる。

これに対して、研究成果の評価にもとづいて研究費が給付されることになるが、その財源はどのように調達すべきか。研究継続のためのこの条件も十分な検討が求められる。基本的には税に頼らざるを得ない。ヨーロッパの先進国では炭素税の名前で課税されている環境税は、課税根拠を原因者負担の原則に求め、二つの面から環境保全に寄与することを目指している。その一は、化石燃料に課税することによってその使用量を少しでも減らし、それに伴って温暖化ガスの排出を抑えて環境保全に寄与することである。

その二は、炭素税で調達した財源を環境改善に使うことで環境保全に寄与しようとするものである。この場合、原因者負担の原則に立っての課税であることを考慮するとき、その使途は限定され、温室効果ガスの削減といったことに限られる。したがって、森林の侵食を防ぎ、植林等を通じて自然の二酸化炭素の吸収力を高めることに財源を使うことは認められても、燃料の

効率化を図るための内燃機関の開発のための研究にこの財源を充てることは難しい。

　このことを考慮すれば、省エネルギーのための研究を継続的に行なっていくための財源を税によって調達するにしても、その課税根拠を原因者負担ではなく、受益者負担の原則にもとづくべきである。すなわち、資源の環境構造で見てきたように人間は地球上で生きている限り、自然が支える住環境に取り囲まれての生活である。したがって、図1-4の矢印⑩は住環境での生活で人間が感じる安定・安全のかなりの部分が自然環境によって与えられ、自然環境の保全にかかる費用を「税」で負担する根拠を与える。この考えにもとづく環境税の導入は受益者負担原則に課税根拠を置くものである。

(4)　環境保全税と研究活動の継続

　環境税が受益者負担の原則に根拠を置くとしても、目的税として税収の使途を限定することはできる。しかし、EU諸国で導入されてきた炭素税のように温室効果ガスの削減に限定されることなく、自然環境の保全のためであればそれに財源を充てることができることから、炭素税に比べてその適用範囲はずっと広くなる。その意味からは環境税と呼ぶより「環境保全税」と名付け、課税根拠としての受益者負担原則を強調すべきである。当然、環境保全に関する研究にも充当することができることから、環境保全税によって省エネルギーに関する研究活動の継続のための条件の一つは整う。

　環境保全税が受益者負担の原則に立つ限り、そして、住環境の受益者が地球上で暮らすすべての人間である限り、誰もが納税者となる最も広い税となるが、各人の生活水準にほぼ比例して税負担を負うことで受益＝負担が実現するとすれば、現行の消費税の税構造が環境保全税に最もふさわしい。したがって、現行の消費税のうち1％前後を環境保全税として目的税化すれば市場経済に与える影響も小さく、図1-4の資源の循環構造の矢印⑨と⑩をつなぐことになるから、環境保全のための研究活動の継続性も研究成果の評価システムの確立と合わせて確保されることになる。

　さらに、環境保全税で徴収された財源は、図1-4「資源の循環構造」における矢印①の資源の採集・発掘の段階で発生する環境破壊に対しても修復のための費用に充てることができる。その場合も、環境が修復されるこの影響は矢印①を通じて市場経済に向かうのでなく、自然環境のなかで矢印⑩とつ

ながり、これを通して住環境の改善に向かうことから、環境保全税は資源の循環構造における自然環境の枠での資源の流れを明確にする。最後に、環境保全税の導入にあたっては、税の中立の原則に立って市場経済への影響および公共経済への影響にも十分に検討を加えておかねばならない。

［注］

1) マルクス経済学においては、社会のそれぞれの発展段階において法制的・政治的および社会的意識形態の土台となる経済的構造を指す。

2) 社会の経済的土台である下部構造の上に、下部構造の制約を受けて形成されるのが上部構造であって、政治的、法律的、哲学的、道徳的、宗教的、美的な社会的概念ないし意識形成（イデオロギー）と、それに対応する組織・制度を指す。

3) 唯物史観は、社会の社会的・文化的特長が根本的には生産様式に規定されており、その生産様式は生産力の発展に相応して変革され、その変革によってやがて新しい政治・経済構造の社会が形成されると説く歴史観である。

4) 環境を人間を取り巻く外界として捉えるとき、自然環境と社会環境に二分される。

5) この環境に関する定義は『日本国語大辞典』（小学館）にもとづく。

6) これが租税国家であり、政府はその行動を市場原理に変って「財政規律」をもって律することになる。7) 公平な課税とか均衡予算の維持等は租税国家における財政運営の規範である。

8) 自分の受ける利益を申告し、それに応じて費用を負担するという自己申告制が確立されなければ、「市場の失敗」は回避できない。

9) ここでは国の役割として示されているが、都道府県および市町村も加わり、政府全体でこの役割を果たしていかねばならないが、その場合、国・都道府県・市町村間の役割分担の在り方すなわち分権が問題となる。

10) 現在、環境問題に関する国際的協力機関は、国連の気候変動に関する政府間パネル（IPCC）のみである。

2章

経済規律と財政規律

—財政再建は可能か—

1　21世紀の国づくりと財政運営

(1)　国の三つの基本的役割

　21世紀の経済運営では、人口減少期を迎えたわが国がなにを目指してこれからの国づくりを進めていくかをできるだけ明らかにし、閉塞感に包まれて多くの国民が将来に対するわずかな望みも持てない状態に陥ることを避け、わが国の行方が少しでも見えるように努めねばならないが、そのためにできるだけ明確な形で国づくりの方向を示すことが求められる。国民の一人一人が将来に向かって明るさと安心感を持つためには、自分がいま目指している生活の目標が着実に実現し、わずかでも生活の改善が実感されねばならない。

　しかし、国民の誰もが生活の向上を実感できるというためには、1億2千600万人の人口を考えた場合、きわめて難しい課題であるが、国は序章で議論したように、人口減少のもとでも国民一人当たりの平均所得水準の向上を図りながら、所得格差をできるだけ縮小する方向で経済の運営を進めなければならない。これらの経済運営の方向づけは、経済学では経済の3基本問題として提示されてきた。

　資源配分問題・所得分配問題・経済安定問題の3基本問題が市場経済のもとで価格の調整機能にもとづいて大体の解を得るとき、上で示した「国民の誰もが生活の向上を実感できる」方向で経済の運営は展開されることになる。この場合、国の役割は、すべての国民が日日の生活を安心して送るための大前提となる「生命・財産の安全確保」に限定される。それに関連して、国は国防・司法・治水治山の三つの事業・役割を担う[1]。

　しかし、サービス化の進展や産業構造の高度化に伴って価格の調整機能

が十分にはたらかなくなるにしたがって、経済の3基本問題のいずれにも不調整の部分が残り、「国民の誰もが生活の向上」を実感できない状況を生み、経済への国のあらたな介入が求められた。第二の基本問題である所得分配の問題に関しては、「すべての国民に対して最低限度の生活を保障する」という新たな役割が国に加わることになる[2]。

　経済の安定・安全に関連しても国の積極的介入が求められる。1929年に発生した世界恐慌は特定の市場で起こった需給ギャップが、価格の調整機能が十分に働く前に賃金カットや失業の拡大によって所得の減少をもたらし、それに伴って更なる需要減を引き起こし、結果的に財の市場における価格の調整機能を不調にしてしまった。しかし、労働市場では完全な競争市場でなかったために、賃金の引き下げと雇用の減少をもたらし、このことが財市場での需要をさらに減少させ、価格の下落に伴う需要増をはるかに上回った。

　この財市場における需要収縮過程を食い止める力を価格の調整機能に求めることは難しく、全く新しい需要の源泉を準備することが必要となった。たとえば、国土を縦断する鉄道ないしは道路の建設を計画して建設業者に事業を発注することで、この事業に関連する人たちの所得増を通じてあらゆる財市場での需要増につながっていくことが期待された。このことは失業者に対して直接国が生活費を支給するという形でも不足した需要を埋めることができるが、いずれにしても、国は経済の第三の基本問題である経済の安定・安全に対しても積極的に関与することが求められた[3]。

　この経済の第三の基本的問題に関連して国に対して求められる第三の基本的役割を「すべての国民に対する安定した働く場の確保」として加えることにする。

　基本的役割1：国民の生命・財産の保護
　基本的役割2：すべての国民に対する最低限度の生活の保障
　基本的役割3：国民に対する安定した「働く場」の確保

　この三つの基本的役割を国が果たしていくことで、「国民の誰もが生活の向上を実感できる」ことになるが、さらに、国民の一人一人が将来に対して少しでも希望を持つことができれば、国民の一人一人が生きがいを持ち、国民は生活向上に加えて生活に充実感を抱くことになる。そのため、国は三つ

の基本的役割を着実に果たすとともに、国はどのような国づくりを目指すかを国民に明示する必要がある。

(2) 三つの国是

　戦後、1953 年に締結されたサンフランシスコ条約によって国際社会に復帰したわが国は、連合軍の占領政策下で造られた平和憲法の精神にもとづき、国民の生活水準の向上と諸外国との経済面での協調を重視し、経済発展に重点を置く国づくりを目指すこととなった。しかし、資源の乏しいわが国の場合、この方向で国づくりを進めていくためには、資源の多くを海外に依存しなければならなかったため、あえて加工型産業構造の確立を目指して「貿易立国」を国是とした。

　幸い、1960 年代から 70 年代にかけて高度成長が続き、その後も先進諸外国に比べてやや高めの成長率が安定的に維持されたため、「貿易立国」の国づくりは着実な前進を見た。その背景において、官民が一体になって技術水準の向上に力をそそいできたこともあって、1968 年に早くも OECD への加盟を果たし、1970 年以降は貿易収支の黒字は恒常的となり、貿易立国の国づくりは定着を見た。

　ただ、わが国で加工型産業構造が形成されていく過程で、主として、電気製品や自動車産業において大量生産＝大量消費の体制が形成され、これによって国民の生活水準はこれまで経験したことのない速さで向上を見たので、このことが労働意欲の持続を通じて生産性の向上にもプラスに作用し、さらに貿易立国という国づくりに有利な環境が造られていった。大量生産＝大量消費はつねに大量排出を伴い、生産と消費の両側面において大量の廃棄物を排出し、それが自然に備わった浄化力を超えるとき、自然環境に負荷を与え自然環境の破壊へとつながっていった。わが国では 1960 年代の初めにすでに公害問題が発生している。とくに、臨海工業地帯で大量に発生した産業廃棄物が局地的に大気汚染や水質汚濁の形で環境破壊をもたらし、その周辺に住む住民に健康上の被害をもたらした[4]。

　そのとき、わが国はいち早く公害問題に取り組み、健康被害と産業廃棄物との因果関係を明らかにするとともに、原因者負担の原則を確立し、それに沿って排出者は公害防止のための技術開発にも力を注いだ。そのとき開発された公害防除のための技術は、環境破壊が今日のように地球規模に拡大さ

れても十分に生かされるものである。

1960年代を通じて世界経済の好調がつづき、それに伴って世界の各地で大量生産＝大量消費＝大量排出の体制が形成され、1970年代に入っての酸性雨の問題に代表されるように、環境破壊が地球的規模に拡大し、環境問題が国際問題として注目されるようになった。公害が国内での地域問題であるのに対して、環境問題は原因の発生と自然環境の破壊とが別々の国で起こる広域現象として問題の解決のためには国際的な協調が不可欠となった。

とくに、冷戦構造の崩壊後の経済のグローバル化の進展は、発展途上国においても大量生産＝大量消費の体制が急速に整いつつあり、これらの国の協調と協力を得なければ、環境問題の解決はあり得ない。しかし、先進国と発展途上国の環境問題に対する取り組み方には、まだ、かなりの開きがあり、その調停役をいずれかの国が申し出なければならないが、もし、わが国がその役割を担うことになれば、これまでの「貿易立国」の国づくりに「環境立国」というもう一つの国是が加わることになる。

東西、南北に長く伸びた日本列島[5]は国土としてはそれほど広くはないが、自然環境についても、また、そこで営まれている生活の習慣やしきたりにも大きな地域差が見られ、加えて、1億2600万人の人口が生活していることを考えるとき、国が国民の一人一人に等しい距離をおいて、さきに掲げた三つの国の基本的役割を担っていくことは非常に難しい課題となる。たとえば、国が公衆衛生に関して最低限度の水準を維持するにあたって、それぞれの地域で実情がかなり異なるとき、国が一律の規準で公衆衛生に関連する公共財を供給するより、地域に最も近い市町村が分担した方が公衆衛生に関する国の基本的役割は効率的に遂行される。このことは他の基本的役割についても言えることであって、わが国土の特性からも、地方自治体が公共財の供給にあたって役割分担する方が効率的となる。

そして、地方自治体にできるだけ権限を移すことで、わが国の特色ある国土が長きにわたって培ってきた自然環境、風土、生活様式、習慣に見られる地域性が守られていくとすれば、貿易立国の国是のもとで拡大されてきた地域格差が地域の特色なしは地域の顔に変わっていくことから、わが国は多様性というもう一つの豊かさの要素を持つことになる。このように地域格差を地域の特色に変えていく国づくりを自治体が進めるとき、わが国は「分権立国」というもう一つの呼び名を持つことになる[6]。

（3）21 世紀の経済運営の前提と課題

　前項で掲げた「貿易立国」、「環境立国」および「分権立国」の三つの国是は、21 世紀にわが国が目指すべき国づくりの方向を明らかにするが、これによってわが国の経済・財政の具体的な運営の方向が決まる訳ではない。この経済・財政の具体的な運営方針を確立する前に、明確にしておかなければならない前提および運営にあたって障害となる問題に対する対応策を明示する必要がある。

　たとえば、2011 年 3 月に発生した東日本大震災が直接の原因となった原発事故によるエネルギー政策の見直しの問題は、とくに、「貿易立国」をこれからも国是の第一に掲げるとき、まず、取り組むべき課題とみなされるが、これまで国・政府主導で進められてきたエネルギー政策が今回の原発事故で見直しを迫られている以上、国民の意見を十分に聴取して決めていくことになれば、早急に決められる問題ではない。

　また国が三つの基本的役割を適切に果たしていくために守らねばならないルールがあって、国民に十分な納税の義務を果たしてもらわずに陥ってしまった放漫な赤字財政の運営からの脱却が第一の課題となるが、その前に、国が行なう経済活動において従うべきルール、すなわち、財政規範ないしは規律を確立しておかねばならない。国が行う公共財の供給をはじめとするさまざまな経済活動の多くは市場を通じて家計や企業と結びついている訳でなく、市場のルールは財政規範となり得ない。とくに、税に関しては国民に対する強制性を伴うことから、税の執行にあたって国は厳密な課税ルールに従わねばならない。

　税額は国が基本的な三つの役割を実現するためにどれだけの経済活動を行なうべきかの財政規模と、それに必要な財源のうちどれだけを税で調達するのかの財政運営のルールを立てることで決まる。その場合、国の行なう三つの基本的役割は現世代の国民に対して与えられるものである限り、均衡財政主義が財政運営のルール（規範）となる[7]。ただ、道路や港湾・空港など社会資本に関しては、そこから将来世代の国民も利益を受けることから、その建設費に関しては借入れによって賄い、将来世代から受益者負担として税を徴収し、借入の返済に充てることが求められる[8]。

　三つの国是の実現に向け、経済・財政の運営を進めるにあたって明確にすべきもう一つの前提がある。それはわが国の人口とその推移である。単年

度の予算を編成する場合、人口は一定であり、その年齢構成も「与えられた
もの」である。しかし、年金制度や介護保険制度など長期にわたって維持さ
れていく制度に関しては、当然、将来の人口の推移を予測しておかねばなら
ない。とくに、わが国では2010年にピークに達し、その後人口減少が始まり、
年々減少数が増大すると予測されることから、単年度を単位としての財政・
経済運営であっても人口の推移を予測しなければならないが、人口減を前提
にしたこれからの財政・経済運営には未経験に伴う難しさがある。

2 財政規律と財政再建

(1) 財政構造の現状と財政再建の目標

　図2-1「国の歳入・歳出構造とプライマリー・バランス」は、わが国の財
政構造の現状を見るため、歳入・歳出を数項目の大分類で捉え、その赤字構
造をプライマリー・バランスで示したものである。プライマリー・バランス
は歳入の税収と税外収入の計と、歳出の経常経費と財政調整費[9]の計とが
比較され、前者が後者を上回るときプライマリー・バランスは黒字となり、
後者が前者を上回るときプライマリー・バランスは赤字となる。

図2-1　国の歳入・歳出構造とプライマリー・バランス

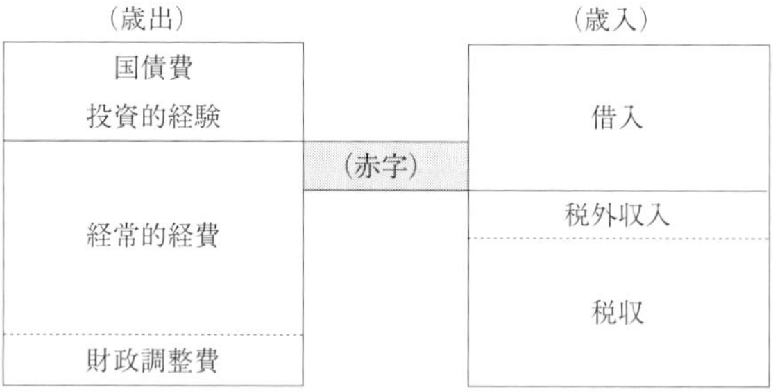

　図2-1において歳入と歳出をつなぐグレーの部分は、プライマリー・バラ
ンスの赤字を表す。この部分は経常的経費のうち、借入によって補填された
部分であることから、この部分は実物資本による裏付けのない借入を表す。
したがって、この赤字を消すためにはこの部分を税収増か経常的経費の削減
をもって消さねばならない。前者は増税による財政再建を表し、後者は「小
さな政府」を目指しての財政再建となる。

しかし、財政再建をプライマリー・バランスの均衡に置くとき、さらなる国債の累積は見ないが、これまで累積されてきた国債の減額は進まないから、財政再建の手順としてはプライマリー・バランスの均衡は第一段階であって、もし、累積国債の削減も含めて財政の健全化を目指すとき、財政運営の規範はプライマリー・バランスの黒字の拡大に置くべきである。

　図2-1 に見られるように、プライマリー・バランスの赤字はそのまま赤字国債ないしは特例国債の発行を示し、企業会計においてはこの分は損益計算書において欠損を意味することから、利潤を追求する企業の場合、この状態は長くは許されず倒産に追い込まれる。では、倒産のない国の場合、プライマリー・バランスの赤字はなにを意味するのか。赤字分に相当する経常経費で行われる行政サービスの供給は現世代の人びとにその便益は帰属するが、それに見合う負担は借入が返済される将来世代にかかることから、受益者負担の原則が世代間で崩れることを意味する[10]。

　世代間に見られる受益と負担のこの不均衡は、国民の一人一人は正しくは認識していないのでプライマリー・バランスの赤字については寛大なところはあるが、国が行財政の基本に国民一人一人について「受益と負担の均衡」を置く限り、世代間の均衡にも留意すべである。そのことからすれば、プライマリー・バランスの赤字の解消は財政再建の第一の目標に位置づけられる。図2-2「プライマリー・バランスの均衡」は図2-1 にもとづいて財政再建の第一の目標を示したものである。

図2-2　プライマリー・バランスの均衡

（歳出）		（歳入）	
国債費		借入	
投資的経験			
	（均衡）	税外収入	
経常的経費		税収	
財政調整費			

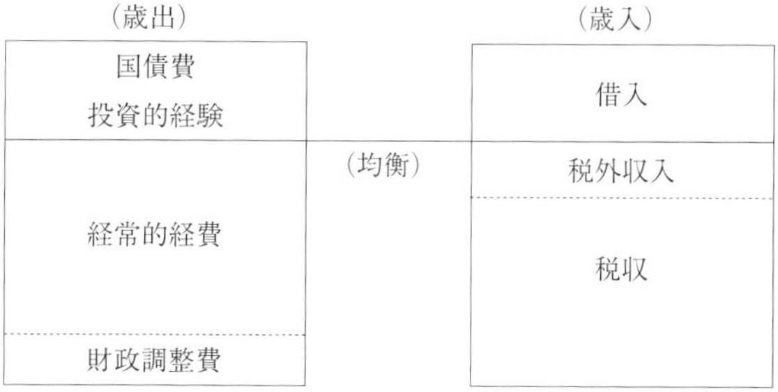

　ただ、国債の累積はその分国債費の増大をもたらすから、図2-3 によればそれだけ投資的経費の圧縮に向かうことになる。企業の場合についていえば、

損失は出ていないが事業を拡大する余力のない状態である。国の場合、問題はこのような財政構造のもとで国に課せられた三つの基本的役割を十分に果たし得るかである。おそらく国債費の増額が続く限り、財政運営は弾力性を欠くことになり、とくに、国の第3の基本的役割である安定した「働く場」の確保に対して思い切った財政運営の展開は難しくなるだろう。

これに対して、図2-3「プライマリー・バランスの黒字」では、国債費と借入とがほぼ等しくなるように描かれているが、この状態では国債の累積も進まず、国債費の増大もないことから、財政の運営は比較的弾力的に行なわれ、国の基本的役割が十分に果たしうる財政環境にあるといえる。

図2-3　プライマリー・バランスの黒字

（歳出）　　　　　　　　　　　　　　　（歳入）

国債費		借入
投資的経験	（黒字）	税外収入
経常的経費		税収

財政調整費

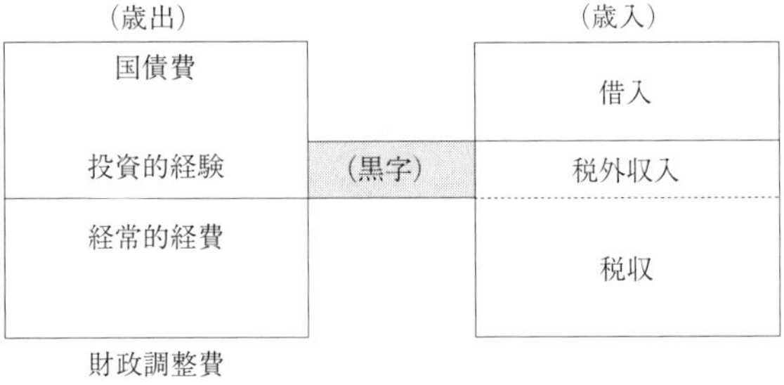

(2) 財政再建の手順

1970年代後半から80年代にかけての財政運営において問題になった財政再建もまたプライマリー・バランスの赤字をいかに解消し、その均衡を図るかであった。1973年秋に発生した第1次オイルショックを受けて1974年に戦後はじめてGDPの実質成長率がマイナスとなり、それにともなって大幅な税収の落ち込みがあり、1975年度途中に大幅な赤字が発生し特例国債の発行を余儀なくされ、その赤字幅は年々拡大をつづけ、財政運営の部分的手直しではどうにもならない状況になった。当時、大平内閣は「一般消費税」の導入を図り一気に赤字を埋めようとしたが、納税者はそれに関心を示さず、その信任を問う総選挙（1980年10月）において「ノー」という意思表示が示された。そのため、政権を受け継いだ中曽根内閣は増税による財政再建に替えて、「増税なき財政再建」を打ち出すこととなった。

1982 年度の予算編成から導入された「増税なき財政再建」はプライマリー・バランスの均衡達成の目標年度を 1984 年に設定したが、1982 年および 83 年の景気動向がおもわしくなかったこともあって、歳入（税収）の伸びが鈍り、赤字幅は計画通りに埋まらず、財政再建の目標年次は一年ずつ延期された。結局、1985 年頃にふたたび「増税による財政再建」が議論されるようになり、一般消費税に代わって「売上税」が中曽根内閣によって提案されることになった。

　そして、新税「売上税」の導入にあたっても紆余曲折があり、結局、中曽根内閣を受け継ぐ形となった竹下内閣によって「消費税」という新しい名称で 1989 年 4 月から導入されることになった。この年度の予算においてプライマリー・バランスの赤字が解消し、財政再建の目標がようやく達成した。このように時間的経過をたどっていくとき、財政再建は「増税なき」では進展が望めず、増税によらざるを得ないようにも見えるが、この時期、わが国経済はバブルの進行という異常な事態に置かれていたことも考慮しなければならない。

　増税なき財政再建を進めているなかでの新税の導入であったから、増減税額を同額にし、納税者に新たな負担を求めないという条件も加わって消費税は 3％という低税率の出発となったことを考えれば、89 年のプライマリー・バランスの均衡の実現は必ずしも新税導入にもとづくとはいえない。結果的には、80 年代後半から進行が始まったバブルが譲渡所得税を中心に所得税の税収が急速に伸び、歳入と歳出のギャップを埋めたことになる。

　ただ、バブルが 1991 年に崩壊し、その後、10 年以上にわたっていわゆる「空白の 10 年」をもたらし、その間に、ふたたびプライマリー・バランスの赤字を生み出したことを考えるとき、これからの財政再建にあたっては、増税と支出削減（小さな政府）の組合せで進めていかざるを得ないことになる。初めに 2011 年度を目標年次とする財政再建ではあったが、経済情勢が思うように進展せず、目標年次が順次繰り下げられてきている。いわば、どのような手順で財政再建を進めるにしても、経済の情勢は決してそれに寄与する状況を造り出していない。

　さらに、今後人口減少が加速していくわが国においては、仮に、世界経済が回復に向かい各国が 2、3％の成長率を回復したとしても、わが国ではせいぜい 2％止まりであって、それも長くは持続しないであろう。このこと

を念頭に置くとき、むしろ、財政再建を先行させ、同時に、社会保障制度の抜本的改革を進めて、国の三つの基本的役割に対して国民が信頼を置くことができるようになれば、経済成長が1%前後で推移するとしてもいまの社会的不安定な要因の多くは取り除かれるはずである。言い換えれば、まず、財政規律を確立し、それに沿っての財政運営を行なうことで、むしろ、市場経済において効率的で公正な経済活動が誘導されることが期待される。

3　予算編成と小さな政府

(1) 予算循環

　国の経済活動すなわち行政は、毎年4月から翌年の3月末までの1年間を単位に、国の活動計画書とみなされる「予算」にもとづいて行われる。当然、財政再建も毎年の予算編成の中でその実現が図られねばならない。

　前年の5月頃からその年の8月末までに、財務省に提出する概算要求書を各省庁が作成しはじめることから、予算編成が始まる。各省庁は翌年4月から始まる新年度に計画する新規の事業を中心に概算要求書を作成する。そのため、それを受ける財務省は事前に予算編成方針を立て、それにもとづいて各省庁に対して概算要求の上限を提示する。この予算枠は、前年の予算をベースにしてその何%増とか、何%減という形をとることから、増分主義とかシーリング方式と呼ばれてきた。

　財務省は8月末に各省庁から概算要求を受け、これにもとづいて9月、10月、11月の3ヶ月でいわゆる財務省原案をまとめるが、来年度に見込まれる税収をはじめとする財源の見通しの範囲内で予算編成を進めることから、財務省の予算編成の作業はもっぱら概算要求の圧縮が中心となる。そして、12月のはじめに財務省原案を作成し、内閣に提出する。内閣は各省庁との復活折衝を通じて若干の修正を行ない、1月に開催される通常国会の冒頭に衆議院に提出し、予算の審議が始まる。

　通常は年度内に予算の成立を見るが、年度を越えて審議がつづくとき、内閣は暫定予算を編成し、本予算成立までの政府の経済活動を支えることになる。成立を見た本予算は4月から始まる新年度の一年間の政府の経済活動の計画書となることから、政府は一年を4期間に区分し、各事業を年度間で偏りなく執行する。予算の執行は翌年3月末で締め切られ、決算の段階に入る。

憲法第 90 条は、「国の収入支出の決裁は、すべて毎年会計検査院が検査し、内閣は、つぎの年度に、その検査報告書とともに、国会に提出しなければならない」と定め、決算も予算と同様に国会の審議・議決を必要とする。決算は、各省庁の長が歳入決算明細書および歳出決算報告書を作成し財務省に提出することから始まる。財務省はそれを受けて歳入・歳出決算書を作成し、会計検査院にその年の秋に提出する。

　内閣は、会計検査院の検査報告書と合わせて決算書を翌年の通常国会に提出し、審議・議決を受けることになるが、通常は 6 月頃に審議・議決が行われる。これによって予算の編成から始まる予算循環は丸 3 年の期間を経て終結することになる。したがって、年度のどの時点をとってみても 3 年度分の予算が予算循環のいずれかの段階にある。

(2) 予算編成と財政規律

　予算の循環を振り返って、財政規律を守り支出削減のための「小さな政府」を実現するにあたっては、予算編成とりわけ各省庁から概算要求を受けて財務省原案が作成される過程が重要となる。その場合、概算要求額が大きければそれだけ予算の圧縮は難しくなる。そのため、これまでの予算編成では、財務省が前もって各省庁に概算要求の上限を提示する。その場合、上限の決め方は前年の予算額をベースに何％上乗せするという形をとったため、増分主義とかシーリング方式と呼ばれた。しかし、予算編成がこの方式にしたがう限り、効率的な予算の編成は難しく、「小さな政府」の実現も難しい。

　「効率的で小さな政府」の実現を目指し、限られた財源で国民に対して最大の便益をもたらし、国の三つの基本的役割を最大限実現していくためには、各省庁間の垣根が大きな障害となった。本来ならば、経常的・日常的業務を除く、新規の事業に関しては国全体の立場から適正な優先順位を決め、それにもとづいて上位から順次予算化を進め予測される財源枠内で事業の予算化を打ち切るという方法をとらねばならないが、これまでの予算編成方式のもとで財政の健全性を保持するためには、次年度の税収を予測し、税収の伸びに合わせて増分の幅を決めるという方法をとるべきである。ただ、景気停滞期は税収の見通しも思わしくないことから、予算の枠も抑えられることになるが、これまでの予算編成ではこのような時期にこそ新規事業を積極的に進めて景気の回復を図ることが優先された。

この予算編成方針には一時的に財政構造が赤字に転じても、景気の回復とともに税収増も期待できることから、財政の健全性は回復できるとみなされた。そして、実際に1960年代および70年代前半までは税収弾性率[11]は1以上であり、景気の回復期には十分に黒字予算を組むことができた。しかし、1975年の年度途中に歳入不足が明らかになって大量の赤字国債が発行されて以降は、80年代のバブル期を除いて、わが国の財政構造は歳出予算の増分を十分にカバーできる税収の伸びを確保することはできなくなった。

　21世紀に入っても1990年代の経済構造は変わっておらず、潜在成長力は2%以下に低下したともみなされる。このことが経済ないしは産業活動におけるサービス化の進展によるものとすれば、これからも潜在成長率のアップは期待できず、増分主義に基本を置く予算編成をつづける限り、財政再建はいつまでも実現しない。サービス化が今後もつづく経済活動のもとでは、新規事業を進めることで経済成長を促すというよりは、国は財政規律を守りながら、市場経済における雇用環境の整備にもっと力を入れるように経済活動の方向転換を図るべきである。

(3) 安全・安心の重視と国土整備

　とくに山間部で建設された道路の場合、地表では影響が見られなくても、地下部分で水系や地盤に対して目に見えない影響をもたらしてきたことも考えられる。平成23年3月に発生した東日本大震災は大津波の状況が逐一テレビで放映されたので、改めて自然の脅威を身を持って感じ、人びとが英知を持って造ってきた防波堤がなんなく壊されていく状況を見て、これまでの100年以上にわたって進めてきた公共事業が、目先の経済効果を優先させてきたため、治水・治山を通じて国民の生活に安定・安全を与えるという役割を十分に果たしてこなかったことが改めて感じさせられた。

　このことは、これまでの公共事業を進めてきた予算編成が必ずしも財政規律にもとづいて行われてこなかったことを意味する。ここで、これまでの経済効率優先の国土整備から環境保全を優先させ、人びとの日常生活の場としての地域社会での安定・安全を重視する公共事業に転換するとき、公共事業の多くは地方自治体に移されるべきであり、それに伴って組織や制度の改革を進めるべきである。国に関していえば、小さな政府の実現を見、財政規律を守ることが一層重要となる。

このとき、「土建国家」の渾名は返上され、「環境保全国家」に変身する。これによって、「環境立国」の国是が実現に向かい、これによって、プライマリー・バランスの均衡も十分にその実現が期待される。さらに、財政の健全化を目指して国債の償還のルールが確立されるとき、国の経済活動は完全に財政規律に沿うことになるが、それでも社会保障制度、とくに、年金制度の思い切った改革は避けられない。

4　税体系の三つの基本的枠組み

(1) わが国の現行税制

　いかに大幅な抜本的税制改革を進めるにしても、現行の税制が全く新しい税体系に姿を変えるわけではない。税制がその国の経済社会の最も根幹的枠組みを構成している限り、現行税制度はいつでも税制改革の出発点として位置づけられるべきである。したがって、現行税制と全く異なった新しい税制を造るような改革が行なわれているときは、国の体制そのものが新しく造り変えられるときであるともいえる。わが国において戦後連合軍の占領下で造られたシャウプ税制は、戦前の絶対主義の体制が国民に主権を置く民主主義の体制に移行するとともにその確立を見たのである。それ故、従来の国の態勢が維持されながら進められるこれからの税制改革は、いずれにしても現行の税制を出発点としなければならない。

　表 2-1「わが国の現行税制」は、平成 27 年度の決算の数字にもとづき、わが国の現行の税制を一表にまとめたものである。この表の縦の欄は「誰が課税するか」によって国税、道府県税、市町村税に 3 区分しており、横の列は税源をどこに求めるかによって所得課税、消費課税および資産課税に 3 分類している。そして、9 個の枠組に含まれる税目はそれぞれの税制（国税、道府県税、市町村税）において税収構成比が 3% 以上のものを掲げた。したがって、全体の税目はもっと多い数になる[12]。

　表 2-1 にもとづいて、わが国の現行税制を各国の税制と比較して見るとき、いくつかの特徴を指摘することができるが、そのうちの一つは、国税・地方税を含めて所得課税にかなりの重点が置かれていることである。そのため、景気の変動によって税収の動向が左右され易く、バブル崩壊以降の景気の低迷の中で、税制全体のなかでの所得課税の構成比は低下傾向にあり、そのことが財政再建を遅らせている大きな要因にもなっている。

表2-1　わが国の現行税制　（単位：億円、%）

	所得課税	消費課税	資産課税	計
国税	所得税 24.6 法人税 14.1 地方法人特別税 3.0	消費税 29.1 揮発油税 4.1	相続税 3.3	599,694 (60.5)
道府県税	道府県住民税 33.9 事業税 20.5	地方消費税 27.6 軽油取引税 5.1	自動車税 8.6 (18.2)	180,222
市町村税	市町村民税 45.3 （個人 34.3） （法人 11.0）	たばこ消費税 4.4	固定資産税 41.1 都市計画税 6.9	210,763 (21.3)
計	529,372 (53.4)	312,224 (31.5)	149,083 (13.1)	990,679 (100.0)

　もう一つの特徴は、地方税も所得課税が中心になっていることから地域間に税収格差を生み、それが反対に地方分権の障害にもなっている。そして、地方自治体間の税収格差調整のために国が国税で徴収した税収を地方に委譲するとき、格差是正を行う財政調整制度を設けており、このことが国の予算規模を必要以上に拡大させ赤字構造の一因ともなってきた。

　現行税制のもつ以上の二つの特徴に手直しを加え、国税はこのまま所得課税に重点を置き、道府県税はむしろ消費課税に重点を移し、さらに、市町村税に関しては資産課税に重点を置くことにすれば、わが国の税制は全体としてバランスのとれた体系になり、地域間格差の縮小も図られることから、現行の国と地方の財政調整制度も整理・縮小することができ、ここでも小さな政府を目指すことになる。

(2) 税体系を組み立てる三つの枠組

　表 2-1 によってわが国の現行税制の全体図を捉えることができるが、さらに、この表の計と計の右下の数字は税収総額を示すことから、国民所得に対する総税収額の比率すなわち租税負担率[13] を求めることで、わが国の国家財政を組み立てる諸制度において税制が占める位置が捉えられる。

　また、表 2-1 の縦の欄の計によって国と地方の税源配分を捉えることができ、横の列の計によって所得課税、消費課税および資産課税に対する税収の依存度が示される。かくして、表 2-1 にもとづいて、前項で行なったように、

わが国の現行税制の姿をその問題点も含めてある程度理解することができる。たとえば、地方分権を進めるにあたって国と地方の税源配分はどうあるべきか、また、国および地方の財政健全化を図るために租税負担率はどの程度引き上げるべきかなどが議論される。したがって、21 世紀の長期税制の構築を目指して税制改革を進めるにあたっても、表 2-1 の現行税制が議論の出発点になる。

　かくして、貿易立国、環境立国および分権立国の国造りを目指しながら、経済・財政を安定的に運営していくための基本的枠組・制度の一つとなる税体系の確立を目指して税制改革を進めることになるが、具体的には、租税負担率の設定、所得課税・消費課税・資産課税の税収構成比の検討、国と地方の税源配分の確立、表 2-1 の 9 個の枠組に組み込む税目と租税原則に適合した税構造を明らかにしていくことが、21 世紀の税制改革の主要なテーマであり、財政再建に対する歳入面からのアプローチとなるものである。

(3) 税制改革の進め方

　三つの国是の実現を目指すとしても、それだけで税制改革が進展するわけではない。21 世紀においてわが国の経済・財政を運営していくにあたって多くの障害・課題がその行く手を阻むとみなされるが、当然、これらの課題を乗り越えていくために税体系や税構造がこの役割の一端を担うことが求められるとき、その課題に関しては、序章の第 2 節で取り上げた日本経済を取り巻く 5 つの環境の変化に関連づけて、つぎに示す 5 つの課題にまとめることができる。

　・21 世紀の経済・財政運営の 5 つの課題
　　課題 1：少子高齢化・人口減少と社会の活性化
　　課題 2：成熟社会のもとでの安定的経済・財政運営の持続
　　課題 3：グローバル化の進展と新しい産業構造の形成
　　課題 4：環境保全を通じての国際貢献
　　課題 5：地方分権の推進と地域格差の是正

　わが国の税体系を構成する三つの基本的枠組み、すなわち、租税負担率、所得課税・消費課税・資産課税の構成および国と地方の税源配分を、わが国

の経済・財政の運営にあたって克服しなければならない五つの課題を念頭に確立することから、税制改革の議論は始まる。つぎに、この基本的枠組みに含まれる主要税目の設定とその税構造の構築に進んでいくが、その議論の結果は、表 2-1「わが国の現行税制」と全く同じ枠組みで組み立てられる「21世紀の長期税制」にまとめられていくはずである。

5　経済・財政の運営と租税負担率

（1）受益と負担の均衡

　租税国家においては、税を介して国民との間に生まれる「受益と負担」の関係がすべての国民に対して等距離であることが基本的要件となるが、その前提に、国民一人一人の人権が保障されていて自由と平等が守られていなければならない。とくに、誰に対しても等しく与えられている 24 時間に関しては誰にも拘束されず、自分の意思にもとづいて自由に過ごすことが基本となる。ただ、現在の社会構造・経済構造の基盤をなす分業・分担、協業・協働のもとで日常生活においても複雑な協力関係・人間関係に置かれていることから、しばしば時間に拘束を受けることがあっても、それは各個人の自由意思にもとづいて結ばれるものであって強制的な拘束ではない。

　すべての国民と国との距離を「受益と負担」の関係において等しく保つことで租税国家の存在理由を認めるとき、その前提として全ての国民に対する人権の保障と「自由」の確保を取り上げてきたが、そのうち、自由に関しては誰に対しても等しく与えられている 1 日 24 時間が誰にも拘束されず、自分の意思にもとづいて使うことができることで保障されるものと考える。そのため、租税国家はすべての国民の人権と自由を守るために存在し、そのために国は三つの基本的役割を担うことになる。

　ただ、わが国のいまの人口を想定し、複雑な産業構造や「働く場」での多様な人間関係、地域間に見られる経済の発展速度の格差、国民の生活水準の向上をもたらしてきた大量生産＝大量消費が大量排出に続き、いまや環境破壊をもたらそうとしているなかで、すべての国民の人権と自由を守るためになすべきことは多岐にわたり、個人間の対立や抗争の仲介・調停だけでは済まされず、国の関与する領域は今も拡大しつつある。

　租税国家の前提に置かれる人権と自由を守るため、国はすべての国民に対して等しい距離を保ち、すべての国民に一律のルールを適用することを基

本とする。このことで社会における分業・協働が促され、そこで起こる個人間の対立や摩擦を調停・調整する権限が国に与えられる。いま、国のこの形を立憲政体と呼ぶならば、租税国家は立憲政体のもとで成り立つ。しかし、決められたルールにすべての国民を従わせるために、国は強力な権力を持つ必要があり、すべての国民がこの権力に従うことが保障されるためには、国は国民の人権および自由を守り、生活を守ることを国民に示さねばならない。

　そのため、実際には、国はさまざまな公共財をすべての国民に対して一律に供給することが求められるが、供給される公共財の種類、内容、水準は、その国の人口・年齢構成、国土の広さ・地形とそれを取り巻く国際環境、産業構造、分業協業の形態、医療・教育をはじめとする社会制度、行政制度、地域社会の安定・安全など多くの要因によって決まるが、これまでの経緯によれば、人口の増加や高齢化、国民の生活水準の向上にともなって公共財の種類も量も拡大を続け、いわゆる「大きな政府」に向かう過程をどの国も辿ってきた。

(2) 分権と増税

　国が国民に供給する公共財の種類と量の増大は、それによって国が三つの基本的役割を十分に果たしていくにあたって、改めて、二つの大きな問題に出くわすことになった。その一は、古くから国が行ってきた国防・司法・大規模な治水治山などの公共財については引き続いて国が供給主体となることが求められるが、国民の日常生活に密接に関連して供給される公共財については、国がすべての国民との間で等距離を保つことが難しくなってきた。この問題に対しては、地方に拠点をもつ行政主体（地方自治体）に委ねていくという方法が取られるべきであり、これが地方分権である。

　大きな政府への移行に伴うもう一つの問題は財政問題である。すなわち、国は三つの基本的役割を果たしていくために、大きな政府に向かわざるを得なかったとしても、それを実行するために必要な膨大な財源をどのように調達するかが問題となる。租税国家のもとでは必要な財源は「税」を通じてすべての国民から負担をもとめねばならないが、すべての国民の人権と自由を守っていくためには、税に関しても国はすべての国民との距離を等しく保つ必要がある。ここで問題となるのは、どのような課税を行ったとき、税に関して国と国民との距離を等しく保つことができるかである。

この問題については、これまで税の公平・公正の問題として議論されてきた。それはすべての国民の納得の得られる税負担の配分を意味し、国が進める課税にすべての国民が同意するとき、公平・公正な税の実現を見ることになる。しかし、社会の仕組みや制度が複雑化し、人口も増加し、国民の所得水準ないしは生活水準にかなりの開きが生まれてくるとき、すべての国民によって受け入れられるように税負担の配分を決めることはますます難しくなる。

(3) 租税負担率30%の設定

　租税国家が直面する分権と増税の二つの課題に対して、わが国では1990年代以降分権に対しては国も地方もかなりの努力を払ってきたが、増税に関しては今日まで本格的に取り組むことはなかった。そのため、日本経済が年率10%以上の高度成長を続けていた1960年代から70年代にかけては「大きな政府」を支えるだけの税の自然増収が維持されてきたが、1980年代に入って経済成長の減速とともに税の自然増収の伸びも鈍り、財政支出の拡大に追いつかないままに財政構造（プライマリー・バランス）は赤字に陥ってしまった。そして、1990年代に入ってわが国の経済が長期停滞に落ち込むと、税の自然増収の伸びはゼロに近くなり、財政赤字をさらに拡大させた。

　これは本格的な増税のための税制改革をずるずる引き延ばしてきた「付け」でもある。このことは国民所得に対する税収増額の割合で示される租税負担率の推移によっても見ることができる。わが国の租税負担率が長期にわたって先進国のなかでも最も低く、それによっていずれの国よりも大幅な赤字財政に置かれてきたことは歴然としている。いま、プライマリー・バランスの赤字幅を増税で埋めるとすれば、第一段階として現行の租税負担率23%を30%まで引き上げることを目指さねばならない。

6　税の公平に関する新しい目標

(1) 利益説と能力説

　これまでの税の議論では、望ましい税体系が組み立てられるために守らねばならない規範を租税原則としてまとめ、それにできるだけ沿った税体系を組立てていくという形で議論が展開されてきたが、その原則の第一に置かれてきたのが税の公平・公正であった。人びとに税の負担を求めるとき、そ

の個人の担税力に基準を求める能力説（ability-to-pay theory）と、国が供給する公共財から受ける利益に基準を置く利益説（benefit theory）とが議論の主流をなしてきたが、前者に関しては、仮に各個人についての担税力が正しく測られたとしても、担税力と税負担をどのように関連づけるかに関して、すべての納税者が受け入れる基準を設定することはできなかった。そこでただ一つ同意が得られたのは、「担税力の等しいものは等しい税負担を負うべきである」という水平的公平に関する基準であった[14]。

　これに対して、利益説では個々の個人が国から受ける受益額が正しく測ることができるかという問題に直面した。そのため、アダム・スミスが行なったように、各個人が国から受ける利益はその個人の所得に比例するという置き換えを行ない、所得を通じて受益額にアプローチする必要があった。この置き換えには論者の価値判断が入り込むことになり、客観性を欠くことからすべての納税者の同意を得るに至らなかった。これまで税の公平に関する議論がアダム・スミス以来250年以上にわたって行われてきたのに、未だに確固たる基準が提示されないままに、税の公平が租税原則の第一位に置かれてきたことになる。

　したがって、これからはじまる税制改革論では、能力説にも利益説にも含まれている、「等しいものに対して等しく取り扱う」という誰にも受け入れられる水平的公平の基準に根拠を置いて、税の公平に関してできるだけ客観的なルールを確立することに努めねばならない。ここではまず「等しいものに対して等しく取り扱う」を「等しく与えられたものから、等しいものを出し合う」という基準に置き換え、このうちの「等しく与えられたもの」をすべての個人に対してなんの差別もなく与えられている「1日24時間」をもって捉える。したがって、「等しいものを出し合う」は、たとえば、賦役に1時間参加するとすればすべての個人が1時間の拘束を受けることで「等しい取り扱い」を受けることになる。

（2）等しく与えられたものから、等しいものを出し合う

　この基準が負担の公平を実現するために使われてきた実例は、昔、農耕を中心にほぼ自給自足の状態にあった小規模の集落において川普請や道普請を行うとき、誰もが同じ時間だけその普請に参加することで負担の公平は実現したことになり、このような形で賦役に参加することは集落のすべての人

によって受け入れられた。

　問題は、産業構造も高度化・複雑化し、分業・協業が人間関係の根底にあって、だれをとってみても1日の生活が自分一人で完結することのない現代社会をできるだけ安定的に維持していくためには、国はさきに示したように三つの基本的役割を掲げ、道普請や川普請を含めてさまざまな公共財を供給していかねばならないが、それに伴う仕事や作業の内容は高度化・専門化してきているので、すべての個人が賦役の形で自分に求められる負担を負うことはできない。公共財の供給に専従で携わる官僚ないしは公務員と呼ばれる専門家集団が誕生し、国民は公共財の供給にかかる費用を「税」という形で負担することで義務を果たすことになる。

　ここにおいて、先に示した「等しく与えられたものから、等しいものを出し合う」という負担の公平に関する基準をそのまま税に適用するとすれば、時間を税すなわち貨幣に置き換える必要が出てくる。いま、賦役で負担を考えるとき、誰もが1日1時間の時間の拘束を受け入れることになるとした場合、現代社会ではこの時間を貨幣に置き換えなければならないが、その場合、時間の拘束によって受ける犠牲が各人によって異なるとすれば、税という貨幣による負担も一人一人で異なることになる。

　ただ、すべての個人について1時間の拘束時間で受ける犠牲を直接測定することが不可能とすれば、利益説において国からの受益の大きさをその所得に比例するとして置き換えを行ったようにここでも置き換えが必要となり、その方法によっては、「等しく与えられたものから、等しいものを出し合う」という公平の基準がその効力を失うことにもなりかねず、場合によっては具体的に公平な税構造を導出することも可能となる。まさに、一定の時間の拘束によって蒙る犠牲をどのように貨幣タームに置き換えるかが問題となり、この置き換えがそのまま税の形態・構造を決めることになる。

(3) 賦役と税源

　利益説や能力説において、国からの利益をどのように捉え、個々の納税者の担税力をどのように捉えるかに関連して数値の置き換えが問題になったように、この新しい基準においても時間を貨幣タームに置き換えることが求められる。ただ、この基準では「等しく与えられたもの」として、1日24時間を置くことによってすべての個人に受け入れられる基準を用意できたこ

とが特長といえる。したがって、すべての納税者に受け入れられる時間を貨幣タームに置き換えることで公平・公正な税を導出することができる。

　1時間の拘束によって受ける犠牲をその人がその時間を働いた場合、稼得するはずの所得をもって置き換えるとすれば、多くの納税者の同意を得ることになるはずである。この置き換えによって比例所得税が導出される[15]。

　この置き換えは1時間の時間拘束によって失うであろう所得をもって時間の拘束に伴う犠牲とみなすことから、働いている人にとっては受け入れられる置き換えといえる。しかし、比例所得税では、働く体力も能力も持ちながら、何らかの理由で仕事についておらず、所得を得ていない人に対しては、この基準は適用されることなく、なんの時間の拘束も受けないことになる。したがって、比例所得税のみで税制を組み立てるとき、負担の公平の基準を完全に満たす税制とはなり得ない。

(4) 労働時間と生活時間

　税に関してすべての国民が国との距離を等しく保つためには、先の基準がすべての国民に適用されなければならないが、そのためには時間を所得以外の数値に置き換えることが求められる。等しく与えられたものを1日24時間で想定するとき、すべての個人は生活者として捉えられ、一定時間の拘束によってその間の生活に不自由を感じることになり、犠牲を強いられることになる。その置き換えでは、すべての個人に適用される税が想定される。おそらく、生活時間に対する同じ時間の拘束であっても、それによって蒙る犠牲は個人によって異なるはずである。たとえば、かなりの自由時間をもっている高齢者の場合、同じ1時間の拘束によって蒙る犠牲はそれほど大きくないと想定されるが、高齢者のなかでも比較的体力が残っていて毎日1、2時間をボランティア活動に参加している人と、そうでない高齢者では犠牲の大きさは異なるはずである。

　かくして、納税者を生活者とみなす場合でも、生活時間の拘束によって蒙る犠牲を数値に置き換える必要がある。いま、生活時間の1時間を拘束されることで失う効用（満足）をもって犠牲とみなすとき、その犠牲はその個人の生活水準で測ることができる。生活水準の高い人ほど1時間の生活時間の拘束によって失われる効用は大きい。時間の拘束の代わりに税の形で負担する場合、生活水準にもとづいて税を支払うことになる。

生活水準を考えるとき、その外に生活の「場」としての住居やそこで一緒に生活している家族の構成なども生活水準に大きく影響することから、いずれにしても一つの指標ないしは数値で生活水準を測ることがもとめられる。そして、この代替として各個人について一定期間の消費に対する支出額を選ぶとすれば、それに一定の税率を乗じて税負担を決めることによって「等しいものを出し合う」という税の公平の基準は満たされる。

　わが国の消費税およびEU諸国で導入されている付加価値税は、生活のために必要な財・サービスを市場を通じて購入する際、一定の税率で課せられる売上税であるが、いま仮に、付加価値税の税率が10%の場合、個々の納税者は消費支出額の10%の税を負担することなり、その支出額がほぼ生活水準を表しているとすれば、消費税ないしは付加価値税によって「等しく与えられたものから、等しいものを出し合う」の基準は満たされ、公平な税の一つに加えられることになる。

　拘束時間を労働時間で捉えるとき所得課税が導出され、生活時間全体で捉えるとき消費課税が公平な税として導出されてきた。それぞれが一定の「置き換え」を必要としたが、この置き換えがすべての納税者に受け入れられるならば、所得課税も消費課税も公平な税として税制への組み込みは認められる。ここで単一税制の場合、所得課税と消費課税のいずれを選ぶかが問題となり、複数税目で税制を組み立てるとき、所得課税と消費課税をどのような割合で組み合わせるかが問題となる。単一税制であっても生活時間全体を考えて税の配分を決めなければならないが、所得課税は生活時間の一部と考えられる労働時間にのみ基準を置くことから、生活時間全体をカバーする消費課税に比べて公平の観点からはやや後退する。ここでは、税制を複数項目で想定することから、所得税制と消費税制をどのように組み合わせるかを考えることになる。

　その一つの考えは、税制の連続性を考慮して現行税制での所得課税と消費課税の構成比をそのまま踏襲するという考え方である。それによれば両者の割合は所得課税2に対して消費課税1ということになるが、はじめはその状態から出発して、税制改正を繰り返すうちに所得課税1対消費課税1の構成に近づけていくという手順が考えられる。このことは、当分の間、増税は消費課税で行うことを意味する。「等しく与えられたものから、等しいものを出し合う」という基準にもとづいて行なってきたこれまでの議論は、国が

税に関して国民との距離をすべての個人に対して等しくするという観点から、いずれにしても公平な税を目指してきたことになる。

　しかし、国は基本的役割の第二として、「すべての国民に対して最低限度の生活を保障する」という課題を果たさねばならないが、そのためには、所得・富の再分配を進めて、すべての国民に生活の安定・安全を与えていかねばならない。このことと関連して、再配分の観点から税を見直すことが改めて求められる[16]。

　　［注］
1）　アダム・スミスは国富論のなかで国の役割をこの三つに限定し、「安上がりの政府」の実現を目指している。
2）　第二の基本問題に重点を置く近代国家は福祉国家と呼ばれてきた。
3）　ケインズの「有効需要の原理」と関連づけて、国の第三の基本的役割は論じられていた。
4）　公害による健康被害については「四日市ぜんそく」が有名で、訴訟の過程で産業廃棄物の健康被害の因果関係が明らかにされていった。
5）　南北については北緯 43 度 21 分から 24 度 3 分まで、東西については東経 122 度から 148 度までの広がりである。
6）　これまで都市間ないしは地域間の比較はもっぱら所得水準で行なわれてきたが、これに水質、大気などの自然環境の各地の状況を加味するもう一つの比較基準を加えるとき、これまでの地域間格差の考え方は変わることになる。すなわち、この地域は所得水準は低いが、自然環境に恵まれているという表現に変わる。そのとき、所得水準にもとづく順位も大きく変わることになる。
7）　市場において価格が需給の調整を進めることができるためには、受益者負担の原則が前提になければならない。国民の生命・財産を守るための公共財の供給においても、当然、受益者負担の原則がその前提に置かれる。すなわち、国民はそのために必要な財源を税をもって負担しなければならない。
8）　借入に依る公共投資を根拠づける利用時払原則も受益者負担原則にもとづくものである。
9）　国と地方との財政調整のため、国から地方に支出される国庫支出金、地方交付税、地方譲与税等の総計である。
10）　将来世代に移される赤字額が同じであっても、人口減少を想定するとき、一人当たり負担額は将来に向けて増え続けることになる。
11）　国民所得の伸び率に対する税収の伸び率の比率を税収弾性値といい、それが 1 以上の場合、ゆとりのある予算の編成が可能である。
12）　国税、道府県税および市町村税を合わせると、そこに含まれる税目は 60 種類以

上になる。

13) 平成 27 年度決算にもとづく租税負担率は 25.5％で、先進国のなかで最も低い水準となっている。因みにイギリスが 45％と最も高い租税負担率となっている。

14)「等しく与えられたものから、等しいものを出し合う」に税の公平に関する基準を求める議論については、拙著「租税原理」、有斐閣（2004 年）、第 3 章参照。

15) この置き換えによる結果はアダム・スミスの提案と一致することになる。

16) この問題については第 6 章「所得分配と社会保障」において改めて議論する予定である。

3章

技術進歩と経済構造

―技術進歩の「光」と「影」―

1　道具と機械―技術と生活―

(1)　はじめに

　現在、都市で毎日営まれている人びとの生活はこれまでの長い人類の歴史のなかでも最も豊かではあるが、最も複雑な人間関係のもとに置かれていることも確かである。このように複雑な人間関係は、一方で物質的に豊かな生活を支えるとともに、他方では人と人との間に目に見えない軋轢を生み、誰もが無意識のうちに精神的緊張（ストレス）を抱え込む状況を生み出してきた。私たちの生活の真の豊かさが物心両面の調和を前提とするならば、人びとの生活に見られる物質的豊かさと複雑な人間関係との関連性をできるだけ明らかにすることが求められる[1]。

　この章では「技術進歩と経済構造」のテーマにもとづいて、人間関係の複雑さと物質的豊かさとの関係をできるだけ明らかにすることから議論をはじめ、人類が物質的豊かさを追求する限り、人と人との人間関係の複雑さとそれに伴う精神的緊張の高まりは回避できないのかという疑問にできるだけ答えていこう。ただ、ストレスの問題は心理学的分析を必要とすることから、経済活動の上での人間関係に限定して議論を進めることになる。

　私たちの生活水準の向上の背景に労働生産性の向上を想定するとき、それを支えてきた技術進歩こそ人類に豊かさをもたらしてきた源泉ともいえる。そこで、人類の生活史を辿りながら技術進歩の過程に焦点を合わせ、それが労働生産性の向上を通じて人間の行動や考え方にどのような影響を与えてきたかを振り返ることから、この章の議論をはじめることにする。

(2) 道具から機械へ

　技術進歩と生産力とを結びつけるとき、直ぐに思いつくのは道具と機械の区分である。なぜなら、技術進歩が新しい道具や機械に具現化されてはじめて生産力ないしは労働生産性の向上に繋がるからである。技術進歩は新しい道具や機械によって確認され、確かな技術水準の裏付けのない道具や機械は生産過程から姿を消していった。現代の私たちは化石の形で発見された道具や遺跡から発掘された器具を通じて、人類が有史以来懸命に推し進めてきた技術開発の足跡をたどるが、有史以来長い間技術進歩の速度はきわめて緩やかで一つの道具が何百年も数千年も使われ、その間ほとんど新しい道具が現れないこともあった。

　それが少しずつ進歩の速度を速めある時期に一気に加速することになるが、それは生産に長く用いられてきた道具が機械に置き換えられるときであった。道具は新しいものが発見されても、それによって生産性が急激には向上しなかったため、その普及はゆっくりであった。これに対して、機械はそれを導入することで労働の生産性を著しく高め、誰もが競って取り入れ、誰もが機械に対する改良・改善に努めたため、そのことが技術進歩を促す結果となった。そのため、技術進歩と機械の普及とがほとんど同時に進行した。

　道具から機械への切り替えが、18世紀の後半から19世紀の初めにかけてヨーロッパの各地で展開された産業革命にもとづくとすれば、道具の時代が有史以来1万年以上も続いてきたのに対して、機械の時代はせいぜい200年程度に過ぎない。長く続いた道具の時代に人類がどれほど労働の生産力を高めてきたかは明らかではないが、仮に、それが数十倍であったとしても、一人の人間がその生涯のうちに目に見える形で生産力の向上を経験したことがなかったことは確かである。このように十年一日の如き生活を送っているとき、そこで形成される人間関係も変化に乏しい単調なものであったはずである。

(3) 機械の時代と技術進歩

　これに対して、機械の時代は始まってせいぜい200年という短い時間であるが、その間に人類はその生産性を数百倍、数千倍も高めてきた。労働生産性は簡単には比較することはできないが、いま、東京－京都間の移動時間で比較するとき、江戸時代の移動手段は主に徒歩によるものであったから、健康な大人で半月はかかったが、現在では新幹線を利用すれば2時間くらい

で移動が可能であるから、江戸時代に比べて約 160 分の 1 に短縮されたことになり、これをそのまま生産力に置き換えれば、労働生産性は 200 年足らずで 160 倍に高まったことになる。

　江戸時代からさらに 300 年をさかのぼって鎌倉時代を振り返っても、鎌倉と京都の移動時間はほとんど江戸時代と変わらなかったと考えられることから、道具の時代の生産性の向上はきわめて緩やかであった。しかし、機械の時代に入ったこの 200 年では、日本人の誰もが生涯を通じて自分の生活が目に見えて豊かになっていくことを感じ、つねに、新しい商品を目にしたり手にしてきた。そして、新商品の出現を通じて人間関係も少しずつ複雑化していくことを感じた。

　誰もが生活水準の向上を実感しながら、人と人との関係がそれに伴って複雑化していくことも感じてきた。いずれにしても、技術進歩と人間関係の複雑化との関連についてはさらに議論を進めなければならないが、人間関係の変化が社会の仕組みや諸制度、あるいは、家族構成などの社会環境に大きな影響をもたらし、それに伴って個人の生活様式や 1 日の行動にも大きな変化をもたらしたことは明らかである。

　技術進歩の速度を著しく高めてきた道具から機械への転換が産業革命によってもたらされたとすれば、産業革命が人間の生活にもたらした変化の大きさからすれば、人類の生活史のなかで最も大きな出来事といえる。そして、その社会環境に与えた影響からも、改革（reformation）ではなく、革命（revolution）という呼び名がふさわしい。この産業革命が人類の生活史においてどのような変化をもたらしたかを議論する前に、「道具」と「機械」の区分を明らかにしておこう。

　国語辞典によれば、道具については「モノを造ったり、仕事を捗らせたりするために用いる種類の用具」という説明があり、この解釈がここで使ってきた道具に対する意味に最も近いといえる。これに対して、機械については「動力装置を付けて作業をするものであって、原動の機構、伝道の機構、作業の機構の 3 部から成る」と説明されている。この解釈にもとづいて改めて道具と機械を比較すると、道具は人間の手足を補強ないしは補完するのに対して、機械は人間の手足に代替し得るものといえる。そして、両者の決定的な差異は動力装置の有無にあり、機械の持つ三つの機構のうち、動力の機構と伝導の機構は人間の身体や神経にあたるのに対して、道具は作業の機構

の一部に過ぎない。

　したがって、道具と機械の労働生産性に与える効果の違いは、人間の手足の「補完」か、それとも人間の手足の「代替」かの違いにもとづく。そして、手足の補完の場合、一人について道具一式ということから労働生産性への影響に自ずと限界があり、せいぜい数倍を高めるにすぎない。これに対して、手足の代替になりうる機械の場合、人間一人が2台でも3台でも同時に機械を操作し得るので、労働生産性は数十倍も数百倍にも高まる。したがって、道具の時代から機械の時代への移行は生産性の飛躍的な拡大の時代の幕開けを意味し、大量生産＝大量消費システム確立の条件を整えていった。

2　産業革命と生活時間　—産業革命の社会環境への影響—

(1) 機械の導入と労働の分業

　産業革命が蒸気機関の発明・改良・普及によって道具の機械化を進め、労働生産性の飛躍的向上をもたらした経緯については、産業革命に関する多くの文献によって理解できるので、ここでは産業革命の初期に出版されたアダム・スミスの「国富論」を取り上げ、機械化が人間生活に与えた影響を中心に議論の内容を見よう。「国富論」の冒頭で取り上げられた分業論は、機械の導入と労働生産性の向上との関係を具体的な事例で示しており、それによって人間の生活にどのような変化がもたらされたかが明らかにされた。スミスは機械の導入がそのまま労働生産性の向上につながるのではなく、機械を使う人間の側で人間関係が変わることを通じて、労働生産性に変化がもたらされるとしている[2]。

　この説明のため、スミスはピンの生産という具体例を用いた。まず、ピンの生産に能って5つの生産工程を規定し、第一工程で鉄から針金を造り、第二工程でその針金をピンの長さに切断し、第三工程でピンの先を尖らせ、第四工程で頭の部分を造り、第五工程で出来上がったピンを決まった本数に束ねて箱詰めにされる。そして、ピンの生産に5人の作業員が当たるとし、作業の進め方として二つのケースを取り上げ生産量を比較する。第一のケースは、5人の作業員が5つの工程を一人で受け持つ場合であり、第二のケースは、5人の作業員が5工程を一つずつ分担し、分業の形で作業を進める場合である。

　スミスは、街のピン工場を実際に訪ね、その調査結果に基づいて二つの

ケースの作業員一人当たりのピンの生産量を算出し、労働生産性の比較を行っている。それによれば、ケース1の場合の一人の作業員の1日のピンの生産量は5〜60本であるのに対して、ケース2の場合は5人で1日5〜6000本を生産することができるとしている。したがって、単純に計算してケース2の労働生産性はケース1に比べて2〜30倍に達する。

この説明において、スミスは5つの工程とも同じ機械ないしは同じ道具を使っていると想定しているので、機械の導入が労働生産性を高めるという面より、5人の作業員が生産工程を分担することに生産性向上の直接の原因を見出し、労働の分業と労働生産性の関係についていくつかの関連性を指摘する。たとえば、分業によって誰もが自分の持ち場の工程にとどまることができ、生産工程間の移動時間をそのまま生産に充てられることや、一つの生産工程に専念できることから、技術向上の期待が大きいことも挙げている。

ここで分業が5人の作業員の人間関係にどのような変化をもたらしたかを見ておこう。まず、一人ですべての生産工程を受け持つ場合は、作業の内容はやや複雑になるが、各人が自分の考えだけで作業をすすめるので、他の作業員との人間関係は単純である。これに対して、各人が一工程ずつを分担する場合、作業の内容は単純であるが、たがいに連絡しあっての作業となるので人間関係は複雑となる。もし、連絡をとらずに一人の作業員が作業時間を長くして増産に努めても、他の作業員がいつもの時間通りに作業をすれば、その作業員の努力は無駄になる。

5人の作業員の人間関係の複雑さは相互に連絡をとりながら作業を進めなければならないことから生まれる。作業の開始時間と終了時間および休憩時間を決め、さらに、休日なども決めていかねばならない。そして、皆で決めた作業の規則ではあるが、5人の作業員は作業時間に拘束される。

いま、モノの生産に関連して造られる人間関係を「組織」と呼ぶとき、各個人はその組織を構成する一員であるが、その中で「管理するもの」と「管理されるもの」とに分かれ、分業における人間関係を一層複雑にする。分業を支える人間関係が組織とすれば、それはそのまま生産単位を構成し、「企業」と呼ばれる。したがって、企業は道具の時代から機械の時代に移行する過程で生まれてきた新しい概念であるが、この組織がうまく機能するためには、さらにいくつかの条件が整えられねばならない。

(2) 職住分離と工場型生産方式　―時間配分にもとづく生産―

　機械の持つ生産機能が十分に発揮されるために労働の分業の必要性が示されてきたが、同時に、生産工程間のつながりが円滑でなければならない。そのためには一つの工場に生産工程を配置し、生産工程順に機械を並列的に設置し、その間を製品がスムースに流れる必要がある。これが工場型生産方式である。

　労働の分業がそれほど進んでいない段階では、職住近接の家内工場型生産方式でも十分に対応は可能である。むしろ、家族の手を借りて生産を行なう場合、住居と作業場が一体である方が都合がよいが、生活と労働の時間区分が曖昧になり、生産効率が低下することも考えられた。一方、工場型生産方式は住居と職場の完全分離が前提となることから、工場で働く作業員は住居を別の場所に構え、毎日、工場に通う。

　職住が一体の場合、1日の作業のスケジュールは自分で決めるが、それをきちっと守ることが少なく、生活時間と労働時間の区分は曖昧であった。これに対して、管理者が決める作業スケジュールに従って作業をしなければならない工場型生産方式では、すべての従業員は決められた作業日程に従って行動しなければならず、この作業スケジュールから受ける拘束性が人びとの生活様式を大きく変えた。

　職場における決められた時間帯に従っての規則的行動は、住居における日常生活においても時間にもとづく行動となる。たとえば、職場での作業開始時間に間に合わせるためには、自宅から職場までの移動時間を勘案して家を出なければならないが、その前に朝食を家族と一緒にとるとすれば、自然に起床の時間も決まり、就寝の時間も決まる。このようにいずれの家庭においても時間にもとづいて生活することになれば、社会全体も時間にもとづいて動き、人間関係は時間を介してさらに複雑となる。

　このように型にはまった生活は、決められた時間配分にもとづく生活がいつの間にか習慣化することによるものであって、誰もがこのような生活に安心感を持つとともに、一方では、自分の生活が時間に拘束され窮屈な思いを持つことにもなる[3]。いずれにしても社会の大多数の人びとが時間に従って行動する限り、他人とある関係を持とうとする場合、約束された時間に従わねばならず、時間の拘束から完全に逃れられない。

（3）技術進歩と移動手段

工場型生産方式がもたらした職住分離は、生活の中での移動の回数を著しく増大させた。それに伴って移動時間が1日の生活時間のなかで大きなウェイトを占めるようになる。いま、通勤時間のあてられる時間を3時間とし、移動速度が毎時5kmとすれば、自宅を中心にして半径7〜8kmの範囲で勤務先が決まることから、人口密度にもよるが雇用の対象となる人口はそれほど多くを予定できないので、工場の規模も大きくない。したがって、人口密度がそれほど高くないところでは、工場の立地は大規模集中型より小規模分散型にならざるを得ない。

これに対して、移動手段の改善・改良によって移動速度が毎時10kmまで上昇するとき、工場が雇用者を募集するために予定しうる範囲は半径で2倍になり、面積では4倍まで広げることができる。工場の規模も拡大することが可能となり、雇用量も増大する。ここにも都市における移動手段の改善・改良のための技術進歩の必要性がある。そのため、「機械の時代」に入ってから都市および都市圏における交通手段の整備が急速に進められ、技術開発に使われる資金・人材・時間のかなりの部分が交通手段の改善・改良に向けられてきた。

産業革命の原動力になった蒸気機関が蒸気機関車という形で交通手段に利用されるようになって、長く交通手段の主力をなしていた船舶や馬車に鉄道が取って代わり、比較的遠距離の移動手段として利用された。さらに、電気モータの小型化・高性能化は郊外電車や路面電車の利点を伸ばし、地下鉄の延長によって都市における輸送機能は飛躍的に拡大し、都市での人びとの移動は時間の面で大きく改善された。

そして、20世紀に入るとエンジン（内燃機関）が急速に発達し、電車より一段と小回りの効く自動車が普及し、個人が自由に乗り回すことのできる移動手段の私有化の時代を迎えた。自動車の速度は初めはせいぜい時速30〜40km程度であったがそれでも馬車に比べて5〜6倍の早さであったことから、鉄道の普及と相まって都市および都市圏における移動の容易さは著しく高まった。これによって都市圏における工場の大規模化が可能となり、大量生産の条件の一つが整えられた。

このような移動手段の発展に伴って大規模化が進んだのは工場だけでなく、学校・病院・市民ホール・動物園・植物園等の利用施設も大型化が進み、

都市機能の集積を通じて都市への人口の集中を促した。なかでも、生産機能、商業機能、金融機能等の経済機能の集積は都市像を急速に変化させていった。また、都市機能のなかには研究機能や技術開発機能が当然含まれるが、これによって都市での技術進歩が加速された。言い換えれば、技術進歩ないしは技術開発は都市機能の集積を促し、それがつぎの技術開発を生み出していくという自己増殖的要素を都市が持ち、都市は経済発展の原動力の役割を担うことになった。

3 技術進歩の二つの方向

(1) 機械の特性

　道具は人間の手足の補助であるのに対して機械は人間の手足に代わるものとして、第1節で道具と機械の違いを指摘してきたが、機械の基本となる運動はきわめて単調であって、上下、左右、あるいは円形の運動を通じて、切断したり、穿孔したり、圧縮したり、延伸したりしてモノを造っていくが、機械の特徴は正確で規則正しい動作にある。たとえば、先に述べたピンの製造過程で針金を一定の長さに切断する作業があったが、この工程を機械に任せた場合、人の作業量の数10倍の量を精巧にこなすはずである。このような単純な作業において機械は予想以上に力を発揮する。しかし、同じピンの製造工程でもピンの頭を取り付ける作業は少し込み入った動作を機械に求めることから、単純な動作をいくつか組み合わせて機械に複雑な作業をやらせることから、機械そのものも複雑な構造とならざるを得ない。

　一つの製品を生産するにあたって生産工程をいくつかに区分し、各工程で求められる単純な作業を機械に持たせることで、全工程が機械に委ねられることになり、人の手は生産工程のデザインと各工程での機械の操作に限られる。それ故、各工程を受け持つ個々の機械を一つに合体するときさらに省力化は進む。しかし、製品はピンの場合のように一つの素材に加工を加えることで完成品に向かう単線型だけでなく、自動車のように何千、何万という部品を使って一つの完成品が造られる複線型もある。しかも、部品の一つ一つは異なった素材が使われることから、結局、完成品は数10種類の素材が使われることになる。

　そして、一つの部品は一つの素材を使い、加工を加えて完成させることが多く、その生産工程は単線型である。その限りでは、組立加工型の生産工

程も単線型の生産工程の集合とみなされ、完成品が複雑な構造を持つほど、集められる単線型の生産工程の数は多くなるが、組立加工型の生産工程においても機械は十分に活用され省力化は進む。ただ単線型と異なってすべての部品を組み立てて完成品を造る最後の工程が加わる。

　ここで問題になるのは、部品組立の最後の段階で機械がどのように生産に参加できるかである。自動車の場合、何千、何万という部品が一台の自動車に含まれることを想定するとき、最後に部品を組み立てるにあたってかなり複雑な動作・作業が要求される。ここでは人の手が必要とされ、ふたたび人間が主役を演じ、機械がその補助を務める。機械にとって難しい作業であっても人間にとっては単純な動作とみなされ、組立のための作業工程をいくつかに区分し、各工程を数人ずつで分担し作業する。作業工程の区分は部品の数によって決まるが、各工程で作業するのは1人か2人、せいぜい3人までと考えられる。

　この場合、製品がベルト・コンベアによって移動するとき、各作業工程の作業時間をそろえることでベルト・コンベアの速度を一定に保つことができ、組立の作業は流れ作業となる。ベルト・コンベアも機械であることから、まさに、組立は人と機械の協同作業となる。ただ、ベルト・コンベアの速度を一定に保つためにはもう一つの重要な条件を満たさねばならない。それは組立の作業工程で部品が全部そろっていることである。この場合も各部品とも一企業で生産されることの方が少ないことを考慮するとき、企業間の連携が重要となり、この面からも企業の系列化が促される。

(2) 技術開発と素材

　単線型と複線型の生産方式のもう一つの大きな違いは使用される素材にある。単線型は綿花、羊毛、木材、セラミックス、鉄、非鉄金属等の単一の素材を使って製品が作られる場合が多い。これに対して、複線型は各部品においてそれぞれ異なった素材を使うことから、複数の素材を使っての生産となる。また、単線型の場合、素材の生来の性質をできるだけ生かして製品が造られる。木材で家具を造る場合、木目を生かすようにデザインが工夫され、繊維の場合、綿花の特徴が生かされる織り方が工夫される。

　これに対して、複線型の場合、複数の素材で造られた部品を組み合わせていくことから、ここの素材のもつ生来の性質を生かすとともに、他の素材

とも旨く結合する性質も持たせねばならない。たとえば、二つの金属を使って一つの部品を造る場合、両方の金属がほぼ同じ強靭さと弾力性を持たなければ、その部品は脆くなる。一方の金属に強靭さを持たせるため、全く別の金属を加えて合金を造ることも工夫された。これらの素材に対する加工は、素材間で比重を合わせるとか、断熱性を持たせるといった場合にも必要となる。

　このように複線型では複数の素材を一緒に使うことから、個々の素材に新しい性質を持たせることが求められ、全く新しい素材を造ることさえ必要となる。ここにおいて、新素材の発見とその活用は省力化の技術開発と並び、もう一つの技術開発の分野を形成することになる。ただ、新素材の発見によって従来からの機械がその性能を高めることが出来たとすれば、新素材のための技術開発も省力化につながる。

　新素材の開発に向けられる動機としてはつぎの二つが考えられる。その一は、単線型の生産工程で使われてきた綿花、羊毛、ゴム、皮革、陶土、木材等の天然の素材でその供給量が天候や土地の広さなどに左右され易く、新たな需要に応じるためには、1年以上も生産期間のかかる素材に代わって人工の素材を開発し、供給側の制約をできるだけ排除することである。たとえば、アクリル、ナイロン、テトロンに代表される化学繊維をはじめ、ゴムにしても、皮革にしても人造の素材が造られ、素材としての性質が天然のものを上まわるモノも生まれてきた[4]。

　新素材開発のもう一つの動機は機械の精密度の向上に伴って機械の側から新素材に対して新しい性質を求める場合である。機械の精度を向上させ最後の仕上げまで機械が行なうためには金属にかなりの強度が求められる。おそらく、機械の精度の向上とともに機械が込み入った作業までするようになれば、素材の方もそれに耐えうる性質を持たねばならない。そのため、鉱物資源から精錬される金属をそのまま使うのでなく、数種類の金属を溶け合わせて全く別の性質を持つ合金が開発される。

　先に、人類の技術進歩の過程を振り返って、「道具の時代」と「機械の時代」に区分し、この二つの時代を境に人間の労働生産性が飛躍的に向上してきたことを見てきた。この時代区分の要因となった「産業革命」後の労働生産性の向上に関しては、新素材の発見とその改良がもたらした効果は大きく、それを可能にした技術開発の意義も大きい。そこでの機械の精度の向上と素材の改良および新素材の発見とは、相互依存の形を取りながら労働生産性の向

上に大きく寄与してきた。

　素材に関して言えば、「道具の時代」から引き続いて使われてきた素材の多くは有機物であり、その供給量は土地の制約や気象の影響を受けてきたが、「機械の時代」に入って開発されてきた新素材はほとんどが無機物であった。そのため、土地の生産性に制約を受けることもなく需要に応じることができたことから、大量生産体制に対して素材からの制約は取り除かれることになった。むしろ、機械の性能を高めるために新素材の開発が求められてきた面もあり、新素材の開発こそ大量生産体制確立のもう一つの背景をなしてきたことは確かである。

4　技術進歩と大量生産体制の確立

(1) 大量生産体制の条件

　「道具の時代」から「機械の時代」への移行によって労働生産性の飛躍的向上を見たが、それに新素材の開発が加わることで大量生産体制の条件が整った。新素材が有機物から無機物に重点を移すことに伴って、大量生産体制の確立は道具の時代から機械の時代への移行とともに有機経済から無機経済への移行を伴った。

　有機経済から無機経済への移行によって素材の供給が土地の生産性の制約から解放され、無機素材によって機械の性能が著しく高められ、かなり複雑な作業も機械がこなすことになった。それだけ製品の完成にあたって人の手が省かれ、生産・加工の時間が短縮され、無機経済への移行は大量生産体制確立のための条件を整えた[5]。

　労働生産性の向上が生活水準の上昇につながっていくためには、大量生産体制によって生産された生産物がそのまま生活に直結していかねばならない。言い換えれば、大量生産＝大量消費システムの形成である。その場合、食料品、衣料品、日常雑貨等の消費財でも、家具・電化製品等の耐久消費財でも完成品として各家庭に供給される。単線型の場合、一つの素材がいくつかの生産工程を経て完成品となり、流通過程を経て消費者の手に届けられ、複線型の場合、各部品は単線型の生産工程をとるが、改めて、各部品の一つの完成品に組み立てていくプロセスを経なければならない。もし、組立という複線型の最後の生産段階で速度が急速に低下するとき、いかに各部品が短時間に生産されても完成品の生産量はそれほど伸びず、生活水準の向上につ

ながらない。

　組立段階でのこのネックを解消して生産の速度を上昇させるために工夫されたのが、ベルト・コンベア方式である。組立の段階でも作業工程をいくつかに区分し、それぞれの工程で組み立てる部品を決めておけば、そこを分担する作業員は仕事に慣れて作業の速度を速めることができる。この組立における分業の体制は、すべての部品を1カ所に集めて何人かで手分けして完成品を造っていく仕方より、生産の速度はずっと早いはずである。組立の段階での作業は製品を移動させる場合と、1カ所に部品を集めて完成品に仕上げる「固定式」の場合とに分かれる[6]。

　組立段階での「固定式」と「移動式」の選択は製品の大きさにもとづく。航空機や船舶のように大型の完成品の場合、固定式が選ばれ、テレビやクーラーなどの電気製品のように小型の場合は移動式が採用され易い。当然、ベルト・コンベア方式がとられるのは移動式であって、これによって複線型でも大量生産体制の条件が整えられる。

(2) ベルト・コンベア方式と自動車の生産

　製品組立の段階で固定式と移動式の選択で問題になるのは自動車である。第2次大戦後、自動車の生産に関してはいずれの工業国も小型化の傾向を強めていったが、このことが一層ベルト・コンベア方式の導入を促し、自動車の生産台数を一気に増大させた。ここに自動車は特定の人びとの持ちモノから誰でも持てるようになり、モータリゼーションの時代を迎える。自動車は小型車でも部品の数は数千を超えることになり、大きく区分すれば車体、エンジン、制御装置（ブレーキ関係）、車輪、座席など数種類であるが、それぞれが多くの部品によって組み立てられ、すべての部品も最終段階でベルト・コンベア方式で組み立てられる。これらの部品がすべて自動車の組立工場に集められ、自動車生産の最終段階を迎える。

　ここでもベルト・コンベア方式が用いられるが、一定の速度で回転し、自動車の生産台数が日産何台という目標を実現していくためには、いくつかの条件をクリアしなければならない。その一は、すべての部品がどんなに小さなものであっても生産台数に合わせた数だけ揃えなければならない。その二は、ベルト・コンベアの一回転の速度をできるだけ速めることが求められるが、その場合、組立作業をいくつの工程に分けるかが問題となる。

ベルト・コンベア方式による組立加工型産業が大量生産体制をとるための二つの条件のうち、第二の条件は一企業内の問題として対処することができるが、第一の条件については、部品ごとに生産工程が分かれ、別々の企業によって生産されるケースが多いため、企業間の連携が問題となる。たとえば、自動車の重要な部品である制御装置のメーカーが自動車の組立工場に過不足なく制御装置を納入するために、自ら各部品の調達を円滑に行なうため、部品ごとに企業の系列化を強める必要がある。

　いずれにしても組立加工型産業にベルト・コンベア方式が導入されるとき、部品ごとに企業の系列化が進み、さらに、それが部品ごとに枝分かれし、組立工場を頂点とする巨大なピラミッド型の産業構造が形成されていく。その底辺に素材産業が位置し、素材産業ごとに単線型の生産工程が何本も伸び、それらがいくつかの束になって部品を造り、ピラミッド型の産業構造を形成していく。かくして、頂点に位置するベルト・コンベアが最適の速度で回転するためには、各素材が過不足なく供給されることがもう一つの条件となる。すなわち、底辺に位置する素材産業の供給能力がピラミッド型の産業構造の規模を決めることになる。

(3) 大量生産＝大量消費システム

　機械の高度化・精密化は人間が身につけなければならない技能の習得期間を著しく短縮させ、基礎知識をもつものであれば、生産工程のどの段階でも直ぐに対応できる技能を短期間で身につけることができる。そのため、生産拡大の大きな障害になっていた熟練者不足の問題は、特殊な分野を除いて解消された。

　ここにおいて大量生産体制の構築は需要側にその誘引があるかどうかにかかわることとなった。たとえば、自動車の生産の場合、組立の段階でベルト・コンベア方式が導入されることによって生産力が著しく高まることとなったが、もし、生産された自動車の売れ行きが思わしくなければ、生産体制の縮小を余儀なくされる。これに対して、自動車に対する需要が旺盛であれば、それは大量生産体制構築の大きな誘因となるが、そのためには自動車が一部の人びとの専有物でなく、誰もが利用できる大衆車にならねばならない。

　この状況は、わが国では高度成長が終わるころの1970年代の中ごろから

ようやく生まれてきた。おそらく、1970年代の後半には自動車に対する潜在的な需要者は2千万人は存在したとみなされる。この潜在的需要を5年間で充足させるためには、年間500万台の生産体制を用意しなければならない。これこそわが国における大量生産体制を示すものであって、それは大量消費によって支えられることになる。そして、この自動車の大量生産＝大量消費システムこそ、わが国におけるモータリゼーションの進展そのものであった。この現象を個人の生活の側面で見るとき、所得水準の上昇とともに生活にも質的変化が徐々に表れ、自動車は日常生活の中で欠くことのできない耐久消費財となっていった。

(4) 大量生産＝大量消費システムの維持

　複線型の生産工程で生産される製品の多くは耐久財であって、生産にかかる時間をはるかに超えて長く利用される。自動車の場合、素材の生産から始まって自動車に組み立てられるまでの期間を1年と想定しても、自動車の耐用年数を仮に10年とみなすとき、生産期間はその10分の1に過ぎない。この生産期間と耐用年数のギャップが生産と消費の間にズレを生み、時には供給不足を、また、時には過剰設備の問題をもたらす。

　自動車の供給側にとってつねに問題になるのは新しい需要が今後どれだけ生まれてくるかである。ここで自動車に対する需要は三つのパターンに分類される。その一は、人口増に伴って生まれた新世帯からの需要であり、その二は、既存の世帯が自動車の利便性を知り、2台目の自動車を需要する場合である。そして、その三は、いま保有している自動車を新車に換える場合である。このうち、前二者は新規の需要であるのに対して、三番目の需要は買い替え需要である。最初に想定した2000万台の潜在的需要はまさに新規需要であって、人口動態や人びとの生活様式の変化など、自動車の生産側から見て外生的要因によって影響されることから、この需要には不確定要素が含まれる。ただ、新規需要がかなりの規模で発生するとき生産体制の拡充が求められるが、わが国では1980年代に入って小型車を中心に新規需要の大きな伸びを見た。

　上で見てきた自動車の生産体制の規模と自動車の耐用年数との関係は、自動車以外の耐久財にもそのままあてはまり、潜在需要が充足されたあとの生産体制は、人びとの耐久財に対する利用の仕方に左右されることになる。

そして、人々の耐久財に対する態度は、耐久財の性能や価格によっても影響されるが、自然環境に対する意識の変化や、より広い生活意識の変化によっても影響される[7]。かくして、自動車をはじめとする耐久財の生産体制の維持に関してはかなり不確定な要素が含まれることから、今後、新規需要に確かな伸びが見込まれないとき、大量生産＝大量消費システムの維持は難しくなる。

(5) 単線型産業構造における生産体制

つぎに、非耐久消費財の生産体制を検討しておこう。非耐久消費財には食料品、衣料品および日常雑貨の大部分が含まれるが、生産体制としてはほとんどが単線型である。それだけに需要の変動に対して弾力的に生産調整ができて、時間も費用もそれほどかからないことから、長く過剰設備が存在することはない。しかも、非耐久消費財の多くは誰もが日常の生活の中で使うものであることから、需要の変動も大きくない。ただ、同じ製品であっても銘柄の間ではやりすたりがあり、銘柄間で需要に変動が見られる。たとえば、インスタントラーメンに例をとってみると、各家庭での食事のなかで一定の位置を占めているラーメンは全体の需要にはそれほど変動はないが、新しい銘柄のラーメンが売り出されると、それに需要が集中して他の銘柄の商品は売れなくなることはある[8]。

終戦直後、食料品も衣料品も不足していたとき、これらの非耐久消費財に対する潜在的需要は長くつづいたが、その需要をできるだけ満たすため、生産設備の拡大と生産期間の短縮を通じて生産量の増大が図られた。そのため、潜在的需要が一応満たされて、製品に対する需要が一定水準に戻ったとき、一時的に過剰設備が発生した。このように非耐久消費財における生産期間と消費期間の関係の変化は、耐久財ほどでないにしても生産設備の規模に対して影響を与える。

単線型生産方式で生産される非耐久消費財の場合、需要の変動もそれほど大きくないこともあって、過剰設備の問題がそれほど頻繁に起こることはないが、それでも大量生産＝大量消費システムを維持するため、各商品とも生産期間の短縮に努めてきた。この問題に関しては需要側にもそれを求める要因がなければならないが、結果的に人びとの生活のスタイルが資源浪費型に変わっていったことは確かである。この傾向は大量生産＝大量消費システ

ムがもたらした矛盾の一つであって、人びとが資源の有効利用や環境保全に関心を示し、資源節約型の生活態度に向かっていくとき過剰設備の発生も想定される。

5　大量生産＝大量消費システムと環境　—技術進歩の「影」—

(1) 自然環境と社会環境

　前節では、大量生産＝大量消費システムの形成と技術進歩の関連性を明らかにした後、このシステムの最大の課題である過剰設備の存在を取り上げ、それがもたらす影響について議論してきた。この節では、20世紀の後半に姿を現した大量生産＝大量消費システムが経済社会や自然環境に与える影響について検討する。したがって、この節の表題にある「環境」は自然環境と社会環境の両方を含む。

　自然環境が生産構造を土台から支えているとすれば、生産システムの自然環境への影響の現れ方によっては、自然環境の方から生産システムに制約が加わることもある。この相互の関係については、経済学の立場からはこれまでほとんど考慮されなかった。自然は「人間にとって絶対的なもの」ないしは「人力を超越したもの」という考えが先験的に持たれていた。生産システムが「環境」に与える影響としては社会環境に与える影響のみであって、それは「上部構造」と「下部構造」の関係として捉えられてきた。

　この節では、大量生産＝大量消費システムが自然環境にどのような関係をもち、自然環境の保全に対してどのような制約が加わるかを見た後、大量生産＝大量消費システムが社会環境とりわけ人間関係にどのような影響を与えるかについても論及する。

(2) 大量生産体制と資源の有限性①　—有機物の素材—

　土地と有機物の素材との関係を想定するとき、資源の有限性が具体的な形で示される。たとえば、木材を燃料に使うとき、一定の面積の土地で育つ木材の量は決まるから、それを超えて燃料として木材を伐採するときは、いずれは木材を枯渇させてしまう。一定の面積の土地で木材を育て燃料として長く使っていくためには、1年間で使われる木材の量は限られ、その意味では資源は有限である。また、衣料品の原料の綿花について土地との関係を想定するとき、一定の土地で生産される綿花の量は大体決まってくるから、綿

糸や綿布の生産量を増やそうとすれば、綿花畑の面積を増やさなければならないが、そのためには他の農作物の生産を減らすか、あるいは、新たに耕地を増やさなければならない。ここでも資源の有限性は明らかである。

　資源の有限性を前提とする限り、多少の生産活動の拡大があったとしても自然環境への影響はそれほど大きいとは言えない。ただ、人口増加によって生産量の拡大が必要となり、素材の供給を増やすために耕地面積の拡大が求められるとき、生態系に与える影響を通じて自然環境への影響が想定される。その場合、人口の伸びが緩やかでこれまでの耕地面積における生産性の向上だけで対応できるならば、自然環境への影響は許容範囲にとどまる。

　燃料の大部分を木材のような有機物に求め、素材の多くも有機物か、ガラスや陶土のように土そのものの場合、それを使っての過程で産業廃棄物が排出され、その製品が家庭で使われて一般廃棄物として排出されても、自然環境への負荷は大きくはない。なぜなら、排出量自体がそれほど多くなく、素材が有機物であることから廃棄物の土地への還元速度も速く、人間が経済活動を通じて排出する廃棄物の量は自然の浄化力の範囲内に収まるはずである。

(3) 大量生産体制と資源の有限性②　—無機物の素材—

　燃料・素材についてこれまでの有機物に代わって無機物が使われるとき、それらと土地との関係は薄まって、「資源は無限」という考えが生まれる。たとえば、化石燃料としての石炭や石油の活用は機械と結びつくことによって資源の無限性が示唆され、石油を使っての合成ゴムの開発は、天然ゴムとゴム園との関連性とは関係なくゴムの生産が可能となり、ここでも「資源は無限」という考えが生まれる。そして、このことが大量生産＝大量消費システムの誕生をもたらした。

　「資源は有限」によって人間の経済活動が自然の制約を受けることを意味するのに対して、「資源は無限」は自然の制約を受けずに人間の経済活動が限りなく拡大することを意味する。ただ、大量生産＝大量消費につづく大量排出が自然環境に与える負荷を考えるとき、人間の経済活動が別の面から自然の制約を受け、「自然は無限」は修正されなければならない。産業廃棄物および一般廃棄物に大量に含まれる無機物＝化学物質が資源と全く異質の物質として戻されるとき、自然への還元が遅れて自然環境に大きな負荷を与えることになる。

パルプは木材（有機物）を原料としているが大量生産のルートに乗せるために、加工過程で多くの化学薬品を使って処理されるため、生産過程でも消費の段階でもパルプを使った製品を破棄する段階で、化学物質も大量に輩出され自然に負荷を与える。また、一定の耕地面積からの作物の収穫を増やすため、大量の無機肥料が使われ、残留農薬の形で自然に負荷をもたらす。

　しかし、破棄される無機物のすべてが自然環境に負荷をもたらすわけではない。鉱物資源をはじめとして多くの天然資源は無機物であるから、そのままの形で自然に戻されるときは、それほど大きな負荷は自然には加わらない。したがって、生産過程でこれらの無機物に化学反応が加わり、全く別の性質をもつ無機物が造られることに問題が起こる。これが自然に戻されるとき、自然環境と社会環境の中間に長く滞留して自然環境に負荷を加え、社会環境を壊すことになる[9]。

　二つの環境の中間に長くとどまる化学物質はやがて自然環境の破壊に向かうとき、大量生産＝大量消費システムの確立を可能にしてきた無機素材が、このシステムを支える自然環境を破壊するという矛盾をもたらす。自然環境の破壊は化学物質の堆積が自然のもつ浄化力を超えるときである。それ故、大量生産＝大量消費システムを維持するためには、自然にとっては異物質の化学合成物質の蓄積を自然の浄化力の範囲内にとどめねばならない[10]。

　そのためには、まず、排出された物質をもう一度天然資源として同じ物質に戻して、自然への還元を早めることであり、いま一つは、異物質をいつまでも社会環境にとどめて、その中でのリサイクルを図ることである。このいずれの方法もこれを進めるためにはハードルの高い技術開発を進めなければならないが、問題は、この種の市場メカニズムに乗りにくい技術開発に対する研究意欲をいかに長く持続させるかである。

(4) 大量生産＝大量消費システムと社会構造① ―都市構造への影響―

　技術進歩を背景に大量生産＝大量消費システムが形成されてきた過程において経済活動は拡大をつづけ人びとの生活水準も上昇を続けてきた。社会はつねに活力を保ち人口も増加を続けた。このような生産力の急激な拡大はそれ自体が社会構造の大きな変化であるとともに、それと関連する社会の仕組みや制度・枠組みにも大きな影響を与え、そこで生活をする人びとの生活様式や生活意識にも変化がもたらされた。

産業革命による工場型生産方式の出現が職住分離や時間にもとづく規則的な生活といった新しい生活様式をもたらしたように、大量生産＝大量消費システムの導入も社会および社会構造に与えた影響は大きい。ここでのこのシステムと社会環境との関係をたどりながら、その影響を見ていくにあたって一生活者の立場から社会環境を見るとき、生活空間とそこで結ばれる人間関係の2側面をもつことから、この項で生活空間を取り上げつぎの項でこのシステムの人間関係への影響を見ていこう。

　大量生産＝大量消費システムの物流に与えた影響から見ていく。運搬されるモノの量が格段に増加したが、産業構造が単線型から複線型に変わることによって物流の形態も大きく変化した。単線型の場合、原料の供給地と消費地である大都市とを直線で結び、その線上に工場・事業所を立地することからモノの流れも線に沿う形をとった。そのため、輸送手段としては鉄道が中心であったが、大量生産＝大量消費システムの場合、複線型産業構造はモノの流れにおいても複雑な形態をとらせることになった。

　完成品の組立工場を頂点とするピラミッド型の複線型産業構造は、その底辺に多種類の素材産業が並び、そこから部品の数に相当する生産工程が頂点に向かって動き出し、途中で結合したり分離したりして部品が形を変えながら頂点に向かう。それだけに、単線型のように原料の供給地から大都市の消費地に向かっての直線的な移動ではなく、面的な広がりの中での錯綜した移動となる。そのため、小回りの利くトラック輸送が主流になった。

　このような複雑なモノの動きは人の移動にもそのまま当てはまり、通勤にしても営業活動にしても人の動きは多方面に向かい、この場合もドア・ツウ・ドアの機能をもつ自動車に依存しなければならない。このように大量生産＝大量消費システムを支える輸送手段として自動車が重要となることから、全国的な道路のネットワークの建設が進められた。言い換えれば、モータリゼーションの進展こそが大量生産＝大量消費システムの確立を可能にし、さらに、このシステムの拡大がモータリゼーションの進展を促した。

　この両者の関係は、大量消費体制の最終段階である小売においても見られる。消費者の立場から小売段階のシステムを想定するとき、できるだけ身近なところで選択肢の広い買い物をしたいと考えるが、この消費者の要望を最大限に充足させていくためにもモータリゼーションが重要な役割を担うことになる。買い物を徒歩ないしは自転車で行なうときは、買い物の範囲は半

径でせいぜい 1km 以内であったが、自動車を利用することによって、その行動圏は一気に半径 5km 前後まで広がる。この現象を小売業者から見れば、サービス・エリアを半径 5km で想定できるから、かなりの売場面積を提供することができ、品揃えも十分となる。そのため、駐車場を完備すれば、スーパーマーケットのような大型店の出店が可能となる。このようにモータリゼーションの進展が小売段階での流通構造に大きな影響を与えたが、ここでも大型店の出店がモータリゼーションの進展を促したという面も見られる。

モータリゼーションの進展にもとづく小売段階での構造改革は、人びとの日常生活にも影響を与え都市構造にも変化をもたらした。なかでも、駅前商店街の衰退は都市での人口の流れを大きく変えた。これは、モータリゼーションの進展に伴う鉄道利用者の減少と駅前商店街が駐車場のスペースをもたなかったことにもとづくが、駅前商店街が街の中心をなしてきただけに、その衰退は都市構造そのものにも影響を与えた[11]。

(5) 大量生産＝大量消費システムと社会環境② ―人間関係への影響―

単線型生産の場合は製造工程が分かれていても一工場で完成品まで生産されることが多いことから、そこで働く者は誰もモノ造りの実感を持ち続けることができる。これに対して、複線型生産方式では一工場での生産は、組立工場をのぞいて一つの部品の生産という形をとることから、生産工程はほぼ単線型と同じであっても、そこで働く人びとのモノ造りの実感はそれだけ薄い。なぜなら、そこでの製品は一部品であって最終段階での完成品と直ぐに結び付かないからである。しかも、作業の内容は単調となり、直接最終段階の完成品と結びつかないことから、各自の労働インセンティブの維持は困難となる。

人間本来の行動パターンである「奉仕・学習・創造」[12]はこれまではモノ造りのなかで実践されてきたといえるが、大量生産＝大量消費システムの拡大がもたらしたモノ造り軽視の傾向が、人間の本質的行動である奉仕・学習・創造の機会を狭めてきたともいえる。ただ、大量生産の体制は労働時間の短縮を通じて自由時間の延長をもたらしたため、そこで労働とは切り離された形で創造・学習・奉仕が行なわれ、それに伴って家庭や地域社会において利害関係を伴わない人間関係が形成されていった。たとえば、共通の価値観をもつもの同士が一つのサークルやグループを造って価値観を高めていく

といった交わりは、まさに平等の立場での交わりといえる [13]。

これに対して、大量生産＝大量消費システムの形成過程で職場において結ばれてきた人間関係は「管理するもの」と「管理されるもの」とに区分されてきた。両者の関係は明らかに上下の関係であって、職場ないしは組織を効率的に動かすという共通の目標をもつが、両者は決して対等ではない。そこで生まれる微妙な人間関係がモノ造りの喜びをさらに小さくすることになれば、労働に伴う拘束性が「労働は苦痛」という考えを強め、これまで労働に対して高い価値を与えてきた日本人の考え方が影をひそめることにもなる。

大量生産＝大量消費システムにおいても、製造段階ではまだ「モノ造り」の実感は残っているが、流通・販売の段階に移行するにしたがってその実感はほとんど薄れ、労働の内容は迅速・安全な商品の輸送とか、売上の増大といった目標に変わっていく。それに伴って、労働に対する考え方も変化し始めてきた。ここでも、多くの場合は組織で動くことから、「管理するもの」と「管理されるもの」に人間関係は分かれる。ただ、両者の関係は「モノ造り」を介してではなく、サービスの提供を通じての直接的な関係であるため、各人の思いが直接表面に出てくることから、一度、相互の関係が崩れると修復が難しく、組織の管理・運営にも支障をきたし能率の低下につながる。

大量生産では生産物の量的拡大とともに、製品そのものにも次々に新しい機能をもたせ、多様な需要に応じて大量消費を維持することに努める。その場合、注文に応じて商品を販売するだけでなく、需要者に対して製品の性能等について説明し、利用時の効率の向上に努める。そのため、流通・販売に従事する人びとは自分の取り扱う商品に関する情報だけでなく、自社の他の製品に対する情報や他者の同類・同種の製品に関する情報まで集めることになるが、この過程で「モノ造り」の実感に触れることが期待される。

耐用年数の長い耐久消費財の場合、大量生産＝大量消費システムは消費市場を売手市場から買手市場に変えることになるが、そこで流通・販売に従事する人びとが「モノ造り」の実感を少しでももつことは、このシステムの維持にとって重要となる。さらに、需要者からの製品に対するクレームや要望を製造段階に持ち帰り、製品の改良や性能の強化につながっていくならば、それだけ製品に関する専門性を身につけることになり、流通・販売の段階での人間関係に製造段階での人間関係の要素が持ち込まれることになる。

かくして、流通・販売での生産と消費を結ぶ役割の強化が、「モノ造り」

の実感の薄れによってもたらされた生産者と消費者の距離の拡大を止め、逆にそれを短縮させることができるならば、大量生産＝大量消費システムの維持にもつながり、さらに、資源の効率的利用にも寄与することが期待される。

(6) 自由時間と人間関係

　前項では、技術進歩がもたらした「影」の一つとして、大量生産＝大量消費システムがもたらした「職場」での人間関係の変化を辿りながら、「モノ造り」の実感の希薄化が職場での人間関係を複雑にし、労働に伴う精神的苦痛を強め、それに伴って労働インセンティブの後退をもたらしたことを見てきた。ただ、このような労働に伴う精神的圧迫が家庭や地域社会で過ごす自由時間のなかで癒されるとすれば、自由時間の延長をもたらしてきた大量生産＝大量消費システムは、自らこのシステムに含まれる矛盾の一つに改善・改良を加えることになる。

　労働に伴う精神的圧迫が自由時間によってどれほど癒せるかは各個人の問題ではあるが、家庭や地域社会での自由時間の使い方によってストレスの解消の程度は異なるはずである。ここで一つ言えることは、自由時間で結ばれる人間関係は多くの場合互いに対等の立場にあることから新たにストレスが加わることはない。したがって、家庭や地域社会での人間関係の形成が問題となるところであるが、ここでの議論は技術進歩と産業構造の関係についてであるので、この問題についての検討は別の機会に譲ることにしよう。

　このように見てくると、技術進歩がもたらしてきた自由時間の延長は確かに技術進歩の「光」の部分といえるが、もし仮に、労働時間の短縮によって「職場」での人間関係に歪みをもたらしてきたとすれば、技術進歩をそのまま労働時間の短縮につなぐのでなく、それを職場での人間関係の改善に結び付けていくことも検討すべきである。この問題は新しい雇用形態とも関連してくることから、改めて議論する必要がある[14]。

[注]

1) ストレスに関する心理学的分析はかなり進んでおり、これに関する文献も多いが、まだ、十分な分析結果は出ておらず、ストレス解消の処方箋も出そろっている訳ではない。

2) アダム・スミスの誕生は1723年であり、3年のフランス滞在後10年の年月をかけて完成した「諸国民の富の性質と原因に関する研究」（通称「国富論」）は1776年の出版であるから、晩年の労作といえる。それだけに長年にわたっての研究成果の集大成であり、これによって経済学が理論・歴史・政策にまたがる体系的科学として、哲学的思考から独立し、自然科学および人文科学と並んで社会科学を確立することになった。

3) 1日24時間は生活必需時間・労働時間・移動時間・自由時間に4区分されている。

4) 繊維などは新素材と天然のモノが混合的に使われ、それぞれの特長を生かした生地を造っている場合も多い。

5) E. A. Wrigley はその著 Continuity, chance and change: The character of the industrial revolution in England のなかで有機経済から無機経済への移行を述べている。

6) 「移動式」と「固定式」において、そこで働く作業員の労働インセンティブに与える影響は異なる。単純作業の多い「移動式」の方がインセンティブの持続は難しい。

7) 自然環境保全のため資源節約型の生活を目指し、自動車の利用期間をこれまでの5年から10年に延長するとき、それだけで買い替え需要は2分の1に減少する。

8) 最近は包装の機械化が進み、あまり費用をかけないで形やデザインを変えることができるため、同じ商品でも包装をつねに変えて需要を喚起することも試みられる。

9) 社会環境の悪化は公害と呼ばれ、自然環境への負荷は環境破壊と呼ばれてきた。

10) この典型例としては、二酸化炭素 CO_2 をはじめとする温室効果ガスによる地球温暖化の進行があげられる。

11) 駅前商店街はその街の顔ともみなされてきたが、これまではいずれの街も同じ顔であって個性は見られなかった。いま、駅前の再開発でいずれの街とも工夫を凝らしているので、個性のある街の顔を取り戻すことが期待されている。

12) 奉仕（serve）、学習（study）、創造（create）の人間本来の行動については第10章で改めて議論する。

13) 共通の価値観を媒体として人間関係は、地縁・血縁を媒体とする人間関係に見られるように個人の行動に制約を加えることはないが、地域社会の安定・安全に対してはそれほど寄与しない。

14) 21世紀を展望して打ち建てられた三つの国是のうち、分権立国はすべての国民に希望を持って働ける職場を用意し、人間関係に恵まれた地域社会を確立することが前提となるが、このことを踏まえての雇用制度の見直しや地域主権の確立については第7章で改めて取り上げる。

4章

市場原理の有効性とその限界

─サービス化の進展と市場メカニズム─

1　財・サービスと便益の帰属

（1）財とサービス

　経済学は人々に効用をもたらす経済財を形の或る狭義の「財」と、形をもたない「サービス」とに区分してきた。この区分は有形・無形といった物理的性質に基準を置くが、経済財がもたらす利益が人びとに帰属していく状態とも関連して経済学的にも重要な分類基準を与え、市場経済と公共経済の領域を二分する基準とも関係することになる[1]。

　多くの場合、財はそれを手にした人に利益がもたらされ、その人はその財から効用を得る。なかには、ショーウインドウに飾られた洋服を見るのが楽しい人もいるが、それはファッションに関する情報が得たいとか、あるいは、あんな洋服が着てみたいという気持ちであって、代金を払って洋服を手にしたときに感じる効用とは別のものである。洋服がもたらす便益は代金を支払って手にしたとき大きな満足に変わる。たまたまショウウインドウに飾られた洋服に二人の買手が現れても、その洋服を購入した人だけが満足を得る。

　財のこのような性質こそ、財が市場を通じて供給される要素といえる。上の例で二人の買手のいずれが洋服を手にするかは「市場」が決める。二人の買手の間に少しでも時間のズレがあれば先着順で決められ、同時の場合、抽選でも決められるが、普通は価格が調整的役割を果たす。すなわち、売手の提示する価格に先に応じた買手がその洋服を手にする。

　この洋服を買った人が主婦でこの洋服を着て外出するとき、夫もその洋服がよく似合う妻と一緒に歩くことに満足を感じたとすれば、この洋服を

手にした人（妻）だけでなく、その周りの人（夫）にも便益をもたらす。このことは、「財のもたらす利益は、その財を手にした人にのみ帰属する」という原則に反するようであるが、妻がその洋服を求めるとき、夫の感情も推測して自分の満足度を決めるとすれば、上の原則はそのまま成立する[2]。

　財の持つもう一つの特性は、有形であるための分割可能性であり、その量の測定が容易なことである。測定単位は cm、cm^2、cm^3、g、ℓ、個数等とまちまちであるが、それによって数量が測られる。この性質は、モノを買うときの財に期待する効用と支払う価格との比較を容易にする。この性質は市場における価格の調整機能を著しく高め、市場での売買の状況を図示するとき、需要曲線・供給曲線とも滑らかな線で描かれることになる。

　このうち、需要曲線を滑らかな線で描くためには、個々の需要者が財から期待される満足とその財を得るために支払う価格とがちょうど一致するように、財の数量を調整しなければならないが、それを可能にしているものは何か。有形の財の場合、それを購入する前に手にとって調べることができ、洋服などは試着さえできる。そのとき、店の人からもその洋服に関する情報を直接収集ができ、財を手にしたときの満足感をかなり正確に予測できるため、価格のわずかな変化に対しても反応し、需要曲線は滑らかになる。

　先に想定した洋服の例の場合、二人の買手ＡとＢがはじめに示された価格に対して、Ａはそれより大きな満足を感じ、Ｂはそれと同じくらいの満足を感じるとすれば、店の人が示す新しい価格、たとえば、はじめの価格より高い価格を示すとき、Ｂはその洋服を手にすることをあきらめるのに対し、Ａはそれでもその洋服を求めようとし、実際に手に入れる。ここでは価格の調整機能が十分に働いたことになるが、それにはＡもＢも洋服に対する満足度をかなりの確信を持って感じていることが前提となる。

(2) サービスと利益の帰属

　無形の財すなわちサービスは有形の財と異なる様々な性質を持つが、ここではまずサービスがもたらす利益の個人への帰属の状態から見ておこう。財の場合、その利益はその財を手にした人に帰属するが、サービスの場合、その帰属の状態は多様である。そのため、サービスについて種々の観点からの分類が試みられる。財の場合、固体、液体、気体などの財のもつ物理

的性質によっても分類されるが、無形のサービスはそのような分類はできないから、まず、サービスの発生源ないしは供給源に分類の基準が求められる。

　大別して、医療サービス、介護サービス、教育のように用役ないしは労働がそのままサービスになる場合と、住宅サービスや道路サービスのように建物や構造物を発生源にする場合とに分類される。そして、人を発生源とする前者の場合、サービスの供給が断続的であるのに対して、建物・構造物を発生源とするサービスの場合、その供給は継続的・連続的となる。ここで人を発生源とする場合を「人的サービス」と呼び、建物・構造物を発生源とする場合を「物的サービス」と呼ぶことにしよう。

　しかし、多くのサービスは発生源として人と建物・構造物の両方を兼ねて持つことから、人的サービスに分類するか、物的サービスに分類するかは多分に恣意的となる。たとえば、消防サービスの場合、消防士の消火活動や防火活動に重点を置くときは人的サービスに分類されるが、消防車や消火栓などの建物・構造物を強調するときは物的サービスに分類される。ただ、サービスがもたらす利益の個人への帰属の様態を見るとき、人的サービスと物的サービスの分類は重要な意味を持つことになる。

　すなわち、人的サービスの場合、サービスを受けることを申し出た個人に利益の大半が帰属する。たとえば、医療サービスについていえば、病院か診療所を訪ねて受診を申し出た人に利益は帰属する。この様態は有形の財がもたらす便益の帰属の様態に似ている。しかし、人的サービスでもオーケストラの演奏の場合、一定の範囲にわたって便益が拡散することから、演奏会場を設けて囲い込みを行ない、入場料を払ったものだけが演奏を聞くことができるようにしなければ、便益の帰属を特定の個人に限定することはできない。

(3) 物的サービスの分類

　これに対して、物的サービスのもたらす利益の個人への帰属の様態はかなり複雑であるが、その発生源となる建物と構造物によって分類し、さらに、建物と構造物について表4-1「物的サービスの分類と利益の帰属」のように、利用施設とサービス供給施設に分類するとき、利益の帰属の様態に関してかなり明確となる。

表 4-1 物的サービスの分類と利益の帰属

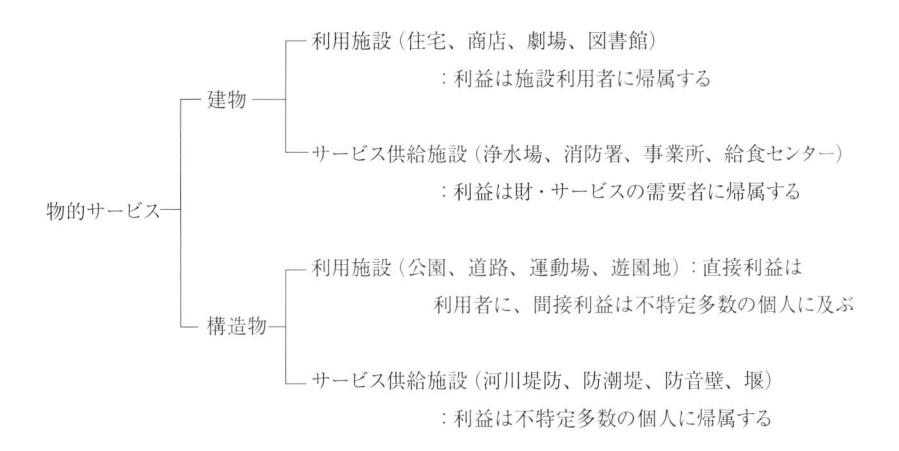

たとえば、都市公園の場合、その公園を訪ねそこで憩いの時間を過ごす人が公園がもたらす利益を享受する。また、一泊の宿泊でホテルを利用する場合、その利益はフロントで宿泊を申し出た人に帰属する。そのため、人的サービスの場合と同様に、その利用者から応分の負担を求めることが可能であって、受益者負担の原則がそのまま適用されサービスに価格が付けられる。

これに対して、サービス供給施設の場合、仮に、その施設を誰かが訪ねてもサービスが供給されるわけでないから、受益者を特定化することは難しい。たとえば、消防署の場合、そこを訪ねてきた人に消防サービスを供給するわけではなく、実際にサービスを受けるのは火災現場においてであって、その場所は前もって特定化されない。

サービス利用施設でも構造物の場合は河川堤防のように、物的サービスそのものであり、利益もかなりの範囲で拡散していく。したがって、拡散の範囲にも依存するが、その範囲内に居住する多くの人びとに利益が均てんしていく。すなわち、利益の帰属は不特定多数の個人に及ぶことになる。一級河川の堤防の場合[3]、その利益が数千 km^2 にも拡散し、そこに住居を持つ人口は数百万人に及ぶこともある。これに対して二級河川の場合、サービスの拡散の範囲は狭いが、利益の帰属が不特定多数の個人に及ぶことは変わらず、受益者負担の原則の適用は難しい。これまで公共財と呼ばれて

きた多くの財はこの範疇に含まれる。

　構造物の場合、利用施設とサービス供給施設の間に利益の帰属の様態に大きな変化が見られるが、この点に関して利用施設の中から都市公園を取り上げ、その便益の帰属の様態について検討を加えておこう。

　まず、都市公園の場合、そこを訪ねる人は静かな雰囲気で憩いの時間を過ごすことで利益を受けるが、公園は緑豊かな公共空間を造りだすことによって周辺の市街地区に対しても住環境の改善を通じて利益をもたらし、公園の側を通る人も緑豊かな公共空間を享受する。この利益が、公園を訪ねる人が受ける直接利益に対して、間接利益と呼ばれるのは、帰属の様態が公共財に似て外部性を持つからである。この部分の利益に関しては受益者負担の原則の適用が難しく、外部効果（external effect）とも呼ばれてきた。

2　受益と負担

(1) 需要と消費の同時性　—その1—

　有形の財と無形のサービスとを比較するにあたって、まず、それがもたらす利益の個人への帰属の様態について見てみよう。財についてはその財を手にした個人に利益のすべてが帰属するのに対して、サービスについては、特定の個人に帰属する場合は受益者負担の原則が適用され、有形・無形を問わず価格が需給調整の役割を担う。その場合、価格の需給調整機能が財とサービスにおいてどのように作用するかについては、もう一つ別の性質を比較しておかねばならない。

　有形の財の場合、食料品、衣料品、その他の日常雑貨にしても、購入（需要）と消費または利用との間に一定の時間のズレがあって、同時進行ではない。このことは財の需要にあたって時間的余裕が与えられ、選択のための情報収集を容易にする。その場合も、価格が最も重要な情報となることは言うまでもなく、その意味では、価格は財の需要と供給を調整する機能を十分に発揮する[4]。

　これに対して、無形のサービスの場合、需要と消費の間には時間的ズレはほとんどなく同時に進行する。したがって、有形の財のようにサービスの選択にあたって時間的余裕は全くない。たとえば、急病にかかってすぐにも手当を受けなければならないとき、診療所や医師について自分の希望を申し出る余裕はなく、ましてや自分の受ける診療サービスが満足すべき

ものかどうかの情報を得ることは不可能である。そのため、サービスに対する需要と供給を調整する価格の機能はほとんど期待できない。

　人的サービスでも理容や美容の場合、医療サービスと異なってそれほど緊急性を伴わないから、需要にあたって多少の時間的余裕がある。そのため、前もって気に入りの理容店や美容室を選ぶことができる。しかし、選んだ店でサービスを受けるときは需要と消費は同時に進行し、需要即消費である。したがって、髪型を整えてもらったとき、どれほどの満足感が得られるかは、実際にサービスを受けてみなければわからない。

　料金と満足の比較はサービスを受けた後に事後的に行なわれる。それは、髪型を整えてもらって自分の姿が前の鏡に映ったときである。そのとき、自分が期待していた以上の出来栄えであれば満足は大きいし、期待していたほどでなければ失望に変わる。それでも決められた料金は払わなければならない。これに対して有形の財の場合は、このような結果はある程度予測できるので、別の財を選択することもできる。

(2) 需要と消費の同時性 —その2—

　人的サービスであっても演劇、演奏、映画などの物的サービスに近いサービスについては、上で見てきた医療や理容・美容のような対人サービスに比べて需要を決めるとき、多少の時間的余裕があり、期待される満足感に関連して多くの情報を収集することができる。そのため、この種のサービスの需要即消費であるが、価格と満足の間に事後的にもそれほど大きな乖離は生まれない。

　同じ人的サービスであっても講演、講義、講習、研修等は演劇や演奏と少し異なる。新聞社や公共団体主催の講演会などに見られるように、先着順に何名までは無料といった決め方であるので、ここでは価格の調整機能はほとんど作用しない。

　これに対して、ホテルの宿泊、スケートリンクへの入場、遊園地への入園などの物的サービスも、人的サービスの場合と同様に需要と消費はほぼ同時に行われるが、選択にあたっては有形の財と同じように時間的余裕があり、その間にサービスに関する情報を収集することができる。それは、人的サービスと異なってサービスの供給が建物や構造物などの有形のモノを通じて行なわれることによる。たとえば、テニスコートを利用するとき、

コートの状況や周囲の環境、あるいは、更衣室や休憩場などの付属施設を
よく見ることで、コートを利用したときに感じる満足の大きさをある程度
予想することができるから、利用料金（価格）と期待される満足とは比較し
易い。

(3) 受益と負担の乖離の埋め方

　無形のサービスに関する需要と消費の同時性は受益（満足）と負担（価格）
の乖離を生み易い状況を造るが、需要と消費の間に時間的余裕がある財で
も、受益と負担の乖離は起こりうる。問題は乖離の幅である。先に、物的サー
ビスについても受益と負担の乖離を見てきたが、その現れ方は人的サービス
より有形の財に近いといえる。その乖離幅は需要と消費の間に時間的ズ
レが存在するかどうかに依存するのでなく、財・サービスの選択にあたっ
てそれを受けたときに感じる満足をどの程度正確に予測できるかである。

　これまでの議論から、財・サービスの需要・供給を通じて期待される満
足について形のあるものほど確信をもって予測され、価格の比較も容易で
あった。有形の財の場合、目で確かめるだけでなく手でも触れることができ、
それによって得られる情報は財に対する実感であることから、受益に関し
ても確信をもって予測される。これに対してサービス自体は無形であるが、
物的サービスの場合、建物や構造物を通じて供給されることから、サービ
スに期待する満足はある程度確信をもって予想される。

　かくして、満足についての予測の困難な財・サービスはサービスのなか
の人的サービスである。人的サービスは人間の労働ないしは行動そのもの
であるから、人間の行為や動作を見ることでサービスの供給そのものを捉
えることができるが、サービスの質については第三者が外から確かめる術
をもたない。実際にそれを知るのはサービスを受けたときである。それだ
けに事前に受益と負担の比較は難しい。

　しかし、人的サービスでもクリーニングや理容などの場合、それほど大
きな乖離が生まれるとは考えられない。クリーニングの場合、サービスの
質についてはワイシャツの仕上がり具合のように結果が形に現れる。また、
理容・美容の場合もそのサービスの質が出来上がった髪型で示される。そ
れだけこれらのサービスに対する情報は集め易く、サービスを実際に受け
たときの満足についてもある程度確信をもって予想できる。

同じ人的サービスであっても、医療サービスの場合はその質を事前に確かめることは難しい。医療サービスを受けて患部の痛みが和らぎ、熱が下がるといったことがあっても、それを感じるのは患者本人だけであって、第三者はそれを形で見ることはできない。それだけに医療サービスについてはその質に関する情報を前もって収集することは難しい[5]。

3　対人サービスにおける受益と負担

（1）対人サービスに関する分類

　前節では人的サービスとしてクリーニング、理容・美容、医療の三つのサービスを取り上げてきたが、このうち、クリーニングはモノに対して供給される「対物サービス」であるのに対して、理容・美容は人に対して供給される「対人サービス」として区分される。なお、対物サービスにはクリーニングの外に家庭用機器の修理や補修などのサービスが含まれるが、サービスの質が形に現れ易いことから、その質に関する情報が集め易く、それだけ受益と負担の乖離は小さく抑えることができる。

　これまで対人サービスとして理容・美容と医療を取り上げてきたが、このほかに、介護・看護、演劇・演奏、講演・研修、保育・学習など対人サービスに含まれるサービスの種類は多く、いまでもその種類は増えている。そこで対人サービスの質の問題を議論するにあたって、サービスを供給側と需要側の人数によって4分類することにしよう。

　表4-2「対人サービスの分類」は、サービスの供給側と需要側の人数を一人と複数人に分け、対人サービスを4分類したものである。このうち、対人サービスⅠは供給者も需要者も一人の場合であって、つねに1対1でサービスが受給されるが、これが最も典型的な対人サービスである。これに対して、対人サービスⅡは供給者一人に対して需要者が複数の場合であって、教育・学習に関するサービスがここに含まれる。表4-2では、このほかに対人サービスⅢおよびⅣを分類し、それぞれに事例を挙げておいた。

（2）対人サービスと受益の測定

　表4-2のサービスの分類で見る限り、対人サービスの典型は供給・需要側がともに一人の場合といえるが、演劇や演奏のように供給・需要ともに複数の対人サービスⅣにも多くの種類が含まれる。そして、対人サービス

表4-2　対人サービスの分類

		需要側	
		1人のケース	複数のケース
供給側	1人のケース	対人サービスⅠ：医療、介護、看護、弁護、理容、美容	対人サービスⅡ：講演、授業、研修、技術指導、学習指導、スポーツコーチ
	複数のケース	対人サービスⅢ：医療（手術・検査）、弁護団による弁護等	対人サービスⅣ：演劇、演奏、プロ野球、サッカー、競馬等

Ⅳの場合、多くは劇場、演奏会場、球場、競技場で行なわれることが多く、その意味では対人サービスではあるが、物的サービスの性質も強く持つ[6]。したがって、需要者はその選択にあたって十分に情報の収集が可能となり、受益と負担に乖離が生じたとしても、それほど大きくはないはずである。

これに対して、対人サービスⅠおよびⅡに含まれる医療、介護、授業、講義の場合、需要側にそれほど選択の余地が与えられているとはいえない。病気にかかれば診療を受けなければならないし、要介護状態に陥れば否応なしに介護サービスを受けることになる。また、大学の講義では卒業に必要な単位を習得するための選択の余地はそれほど広くない。さらに、義務教育の場合、決められたカリキュラムに従って授業を受けることが義務となる。このように見てくると、これらの対人サービスには需要側に選択の余地はほとんどない。

たとえば、小学校で受ける義務教育の場合、通学する学校も決められ、クラスの編成にも参加できず、担任の先生も学校側で決められる。そのため、供給されるサービスに対してどの程度の受益が期待できるかは予想できないし、実際に、誰も予想しようとしない。このことは高等教育の場合にもある程度当てはまる。どの大学を選ぶかは自由であるが、人気のある大学に受験者が集まり入試によって選抜されるとき、受験者間の競争は市場での競争と異なり、価格が調整的役割を果たすわけではない。また、希望の大学に入学してもカリキュラム等は大学側が一方的に決めることから、選択の幅は狭い。

このように需要者側の選択の余地が狭められているのは医療・介護の場合も同様である。病気の種類によってかかる診療所が大体決まり、通院で

きる範囲を考えた場合、比較的人口密度の高いところでも、通院できる診療所は決まってくる。風邪を引けば内科医に診てもらい、骨折すれば整形外科医に診てもらわねばならない。そこではほとんど選択の余地はなく、病気が早く治ることを望むだけである。その場合の患者の行動はマーケットでモノを買う場合と異なり、選択の幅は狭い。

　需要と供給が1対1の場合でも、理容や美容のサービスはその結果が自分の髪型で出てくることから、選択にあたって余裕は生まれる。一月に一回とか、二カ月に一回という割合でサービスを受けることから、気にいった店であれば多少遠方でも出かけることになり、選択の余地は広がり、価格の調整機能もある程度期待される。このように同じ対人サービスでもその内容によって選択の幅はかなり異なるが、医療・介護・教育・文化などに関連する対人サービスの場合、需要側に与えられるサービスに対する選択の余地は限定される。

(3) 対人サービスの質の確保

　需要側にほとんど選択の余地が与えられていない対人サービスの需給に関しては、サービスに対する負担と期待される受益とをできるだけ均衡させるため、価格以外の調整の仕組みを用意する必要がある。その一つは、サービスの供給者に対して一定水準のサービスをつねに供給できる資質を備えることを求め、それによって需要者に対して安心を与えることである。たとえば、目を悪くして外出も困難な人がどの眼科医に診てもらっても眼病の原因を見極め、その原因を取り除くための治療を適切に施してもらえることが分っておれば、患者は安心して医療サービスを受けられる。

　このことは義務教育を担当する教師にもいえる。誰もが自分の子供を小学校に通わせる場合、学校の選択も担任の選任も許されていない状況のもとで、決められた学校に子供たちを安心して送り出すことができるのは、いずれの教師も大学で教員の資格を取り、教授の方法、学習の仕方、その他、子供たちを指導するために必要とされる要件を身につけて教師になっているからである。このように、対人サービスの供給者の資質・能力の保証は権威ある第三者が定めた資格を確保することで確保される[7]。

　対人サービスの質を確保するために、サービスの供給者に権威ある第三者が決めた資格を取らせるという仕組みは、医療や教育などの対人サービ

スだけでなく、理容や美容などのサービスにも適用されており、時折、対物サービスにも適用されている。同業組合などが独自の基準を設け、資格を取らせることでサービス供給者の立場を守る。

4 財・サービスと市場原理

(1) 受益者負担原則の考え方

　財・サービスの生産・供給にかかる費用を、その需要者に対して受益の大きさに応じて負担を求めることは当然としても、財・サービスのもたらす利益が誰にどれだけ帰属するかが明確でなければ、受益者負担の原則の適用は難しい。そのため、前2節において財・サービスがもたらす利益の人びとへの帰属の様態を見るため、財・サービスをいろいろの角度から分類することを試みた。

　これまでの議論を整理すると、まず、財・サービスを有形の財と無形の「サービス」に分類したが、利益の帰属の様態に問題のあるのは無形のサービスであって、有形の財についてはその財を手にした者に財がもたらす利益はすべて帰属した。これに対して、無形のサービスの場合は人的サービスと物的サービスに区分され、人的サービスについては個人にその利益がほぼ帰着することが明らかであるが、物的サービスの場合、サービスの源泉となる建物や構造物の形態によって利益の帰属の様態が異なった。

　これまでの議論にもとづいて、財・サービスがもたらす利益の様態が図4-2「財の分類と利益の帰属」によって図示される。すなわち、左の縦軸で財・サービスがもたらす利益のうち特定の個人に帰属する割合をパーセントで表し、右の縦軸で利益が不特定多数の個人への帰属の割合をパーセントで表し、対角線に合わせて横軸の財の種類が示される。

　図4-2において、横軸の左端の0_1の近傍に位置する財・サービスを民間財（private goods）と呼び、右端の0_2の近傍に位置する財・サービスを公共財（public goods）と呼ぶ。そして、横軸の中間（Pのゾーン）に位置する財・サービスは民間財と公共財の両方の性質をもつ混合財（mixed goods）である。したがって、有形の財および人的サービスのほとんどは民間財（①、②、③、④）であり、一方、物的サービスのうち供給源が構造物の場合、ほとんどは公共財（⑥）か混合財（⑤）である。

図4-2 財の分類と利益の帰属

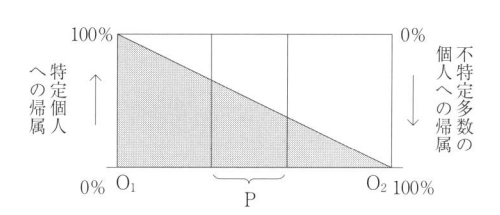

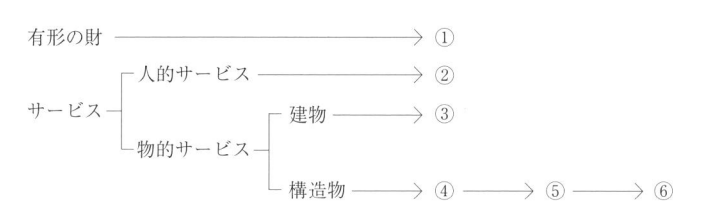

　受益者負担原則の適用にあたって個人への利益の帰属の明確さが前提とすれば、原則の適用可能な領域は図4-2では斜線の部分となる。これに対して、図4-2の白地の部分は利益の帰属が不特定多数の個人となるので各個人が自分の受けた利益を正しく申告しなければ、受益者負担原則の提供はあり得ない。しかし、物的サービスがもたらす利益が広い範囲に拡散し、需要を申し出なくても利益を享受することから、「ただ乗り」の心理から誰も自己申告を考えないため受益者負担原則の適用は難しい。

(2) 市場原理の意義

　経済の第一の基本問題[8]は、限られた資源をもって社会の構成メンバーの生活水準を最大限高めていくため、資源の有効利用をできるだけ図っていくという資源配分問題（allocation）である。限られた資源は種々の財・サービスの生産に使われ、その財・サービスの利用を通じて各個人は効用（満足）を得るが、この効用の総和が最大になるように資源が使われるとき、最適資源配分状態が成立し、第一の基本問題の最適解を得る。ただ、生産される財・サービスの種類が数十万にも及び、それから利益を受ける人びとが数百万人、数千万人になることを考えるとき、最適解の実現は決して容易ではない。

　しかし、わが国の現状を見るとき、ほとんどの人びとが何の支障もなく

毎日の生活を送っており、住む家のない人とか、三度の食事に事欠く人もいることはいるが、1億2600万人という膨大な人口からいえば無視できる数字である。このような毎日の生活の中で人びとが得ている効用ないしは満足の総和が最大値をとっているか否かを確かめる尺度はないが、実際は最適解からの乖離がそれほど大きくはないとみなされているのは何故か。

　夫婦子2人の標準世帯を想定し、そこで毎日の食事がどのように取られているか考えてみよう。2人の子供は小学生であり、夫はサラリーマン、妻は専業主婦とする。当然、妻が家族全員の食事を準備することになるが、一人一人の好みを考え、また、栄養のことも考えて毎日の献立を作っていく。その場合、夫が得てくる所得から食事に向けられる額が決まってくるが、その食費で家族の誰もが喜んで食べてくれる献立を用意することは決して容易なことではない。いつも行くスーパーマーケットで献立にもとづく食材を求めるとき、一番問題になるのは価格である。

　この場合、専業主婦の用意する食事の量は4人分であるが、毎日1食も欠けることなく、栄養のことも考えて食事を造るにあたって、食材の価格が果たしているシグナルとしての役割は大きい。専業主婦がスーパーマーケットで買物をするとき、生鮮食料品だけでも100種類以上の食材があるはずである。その中から献立にもとづいて食材を選ぶとき、価格が重要な役割を受け持つ。とくに、献立に使う食材が2種類あるとき、そのいずれを使うかは価格によって決まる。

　このような買手の行動を見極めるスーパーマーケット側も、供給量を調整するために価格を操作する。入荷の多かった生鮮食料品の売れ残りを出さないように、思い切った値引きも行うが、これは売手が価格をシグナルとみなす証である。このように多くの生鮮食料品は、その需要が価格の変動によって調整されていく。いわば、価格は車の流れを円滑にする信号機と同じ役割を担い、財・サービスの流れを円滑にする。

　価格が売手と買手にとって共通のシグナルになり、両者を誘導して需要と供給を均衡させ、資源の有効利用を実現させる一連のプロセスを「価格の調整機能」または「市場メカニズム」と呼び、これによって実際に需給が均衡し、各財に投下された資源が効率的利用となる一連の過程が「市場原理」である。ここで問題となるのは、市場原理が完全に機能するための条件は何かである。

（3）価格がシグナルとなる条件

　専業主婦がスーパーマーケットで食材を購入する場合を想定し、その選択にあたって価格がシグナルとしての役割を果たすことを見てきた。ここで重要なことは食材の選択が価格だけで行なわれていないことである。おそらく主婦はその食材を使って造る料理のことを思い浮かべ、自分も含めて家族全体がその料理を食べて感じる満足の大きさを思い、それと食材の価格とを比較して購入するかどうかを決める。それ故、価格がシグナルとしての機能をもつための要件は、その財を手にしたとき期待される満足に対して確信をもつことである。

　そのためには、買手はいま求めようとしている財・サービスについて出来るだけ多くの情報を集め、それに期待する満足に対して確信を持たねばならないが、有形の財については自分の目で財の性質を確かめ、ときには、手にとって他の類似の食材とも比較することができるので、情報の収集は比較的容易であり、有形の財には価格がシグナルとなりうる条件は十分に備わっている。

　つぎに、財の供給者であるスーパーマーケット側が価格をシグナルとみなしうる条件を検討しておこう。買手と異なることは自らが価格を設定できることであって、そのため、はじめに価格を決めるとき、仕入れ値を基準に諸経費を勘案して決めるが、その値段でその商品が完売できるかどうかが問題となる。そのためにはその財に対する買手の需要をできるだけ正しく予測しなければならない。買手の需要を予測するためにはその日の天気の状態や曜日なども勘案しなければならないが、食材のように有形の財の場合、買手がその財に期待する満足を確信をもって予想できるように、売手は買手の行動を注意深く観察しながら、これまでの経験を踏まえて比較的正しい需要予測を行なうように努める。

　このことを図4-3「売手の価格設定」で図示しよう。縦軸に価格と生産コストを測り、横軸で数量を測るとき、買手の行動がある程度正確に予測できるとき、売手は確信をもって需要曲線 DD を描くことができる。これに対して、売手はその財の供給にかかる費用をかなり正確に積算し、図4-3に平均費用曲線 AC と限界費用曲線 MC を描くことができ、これにもとづいて売手ははじめの価格を設定する。

　図4-3においてこの財の仕入れ量が $\overline{X}$ で与えられるとき、これを全部売

りつくすためには、需要曲線の位置と形状によって、この水準は利益の最大化をもたらす価格 P_0 より低く、また、損益がゼロを示す価格 P_1 より高い。これに対して価格 P_1 の場合利益はゼロとなる。ここで平均費用曲線の位置が決まれば、価格 P_1 より低い価格をつけることができない。この場合、価格 P_1 は価格の設定にあたって下限を与えることになる。これに対して、価格の上限は需要曲線によって価格 P_0 で決まることから、売手は最初の値段を価格 P_0 と P_1 の間で決めることになる。

図4-3　売手の価格設定

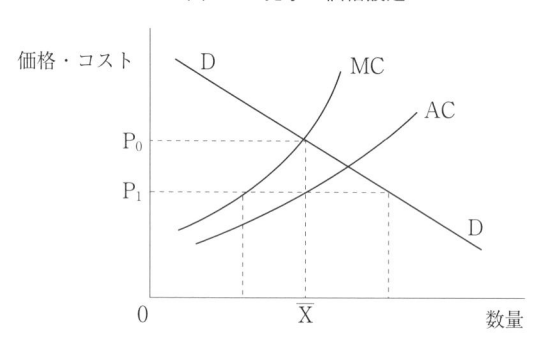

ただ、近所に競争相手がいるとき、競争相手の決める値段によっては需要曲線が大きく左にシフトすることから、それほど高い価格が設定できない。また、同じ店の中での代替財や補完財の価格との関連も考慮する必要がある。これらの情報を総合してはじめの値段が決まるが、実際に販売が始まって需要曲線がはじめに設定した位置よりズレるとき、それに合わせて価格の調整が行われる。いずれにしても、図4-3のように需要曲線および費用曲線が描かれるとき、売手も価格をシグナルとして供給量を調整する。

　ある財の需要と供給に乖離が生じた場合、価格が上下に変動してその乖離を埋め、両者を均衡させる働きを「価格の調整機能」とみなすとき、価格の自由な変動が調整機能の前提となる。したがって、売手が一人で市場を独占するとき、価格の伸縮的な変動は保証されない。多分、価格を自由に決めることのできる独占者は、需要曲線をできるだけ正確に予測することに努め、そのもとで利潤の最大化を目指して価格の設定を行なうからである。その場合、価格変動があるとすれば、独占者が需要曲線に関する予測に修正を加える場合であるが、それほど頻繁には行なわれない。

しかし、有形の財の場合、市場独占の状態が長く続くことはなく、すぐに市場への新規参入者が現れる。なぜなら、有形の財の場合、誰もが正確な需要曲線を想定することが可能であり、既存の売手より生産コストを低く抑えることができれば、市場への参入は容易であるからである。いずれにしても、財に対する買手の選好に関する情報が比較的正確に収集できる場合、市場において価格の調整機能は十分に発揮されることになる。

5　サービスと市場原理

(1) サービスに対する買手の心理

　市場原理に関するこれまでの議論は主に有形の財についての分析であった。そして、独占度100%の場合を除いて、価格の調整機能がつねに働くことが明らかになった。この節では、無形のサービスを取り上げ価格の需給調整機能について検討する。

　まず、買手の立場に立ってサービスを受けるかどうかを決めるとき、サービスに付けられる価格がシグナルとして作用するための条件から見ておこう。有形の財については、その財を手にしたときに感じる満足を予測し、それとその財の価格とを比較しその財を買うかどうかを決めるが、そのとき価格はシグナルの機能を果たす。このことからすれば、無形のサービスについても前もってサービスを受けるかどうかが決められる。このため無形のサービスに関する情報をできるだけ収集しなければならないが、サービスについては需要と消費が同時に進行することから、情報収集は有形の財に比べてかなり難しい。

　とくに、人的サービスのうちの対人サービスは対物サービスと異なって、消費した後でもサービスの質について十分に理解できない場合さえある。たとえば、理容・美容のような対人サービスの場合、店の評判とか他人の髪型を見たりしてかなりの情報を集めることができるが、実際にサービスを受けて出来上がった自分の髪型を見たとき、仕上がりが期待通りでないことも起こりうる。そのとき、多少でも不満が残るとすれば、価格と満足の間に乖離が生じたことになるが、価格はそれを調整することはできない。

　しかし、理容・美容の場合、それを受けるかどうかの選択には多少の時間的余裕がある。場合によってはサービスを受けることを2、3日でも1週間でも先に延ばすことができ、その間にこのサービスに関する情報を集め

ることも可能である。それでも、先に見てきたように期待通りにそのサービスから満足を得るという保証はない。したがって、同じ対人サービスであっても医療サービスや義務教育のように選択の余地がかなり狭い場合は、サービスから受ける満足と価格との乖離はそれだけ生まれ易い。

　風邪や腹痛といった日常的な疾患の場合、診療を受けるにあたって多少の時間的余裕があり、自分の病気の原因などを考え、かかりつけの診療所に出かけて診療を受け、咳が治まったり、身体のだるさが治まったりすると、診療から受ける満足は期待通りとなり、診察料と満足の間にはそれほど大きな乖離は生まれない。これは、かかりつけ医 [9] についての情報が豊富に集められている結果である。

　したがって、診療サービスについて問題になるのは日常的病気ではなく、診療に長期の時間が必要であり、ときには大手術が必要となる日常的でない病気の場合である。病名も判断できない場合、どのような病院でどのような医療を受けたらよいかについての情報を全くもたないこともありうる。この場合、患者は入院費や医療費にどれだけかかるかについてはほとんど考えず、それほど時間をかけずに全治すること、後遺症ができるだけ残らないことを願うだけである。それだけに、これらの望みがかなえられたときに感じる満足は非常に大きく、それだけにサービスの価格についてはほとんど考慮されない。

　このようにサービスを受ける側から見てサービスの質に関する情報が非常に得難いことから、価格をシグナルとみなして多くの情報をもつかかりつけ医に相談し、その病気の治療に適した病院を紹介してもらって入院し、医療を受けることにならざるを得ない。この場合、価格はサービスの選択にあたってなんの役割も果たしていない。

　この状況は医療サービス以外の対人サービスに関してもほぼ同じである。介護サービスあるいは教育に関する対人サービスにおいては、価格はシグナルとしての機能は十分に果たしえない。これに対して、対物サービスは無形であっても、それを受ける側のサービスに関する情報の収集にあたっては、むしろ、有形の財の場合に近い。クリーニングや機械類の修理・整備などの対物サービスはその結果が形に現れることから、サービスの質に関する情報の収集は容易である。また、サービスに対して期待する満足が前もって予測できることから、ここでは価格がある程度シグナルとしての

機能を果たしうる。

(2) サービスの売手の心理

　つぎに、サービスの供給者は価格をシグナルとして行動することができるかが問われる。ここでも、そのために必要な情報がサービスの供給者によってどの程度収集されているかが問題となる。

　まず、買手の選好に関する情報は、対人サービスであれ対物サービスであれ、有形の財に比べて情報収集は容易ではない。いま、このことを図4-5「サービスの価格と顧客数」で表してみよう。図4-5（その1）において縦軸に価格を測り、横軸に顧客数を測る場合、サービスを受ける側の選好に関する情報が完全に収集されるとき、需要曲線 DD が一本の線で描かれることから、最適の顧客数を決めるための価格の決定は容易である。図4-5（その1）において、最適の顧客数 X_0 を受け入れるためには、価格を P_0 で設定すればよい。しかし、実際にはサービスを受ける側の選好を十分に把握できないことから、需要曲線は一定の幅を持った帯状 BB で示され、最適の顧客数を決めるにあたって、売手は価格 P_1P_2 の幅のいずれかで決定し、その分価格のシグナルとしての機能は低下する。

　おそらく対人サービスのなかでも、サービスの質に関する情報の収集が困難な医療、介護、教育等については、図4-5（その1）における帯状の需要曲線の幅は広くなり、その分価格のシグナルとしての機能はさらに低下することになる。ただ、医療サービスの供給者が診療所の場合、診療所のサービス・エリアを半径 1km の範囲で想定し、そこにすむ人口に平均罹病率を乗じて年間の患者数を予想する。このように医療サービスに関する患者側の選好についての情報を収集するとき、サービスの需要曲線は図4-5（その2）の垂直な帯状 BB のように想定される。このようなサービスに対する需要者の選好に関する情報の収集の仕方は、医療サービスに限らず対人サービスのすべてに適用される。

(3) サービスの供給に対する情報

　ふたたび診療所のケースを想定するとき、有形の財のように平均費用や限界費用を算出することは難しく、費用曲線を一本の線で描くことはできない。その限りでは価格はシグナルとなり得ない。おそらく、費用線を描

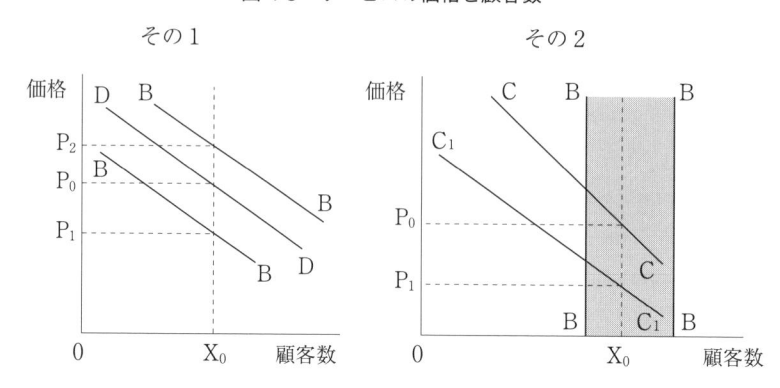

図4-5　サービスの価格と顧客数

くとすれば、想定されるサービス・エリアにもとづいて患者の発生数を想定し、そこから1日の患者数を予測し、その患者数に十分に対応できる診療体制を整えるとき、どれだけの経費が必要となるかが計算され、そこから患者一人当たりの診療費を計算するとき、図4-5（その2）に見られるように右下がりのCC線が描かれる。したがって、この診療所ではサービスに対する価格（診療報酬）がP_0で決まるとき、患者数がX_0でつづく限り、この診療所は赤字を出さずに維持される。患者一人当たりの診療費をCC線まで押し下げるとき、$X_0 (P_0 - P_1)$の余剰金[10]を出すことになる。

　診療サービスの場合、診療報酬は前もって決められていて、それに合わせて診療体制が整備される。ふたたび図4-5（その2）にもとづいて供給側の対応の仕方を見ておこう。いま、診療報酬がP_1で与えられるとき、患者集がX_0であっても必要経費を回収することができないことから、診療所側は経費の抑制を図り、$C_1 C_1$線で示されるところまで診療体制を調整し、診療所の維持に努める。このように見てくると、有形の財のように厳密でないがサービスの供給者はサービスの価格（診療報酬）をシグナルにしてサービスを供給する。

　このような状況はすべての対人サービスにそのままあてはまるとみなされるが、対物サービスに関しては費用の計算より厳密に行なうことができることから、価格に対する供給側の対応の仕方は有形の財にかなり近づく。なお、サービスの供給者が収集する情報のうちには他の診療所との地理的関係なども含まれるが、この情報に関しては有形の財の場合とそれほど変

わらない。

　これまでの議論をまとめると、サービスの供給側に関しては対人サービスも対物サービスも価格をシグナルとして捉え、供給体制を整えていくことが明らかにされた。地域の診療所についていえば、診療室の床面積、待合室の床面積と椅子の数、診療機器の設置状況、看護師の体制が予想される患者数と診療報酬（価格）にもとづいて調整される。サービスの供給側については価格がシグナルとして機能する条件は整えられることになる。

(4) 価格の調整機能とサービス

　図 4-6「価格の調整機能と情報収集度」は、縦軸でサービスを受ける側の選好に関する情報の収集度を測り、横軸で価格の調整機能を測っている。点 O_1 は情報収集度が 0% の場合であり、点 O_2 は収集度が 100% の場合である。そして、点 O_1 と O_2 を結ぶ ee 線で価格の調整機能が示される。

　図 4-2 においてサービスを受ける側のサービスに対する選好が供給者側に S_1% まで理解されているときは、価格の調整機能が X_1% だけ作用していることを示しているが、個々のサービスについて価格の調整機能がどのように作用しているかについては、図 4-6 とは別に、サービスごとに需要者の選好に関する情報の収集度を明らかにしなければならない。

図 4-6　価格の調整機能と情報収集度

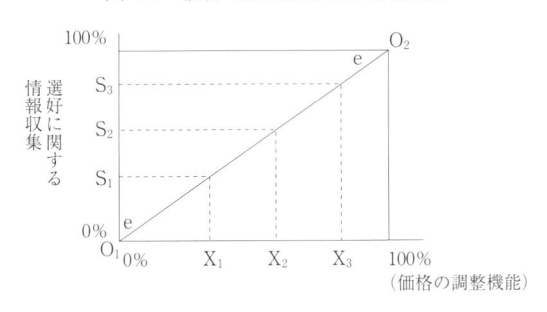

　これは決して容易なことではないので、これまで行ってきたサービスの分類にもとづいて収集度についてランク付けを行い、価格の調整機能に関しておおよその目途を付けるだけにとどめておこう。表 4-3「サービスの分類と情報収集度」において、それぞれのサービスの種類の後に付した記号は、図 4-6 の縦軸に付した記号にもとづく。

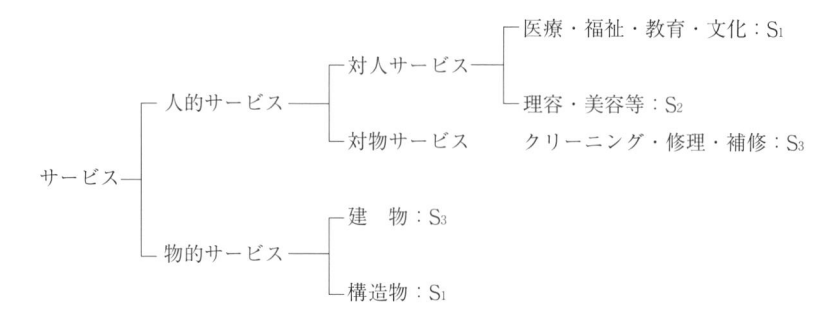

表 4-3　サービスの分類と情報収集度

　図 4-3 において、情報収集度が S にランクされる対人サービスの医療・福祉・教育等と物的サービスの「構造物」については、図 4-6 の ee 線にもとづいてほとんど価格の調整機能が働かないことが明らかである。このうち、物的サービスの「構造物」はそれがもたらす利益が不特定多数の個人に帰属することによって、図 4-2 において「公共財」と呼んできた。これにたいして、対人サービスの医療・福祉・教育等はそれがもたらす利益はほとんどが特定の個人に帰属しながら、サービスに対する特定個人の選好がほとんど知られないことから価格の調整機能は作用しない。なお、情報収集殿ランクが S_2 に属するサービスについては有形の財ほどには価格の調整機能は働かないが、公共財のように「市場の失敗」に陥ることもない。

(5) 価格の調整機能と 4 次産業

　産業構造に関するこれまでの 3 分類では、サービスに関する活動領域はすべて 3 次産業に分類されてきた。この分類は 1 次産業が農林水産、2 次産業が製造業と鉱業を含み、比較的明確な分類にもとづくことから、1 次および 2 次産業に含まれないものすべてを 3 次産業に分類するという安易さも見られる。

　しかし、これまでの分析でサービスに属ずる分野であっても、図 4-6 で示されるように、価格の調整機能の観点からは、さらに、いくつかの範疇に区分されることが明らかになった。したがって、市場原理が一律に適応できないサービスも、これまでは 3 次産業として一括で取り扱われてきた。これに対して、1 次および 2 次産業を見るとき、そこに含まれる財がすべ

て「有形」であり、個々の市場において独占度と関連して価格の調整機能に若干の差が見られるものの、市場原理の適用に関しては産業全体が一律に取り扱われてきた。

　問題は、これまで一律に取り扱ってきた3次産業に含まれるサービスを価格の調整機能と関連づけてどの水準で再分類するかどうかである。その場合、表4-3にもとづいて価格の調整機能のどの水準で区分し、3次産業をどのように二分するかである。ここでは表4-3において、情報収集度がS_1以上に属するサービスと、情報収集度がS_1以下の部分に属するサービスに分類し、前者を従来通り3次産業に分類し、後者を4次産業に分類するのが適当であろう。その場合、表4-3における対人サービスに属する医療・介護・福祉・教育・文化等と、物的サービスのうち構造物に属する公共財等が4次産業に含まれることになる[11]。

　いずれにしても、この分野においては価格の調整機能が十分に働かないことから、価格に代わる調整機能を別に用意しなければ、ここでの需給の調整を円滑に行ない、資源の有効利用を実現させるルールを確立することはできない。これまでの分析で、この分野で価格の調整期機能が十分に働かない理由は、需要側でサービスがもたらす利益を正しく把握できないことにあった。そのため、サービスの質に関する情報を含めて、需要者がサービスに期待できる利益ないしは効用を正しく把握できる情報が容易に入手できるような仕組みを4次産業では用意しなければならない。この問題については改めて議論をしなければならないが、ここでは公共財の供給にあたっての情報収集の仕組みに関しては政府の予算編成過程がきわめて重要な役割を担っていることと、また、医療サービスについての情報収集に関してはかかりつけ医制度の導入などが想定されることを指摘するにとどめておこう。

［注］
1) この章では有形の財をそのまま「財」と呼び、無形の財を「サービス」と呼ぶことにする。また、両者を一緒に呼ぶときは、「財・サービス」という呼び方を用いる。
2) この場合、夫の抱く感情は洋服に対してではなくその洋服を着る妻に対してであるから、その洋服が夫に利益をもたらしたことにはならない。

3）物的サービスに見られる便益拡散の様態は外部性（externality）と呼ばれ、このような性質をもつサービスは公共財（public goods）ないし社会財（social goods）と呼ばれる。

4）家電製品などの耐久消費財は需要後耐用年数にわたって消費が継続されることになる。

5）病院・診療所の広告に関してはいろいろの制限が加えられており、たとえば、立て看板の場合、所在地、診療科名、病院長、入院の可否くらいしか記載できない。

6）演劇の場合、舞台装置（大道具・小道具）などがサービスの質に大きく関係してくることから、物的サービスの性質がより強まる。

7）医師、弁護士、公認会計士など、高度な専門知識ないしは技能を必要とする対人サービスについては資格を取得することになっており、その多くは国家試験で実施されている。

8）限られた資源で社会的厚生（social welfare）の最大化を目指すとき、資源の最適配分、的得品所得分配、安定経済の実現の三つの要件が満たされねばならない。このうち資源の最適分配が経済の第一の基本問題である。

9）ここでのかかりつけ医はいつもかかっている近所の診療所のことであって、かかりつけ医制度を指すものでない。

10）剰余金は診療報酬が前もって決められていることにもとづくことから、財の供給に伴う利潤とは異なる。たまたま患者数が予想を上回ったことに依るので、この余剰金は診療サービスの質的向上のために使われるべきである。

11）4次産業には行政全般、司法、医療・福祉、教育、文化等の分野が含まれ、ここでは価格の調整機能がほとんど作用しないため、財政規律や道徳律などが行動指針となる。

5章

金融危機と日本経済

―グローバル化と資本主義体制の行方―

1 グローバル化のもとでの金融危機

(1) 二つの経済恐慌

　2008年に発生したアメリカ発の金融危機（リーマン・ショック）は瞬時に世界各国に伝播し、世界的金融危機の様相を呈した。しかも、実体経済への影響も素早く、大きな打撃を世界経済に与えたことから、100年に一度の大恐慌とも呼ばれた。アメリカ経済に追従し依存してきた日本経済はいずれの国よりも速やかにかつ甚大な打撃を受けた。今回の金融危機は1929年の大恐慌と比較されるが、グローバル化の進展とメディア（情報伝達手段）の飛躍的発達を考えるとき、その影響は広大、深刻かつ迅速であった。その間に第2次大戦の勃発と終結、冷戦構造と東西陣営の対峙、南北問題、ソ連経済の崩壊、グローバル化の進展と後進国の急成長等を経て、資本主義経済の構造も体制も大きく変わった。それだけに今回の金融危機からの脱出に当たって1929年の大恐慌がどれほどの教訓となったかは疑問である。

　1929年恐慌では、実体経済への影響は今回の金融危機のように速やかではなかったが、徐々に広範囲に影響を与え、大量の失業者を出すことで各国とも長く社会的不安を抱えた。「供給が需要を生み出す」という考え方にもとづいて拡大を続けてきた資本主義経済体制が、需要が供給に追いつけなくなったとき破綻が起こったことに気づくのに時間がかかり、1929年の恐慌後の長期停滞は第2次世界大戦まで続いた。1929年恐慌はケインズ経済学[1]を生み、そのもとで各国は「大きな政府」に向うことになった。

　いま、世界の各国はアメリカをはじめとして連鎖的金融機関の破綻を回避するため、公的資金の活用を通じて金融機関の信用の回復に努め、一方で、雇用の安定化を目指して公共投資の推進を中心にあらゆる景気対策を講じ

つつある。このように各国が連携して金融の安定化対策を打ち出し、景気・雇用対策を打ち出している状況はその迅速さにおいても、各国間の協力体制においても 1929 年恐慌時の比ではないことから、今回の世界的金融危機からの立ち直りが比較的短期間で実現するという期待はあった。

　この点を確かめるため、両恐慌間の約 80 年の年月の流れの過程で資本主義体制そのものがどのような構造変化をもたらし、また、社会の仕組みや構造がどのように変化してきたかを克明にたどらなければならない。しかし、私にはこれを実行する時間的余裕も能力もないと思われることから 29 年恐慌と比較するのでなく、ここでは 1980 年代後半から 90 年代にかけてわが国で起こったバブルの進行とその崩壊を取り上げ、今回の世界的金融危機と比較することにしよう。

　今回の金融危機では実体経済への影響の迅速さが強調されているが、なぜ、金融危機が起こったかを実体経済との関係で明らかにすることが重要であってこの点を明確にしておかなければ、適切な経済対策も金融政策も打ち出すことはできない。その点に関して、今回の金融危機がアメリカ発とされているように、サブ・プライム・ローンの破綻がきっかけとなったが、むしろ、重要なことは低所得者住宅ローン制度を生み出した背景であって実体経済の歪み [2] がそこにあったとすれば、恐慌からの立ち直りのきっかけもそこに見出されるはずである。この観点に立ち、1980 年代にわが国で起きたバブルを取り上げ、実体経済と金融との関係をたどりながら、実体経済に生まれた歪みと金融危機との関連を明らかにしておこう。

(2) 貿易立国と第 1 次オイルショック

　1973 年の秋に発生した第 1 次オイルショックは、石油消費が他の重化学工業のリードの下にわが国において十数年も続いた高度成長に終止符を打ち、重化学工業から石油に依存しない組立加工型産業への転換を促した。戦後、貿易立国を目指してきたわが国にとって、基幹産業の重化学工業をまず発展させ、国際市場での優位性を確立できたことは好スタートといえた。資源の乏しいわが国が海外から輸入した資源にできるだけ付加価値を付けて再輸出することの有利さを考えるとき、組立加工型産業への転換を促した第 1 次オイルショックは貿易立国の進路に修正を加える好機であった。

貿易立国のもとでわが国の企業が国際市場でつねに優位性を保つためには技術開発に力を注ぎ、技術水準をできるだけ多くの分野でトップレベルにおくことが条件となる。この条件を整えるため、大学をはじめあらゆる研究機関が力を結集してきた。1965 年に貿易収支が黒字に転じてから、半世紀にわたって一度も赤字に転じなかったことで貿易立国の確立が証明されることとなった。

　第 1 次オイルショック後組立加工型産業への転換がスムースに進み、1979 年に起こった第 2 次オイルショックの日本経済への影響が小幅にとどまったのも産業構造の転換にもとづくものといえる[3]。そのため、第 1 次オイルショックでわが国の成長率は 2 分の 1 の 5% まで低下したが、第 2 次オイルショックではほとんど成長率には影響は現れなかった。この間に人口の定住化が進み、各家庭とも必要な電気製品をはじめ家庭の調度品を保有するようになり、いずれの世論調査でも日常生活に差し迫った問題を感じていないとする世帯がかなりの割合を占め、「中流意識」を持つ世帯が大勢を占める成熟社会を迎えた。

　人びとの日常での経済活動にも変化が見られ、全体として平均消費性向の減少を見た。市場は売手市場から買手市場[4]へ変わっていくことで、成熟社会での潜在成長率は 2 〜 3% が想定された。この水準は、第 2 次オイルショックがわが国の成長率を 2 分の 1 まで引き下げた場合の水準でもある。しかし、実際は 80 年代に入っても、実質成長率は 4% 台で維持され、同時に、人口の東京一極集中が進行した。人口移動がもたらすエネルギーを考えるとき、成熟社会には似つかわしくない現象であるが、この後に発生するバブルを考えるうえでは、どうしても取り上げておかなければならない問題である。

2　バブルの発生、進展および崩壊

(1) 3 大都市圏への人口集中と東京一極集中

　高度成長期における 3 大都市圏への人口集中は、大都市における雇用機会の創出が吸引力となった。農地改革で自作農が増えたが、耕作面積は限られていたため、次男、三男が農業に従事する余地は全くなく、新しい職場を求めて大都市に移動した。当時の 3 大都市圏への人口集中の過程で生まれた「集団就職」という言葉が象徴的である。大都市に集まった人びと

はその日から膨大な消費需要をもたらし、それが新しい雇用機会を造ることになり、都市への人口集中は相乗効果をもたらした。

これに対して、東京一極集中では「情報」がキーワードとなる。人びとが日常生活の中で精神的充実ないしはゆとりを求めていく場合、情報・知識の収集が前提となる。また、市場が売手市場から買手市場に移り変わるとき、売手の側では買手に関する情報をできるだけ収集しなければならない。そして、情報の集積度に関して3大都市圏を比較するとき、人口・官庁・公共施設・大学・文化施設・本社・法人数等いずれの指標をとっても情報の集積度は東京圏が突出しており、これが東京圏への人口集中をもたらした。

都市の人口吸引力が「雇用機会」から「情報」に移ることで、人口の移動形態にも変化が見られた。3大都市圏への人口集中では地方（農村部）から都市への移動であったのに対して、東京一極集中では都市から都市への移動が主流である。東京以外の都市に本社を置いてきた企業が東京での情報収集を容易にするため、これまでの東京支社に本部機能を持たせるとき、それに伴ってかなりの人口が東京に移ることになる。

3大都市圏への人口集中は消費需要を喚起し、それが高度成長の原動力になったが、情報を媒体とした人口の東京一極集中はなにをもたらしたのか。法人や団体が本社機能ないしは本部機能を他の場所に移すとき、すぐにオフィスが必要になる。一企業ないしは一団体が求めるオフィスの床面積はそれほど広くなくても、多くの企業・団体が集まれば、求められる床面積は膨大なものとなり、東京の都心での建物の高層化が始まった[5]。

(2) 土地神話とバブルの進行

都心の限られた面積の商業地においてオフィス需要が発生することによってビルの建設が始まるが、そのためにまとまった土地が必要となり、必然的に地価の上昇を招いた。当然、オフィスの賃貸料が引き上げられるが、それがある水準まで上昇するとき、オフィス需要は限界に達し、人口の東京一極集中も収束に向かう。この賃貸料が上限に達することをできるだけ先に延ばすために、ビルの高層化でオフィス需要は十分に満たされたと考えられるが、ここで土地投機が生まれ、地価の上昇を加速させバブルの発生がオフィス需要を抑えた。

土地投機にもとづくバブルの発生には、二つの要因が想定される。その

一は、円高・ドル安の進行でこれまで海外に投資先を求めてきた資金が国内に還流し、国内で投資先を求め始めたことであり、その二は、戦後のわが国経済の順調な発展のもとで一貫して地価の上昇が続いてきたことから、「地価は下がらない」という土地神話が生まれたことである。ただ、土地に対する投機はもともと投機の対象となる土地が限られていることと、土地の売買に関する登記等の手続きの煩雑さから投機の対象はすぐに狭まっていった。そのため、還流してきた資金の多くは土地投機以外に投資先を求めていった。

その一部は、他の大都市圏での土地投機に向かい、一部は企業の設備投資（実物投資）に向かった。しかし、資金の大半は、売買手続きの簡単な株式・証券への投機に向かい、株価の高騰を招いた。いま、バブルを資産インフレとみなし、それぞれの資産が持つ実質価値を超えて名目価値が上昇し、両者に乖離が生まれることでバブルをとらえるとき、上で見てきたように、人口の東京一極集中がもたらしたオフィス需要が、海外からの資金の還流と結びついてバブルを発生させたことになる。

資産インフレはいつでも資産デフレに転ずる不安定性を持つ。それは、資産が普通の財・サービスと異なって、売手はいつでも買手に代わり、買手もいつでも売手に代わりうるからである。たとえば、これまで証券を買い求めてきた人たちが、保有する証券を一斉に手放せば、一気に資産デフレが起こり、バブルは崩壊する。おそらくその時期は資産の実質価値と名目価値の乖離が一定の幅を超えたときである。わが国では資産インフレから資産デフレへの転換が1991年に起こった。いま、バブルの始まりを1985年と想定するとき、バブルは6年間続いた。この場合、資産インフレが後になるほど加速していったことを想定するとき、6年間も続くことで日本経済に大きな歪みをもたらし、その結果が「失われた10年」である。ここでバブルがもたらした経済構造の歪みを、1）不良債権、2）過剰雇用、3）過剰設備の三つの後遺症で捉えることにしよう。

3　バブルの後遺症と金融危機

（1）直接金融と間接金融

わが国では、バブル崩壊まで順調な経済発展に支えられ、ほとんど破綻に陥る金融機関はなかった。それには「銀行は一行もつぶさない」という

預金者保護の立場から、護送船団方式という国の金融行政の方針が強く働いた。戦後の高度成長を支えてきた金融システムは、銀行・郵便局等の金融機関を通じて多くの人びとから貯蓄・貯金を集め、それを企業の経済活動拡大や公共事業に融資する間接金融が中心であった。したがって、護送船団方式で個々の金融機関を守っていく国の金融行政が金融システムに安定・安全をもたらした。

　その間に、証券市場の整備・拡充が進められ株式を上場する企業が増えてくると、株式の発行を通じて資金の調達を行う直接金融も育っていった。しかし、1980 年代に成熟社会を迎えても金融システムの主流は間接金融であった。そのため、日本銀行による公定歩合を通じての金融の緩和・引き締めの操作が景気の動向を調整する機能を十分に発揮した。そして、1975 年に第 1 次オイルショックのあおりを受けて大幅な財政赤字が発生するまではほぼ均衡予算が保たれてきたため、国は金融政策にも財政政策にも十分余力を残しながらわが国経済の安定した発展を進めることができた。この背景に経済のあらゆる分野で市場が売手市場を形成するという恵まれた状況があったことは確かである。

　当時の金融機関としての銀行の体制は、東京・大阪・名古屋などの大都市に本社を置く十数行の都市銀行がトップに位置し、その下に、各府県をほぼサービス・エリアとする地方銀行が占め、さらに、もう少し狭いサービス・エリアを持つ金融機関として信用金庫と信用組合が存在し、全体としてピラミッド型の体制を構築していた。この体制はわが国の産業構造に対応しており、都市銀行は全国を活動範囲とする大企業が取引の相手であった。これに対して、各地域で育ってきた地場産業で活動する、それほど規模の大きくない中堅の企業に対してその活動を支えてきたのが地方銀行であり、より零細な企業に対しての融資は信用金庫や信用組合が受け持った。このような銀行間の住み分けがわが国の金融システムを安定化し、戦後、ほとんど銀行の破綻がなかった背景をなす。銀行間の住み分けを進め、大銀行から中小の金融機関を守る国の金融行政が「護送船団方式」である。

　このような長期にわたる金融システムの安定化は、国の進める特異な金融行政のほかに、わが国の金融市場全体が長く貸手市場に置かれていたことも指摘される。金融市場が貸手市場の場合、貯蓄と投資を均衡させることで安定成長を維持することができ、各産業分野および各地域において資

金の円滑な流れを保つことで、いずれの分野およびいずれの地域において
も資金の流れにおいてショートが起こらなければ、金融システムの安定・
安全は保たれた。

　しかし、1980年代に入ってわが国経済が成熟社会を迎えるに至り、これ
までの安定した金融システムの背景をなしてきた経済構造に少しずつ変化
が現れ始めた。その最初の出来事は、1975年の大幅な財政赤字の発生である。
これによって国は大量の国債を発行することになり、金融市場における資
金の流れにかなり大きな変化が生まれた。さらに、成熟社会を迎え、人び
との生活の姿勢がモノからサービスに志向が変わって、需要先行によって
造られてきた売手市場が少しずつ買手市場に移ることになるが、これに伴っ
て金融市場においてもこれまでの貸手市場が借手市場に変わっていった。

　バブルの発生と進行については先に説明したが、1980年代の金融市場の
状況すなわち借手市場への移行はバブルを加速させるものであったことは
明らかである。この点は、バブルの崩壊がもたらした不良債権という後遺
症と金融システムの不安定化の関係をたどることでより明白になる。

(2) 間接金融と不良債権

　銀行を通じての間接金融は資金の供給者と資金の需要者の間に銀行が仲
介者として介在し、融資の仲立ちとなる。したがって、銀行は預金金利と
貸付金利の差、すなわち利ザヤを得て銀行を運営していく。預金者は銀行
を信用して資金を預けるので、銀行は銀行経営の大前提に預金者保護を置
く。さらに、銀行は借手に資金を融資するときも、金利の支払いをはじめ
融資に当たって決められた約束をきちっと履行する借手を選ばなければな
らない。

　しかし、金融市場が借手市場に移行するとき、集めた預金に対して融資
先が狭まっていくため、借手への融資基準は緩くなり、不良債権発生の危
険を拡大させた。この状況のもとでバブルが進行し、土地投機のための資
金需要が増えていった。ただ、銀行は直接土地投機に対して融資すること
はできないため、ノンバンクを経由して迂回融資を行った。それでも、バ
ブルの進行中は貸付金は返済されながら貸付額が膨張していったが、バブ
ルの崩壊と同時に地価が下落し、投機が失敗に終わるとともに返済不能が
発生し、多くの貸付金は不良債権となった[6]。

バブル崩壊後しばらくして中小の銀行の破綻がいくつか続き、急速に不良債権の問題がクローズアップされるようになった。バブル崩壊後3,4年がたってからのことである。不良債権の額については、当初、いろんな数字が推測で言われており、すべての銀行を合わせると、「不良債権の額は100兆円にもなる」とか、「否、200兆円にも達する」とも言われていた。このように報道される数字に大きな開きが見られることについては、不良債権の定義の問題が関係する。

個々の銀行は不安定な経営状態から脱するため不良債権の整理に努めるが、それには時間がかかることから、これ以上不良債権を増やさないことにも力を入れた。これが銀行の貸し渋りをもたらし、景気回復を遅らせる原因にもなった。さらに、各銀行は資本金を増やし、自己資本比率を少しでも高め、預金者に対する信用を回復することに努めた。国も預金者保護を理由に公的資金の導入に踏み切り、自己資本率の引き上げを支援した。

それでも金融市場が危機の状態を脱して、各金融機関が間接金融の機能を取り戻すようになるまで、バブル崩壊後10年の長い時間を必要とした。これは不良債権の総額が200兆円という巨額に上ったことによるものであって、仮に、不良債権が広い定義でとらえても100兆円程度であれば、もっと早く金融市場の安定化が図られ、日本経済のもとの成長軌道への復帰も、90年代半ばで実現していたとも考えられる。

(3) 過剰雇用と雇用制度

ここでバブルの三つの後遺症のうちから過剰雇用を取り上げ、「失われた10年」とどのように関わり、また、わが国の雇用制度にどのような影響をもたらしたかを見ておこう。今回の世界的金融危機（リーマン・ショック）が実体経済に与えた影響の中でも、雇用問題がいち早く出現してきたことから、この節での議論は、これからの雇用政策にいくつかの示唆を与えるはずである。

わが国における就業人口の推移を辿るとき、20世紀は一貫して比較的高い伸びを示してきた。そして、そのことが高い成長率を支えてきたことになる。なかでも1985年から90年までの5年間の伸びはその前後の5年間の伸びをはるかに上回り、このことがバブル崩壊後の過剰雇用を生み出した。この時期にはすでに人口の伸びがかなり鈍化してきたことを想定する

とき、バブル期と重なるこの期間の就業人口の伸びは、女性の労働力率の上昇にもとづくことが大きい。いずれにしても多くの企業は成長トレンドを 5% 以上に設定し、それにもとづいて立てられた雇用計画を実施してきたため、成長トレンドが潜在成長率の 2% 前後に戻ったとき、たちまち過剰雇用の状態に陥った。

バブル崩壊後の生産規模の縮小に伴う収益性の悪化を食い止め、さらに収益性の回復を図るためには過剰雇用に対する迅速な対応が求められたが、戦前・戦後を通じて守られてきた終身雇用制度と年功序列型賃金体系の二つのわが国固有の雇用制度が過剰雇用の調整に時間が必要とされた。この二つの制度は働く者に安定した職場を用意することから、労働意欲を長く持続できる制度でもある。また、雇用側の企業の立場から見ても、労働力の確保が確実になり、事業拡大において堅実な雇用計画を立てることができた。

多くの企業は、図 5-2「成長トレンドと雇用計画」のトレンド（実線）に沿って雇用計画を立てるが、実際の生産量は景気変動や季節変動によってサイクル（点線）を描くことから、サイクルのピーク時（t_1 点）には雇用不足が、また、サイクルの谷（t_2 点）で雇用の余剰が生まれることになるが、終身雇用制度のもとで両者の乖離をつねに現有勢力で対処してきた。そのため、バブル崩壊以前ではいずれの企業においても残業や休日出勤が恒常的に行われ、賃金の面でも年功序列型に成長主義が若干加味されることにもなった。このように、経済全体のトレンドがある程度上向きの勾配をもち、ほとんどの製品市場が売手市場の状態にあるときは、終身雇用制度のもとであっても、雇用側の企業にとっても、また、雇用される労働者にとっても安定した働く場がつねに用意されてきた。

しかし、バブルの崩壊とともに成長トレンドが図 5-2 の破線で示されるように大きく下方にシフトするとき、新しい成長トレンドは点線で描かれたもとのサイクルの谷よりも低い位置に置かれるから、各企業とも多くの過剰雇用を抱えることになった。雇用側の企業が採算性の回復を目指して新しいトレンドに沿った雇用水準を実現するためには大量の解雇者を出すことになるが、終身雇用制度のもとでは定年退職者に対する不補充という方法しかとれなかった。そのため有利な条件を出して希望退職者を募集する方法がとられた。

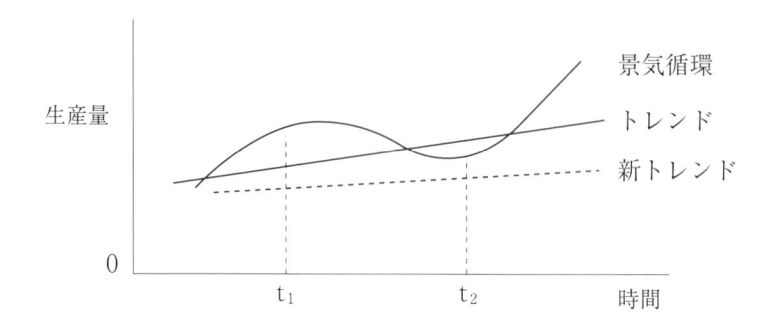

図5-2　成長トレンドと雇用計画

これに対して、バブル期の雇用拡大の時期に正規の社員を雇用して対処するのでなく、いわゆるパートタイム制（任期制）で必要な労働力を確保してきた企業は、比較的速やかに雇用調整を進めることができたことから、多くの企業はパートタイム制の導入を検討することになった。

雇用政策の新しい展開のために導入されてきたのが派遣社員制度である。任期制であってもある人数をまとまって雇用する場合、雇用する側の企業としては新しい採用規則や就労規則を造らなければならず、そのような企業が造った制度のもとで採用した場合、正規の従業員との間の区分が薄れて、雇用調整に支障をきたす恐れがあることから、派遣社員制度を活用してきた。したがって、雇用契約も派遣会社と結ぶことになり、派遣社員との直接契約ではないため、今回の金融危機（リーマン・ショック）にもとづく生産規模の縮小に伴っての雇用調整も迅速に対応できた。

(4) 過剰設備と生産基地の海外への進出

バブルの三番目の後遺症である過剰設備も景気後退を長引かせる要因の一つであったが、過剰雇用のようにすぐに各企業の収益性に悪影響を与えるものでなく、既存設備のスクラップを速めて、その分で過剰設備の稼働率を高めることに努めた。そのため、新規の投資が伸びず、そのことが消費需要の伸び悩みと相まって景気の回復を遅らせる結果となった。企業の投資が前年に対してプラスの伸びを示し始めるのは、バブル崩壊後5年ほどを経過した1990年代の後半からである。

しかし、新技術の開発は多くの場合研究所や実験室で進められるが、そ

れが実用化され労働生産性の向上につながっていくためには、設備投資を通じて具現化されなければならない。このことを考慮するとき、バブル崩壊後の5年間はわが国の技術開発はほとんど進展がなかったことになり、これによって国際市場におけるわが国企業の競争力の相対的な低下は避けられなかった。

　わが国の大企業もグローバル化の進展に乗った形で、海外への生産基地の進出を進め、それに伴って大々的に設備投資を海外で展開していった。当然、技術の具現化を通じて競争力の持続にも努めた[7]。そして、結果的には、国内での景気の停滞が生産基地の海外への進出を後押しする形となった。ただ、自動車産業のように、関連産業を含めて裾野の広い産業の場合、最終段階の組立工場の海外進出に伴って関連企業も進出することになるが、その下請けの中小の企業の海外への移転は難しく、国内にとどまって生産を続けることになる。そのうち、部品の現地調達が進むと、国内の中小企業における技術水準の向上はストップすることになり、その結果、同じ産業、同じ企業でも国内と海外で技術水準に格差が生まれるという貿易立国にとって不測の状況も懸念された。

4　消費先行型から投資先行型へ

(1) 平均消費性向の推移と景気の動向

　バブル以前の消費需要の動向を見るとき、図 5-3「平均消費性向の推移」に見られるように消費需要の伸びはほぼ GDP の伸びと平行であった。そのため、景気の状況は企業の投資動向によって左右されたが、その企業投資は消費需要が成長率とパラレルに伸びることで支えられた。このようなマクロ的構造がバブル以前の比較的順調な経済発展をもたらしてきた。

　しかし、バブル崩壊後消費需要の動きは大きく変化した。まず、多くの人々の所得が景気後退で伸び悩み、それに加えて先行き不安から消費を控えて、貯蓄を少しでも増やすことに努め、図 5-3「平均消費性向の推移」に見られるように、平均消費性向は漸減という形をとる。なお、図 5-3 によれば、平均消費性向は 1980 年代に入ってすぐに減少し始めているが、この傾向からも、わが国経済が 80 年代になって成熟社会を迎えたことが理解される。

　この消費動向によって、バブル以前の景気を支える消費需要から、むしろ景気の足を引っ張る消費需要に変わった。そのため、潜在成長率を支え

図 5-3　平均的消費性向の推移

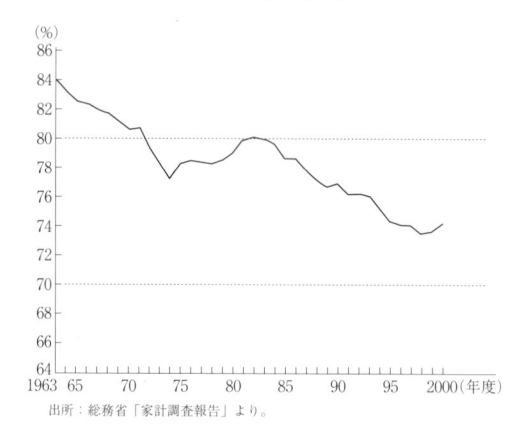

出所：総務省「家計調査報告」より。

るだけの総需要が生み出されず、デフレ・ギャップを何としても埋めなければならないが、総需要（Y）を構成する項目からいえば、消費需要（C）のほかには、投資需要（I）、財政支出（G）、貿易収支の黒字（X − M）の 3 項目がある。

$$Y（100）=C（57）+I（20）+G（18）+（X\text{-}M）（5）^{8)}$$

　バブル崩壊後最初にとられた景気対策は公共投資を拡大して財政支出を増やし、乗数効果を通じて景気の浮揚を図ることであったが、平均消費性向が低下している状況のもとでは、ほとんど投資の乗数効果[9]は働かず景気後退を食い止められなかった。投資需要に関しても、過剰設備による新規投資の先送りのため、ほとんどデフレ・ギャップを埋めることはなかった。このような状態のもとで、1990 年代はほぼ横ばいに近い伸びであったが、実質成長率がマイナスを記録せずに済んだのは、貿易収支黒字の支えが大きく働いた。

(2) 平均消費性向と生活者の態度

　図 5-3 は 1963 年から 1999 年までの 20 世紀後半の約 40 年間の平均消費性向の推移を示したものであるが、その推移の状況から三つの期間に区分することができる。第 1 期は 1963 年から 73 年までの高度成長期であり、

第2期は1974年から1987年までの安定成長期である。そして、第3期はバブルの後半を含めていわゆる「失われた10年」と呼ばれてきた経済の停滞期である。

　また、第3期の平均消費性向の減少はGDPがほとんど伸びない状況での減少のため、そのまま消費需要の減少の形をとる。所得が増加しても消費は全く伸びないで、消費の減少もありうることから、第1期の消費先行型の景気動向は全く姿を消し、投資市場に重点が置かれる投資先行型となっていった。

　この状況は現在も続いており、2008年のリーマン・ショックから10年が経過しながら、デフレ経済からの脱却ができないまま時間が過ぎてきた。いま、国が目指す名目3%実質2%の目標を実現し、デフレ経済からの脱却を図るためには消費者の生活の姿勢をもう一度前向きに変えていかなければならない。そのためには、国はもう少し長期に目を向けて国民の誰もが望むような国の姿を示し、それに向けて着実に前進するような経済・財政の運営を進めなければ、多くの国民が自分たちの将来に期待を持つ状況が失われるとすれば、平均消費性向の低下が食い止められ、デフレ経済からの脱却を図ることがさらに難しくなるともみなされる。

(3) リーマン・ショックと日本経済

　庶民向けの住宅投資に関して発生した不良債権が、アメリカの金融機関の破綻にとどまらず、世界的金融危機に速やかに拡大し、すべての国の金融機関が信用縮小に向かい、世界的に景気後退を引き起こしたのは何故かについてバブルの崩壊と比較しながら見ておこう。

　バブルの崩壊とリーマン・ショックとの約20年の間に何が起こったのか。1991年にソ連経済の崩壊があり、約半世紀つづいた冷戦構造があっという間に崩れて、それまでの東西両陣営内での国際交流が地球規模に拡大し、いわゆるグローバル化が加速していったことが大きい。グローバル化は国と国との交流に資本や生産基地の移動まで含み、そこのことが後進国の経済発展を促し、そこで潜在的需要を引き出したことから、先進国の経済にも刺激を与え地球的規模で経済活動の活性化がつづいた。これをもたらした20世紀の後半において先進各国が比較的順調な経済発展を遂げ、それに伴って蓄積されてきた資本が自己増殖を図り、高度化された技術と結びつ

けて後進国の膨大な購買力を顕在化させることに向かったことによる。

　グローバル化の核には資本ないしは資金の国と国との移動があったことになる。このことがバブル崩壊の影響がわが国だけにとどまり、リーマン・ショックが世界的金融危機を引き起こし、世界経済を著しく後退させた原因といえる。したがって、ユーロ圏内のギリシャやスペインといった比較的小さな国の財政危機でもその影響は世界に広がり、少しでも対策を間違えば、世界的金融危機に拡大する恐れがあることが示されたことになる。

5　日本経済は金融危機ショックから立ち直れるのか

(1) 潜在成長率と三つの投資パターン

　前節において、バブル発生の第一の原因を1980年代に入ってわが国経済は成熟社会を迎え、潜在成長率はかなりの鈍化を見たにもかかわらず、これまでの順調な成長トレンドをそのまま延ばし、やや高めの実質成長率を目指して経済運営を進めた結果と捉え、潜在的トレンドと実現トレンドの乖離の拡大が、図5-4「二つの成長トレンド」で見られるように資産インフレすなわちバブルをもたらしたと見てきた。

　土地や株式等の実質価値が潜在成長率に沿って推移するのに対して、市場における資産に対する評価は実質成長率にもとづいて評価され、両者のギャップが一定の幅を超えて広がるとき投機が拡大してバブルを進展させる。しかし、土地にしても株式にしても実質価値と名目価値の乖離がある幅を超えるとき、誰もが名目価値に疑問を抱き、一気に名目価値が実質価値まで引き戻されてバブルは崩壊する[9]。

図5-4　二つの成長トレンド

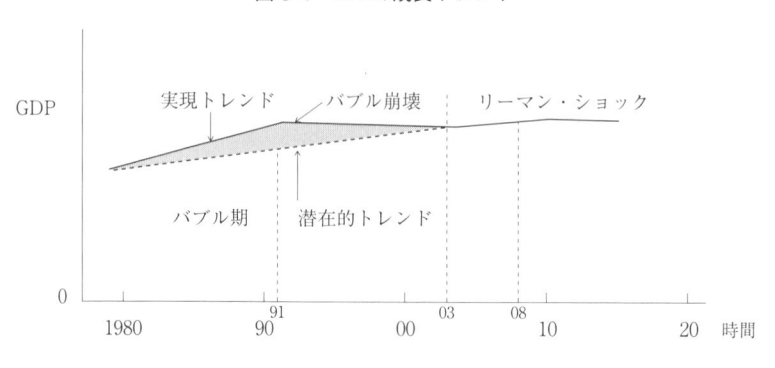

バブル崩壊がわが国経済にもたらした影響については三つの後遺症を通して議論してきた。図5-4に見られるように、バブル崩壊によって実現成長はほとんど止まって、潜在的トレンドとの交差を待つ形をとる。この期間がちょうど「失われた10年」にあたり、前節で議論してきたように後遺症が調整される期間でもあった。

　図5-4によれば、潜在的トレンド実現トレンドが交差する年度が2003年とされており、日本経済の再生が始まる年度でもあった。ここで日本経済の安定的な運営を目指すためには、改めて、潜在成長率を確認しておかなければならない。現在、国が制度設計や事業計画を立てるとき、成長率に関しては大体2%を想定している。成長率を決める労働力人口の伸び率と労働生産性の伸び率の二つの要因のうち、前者はほぼ横ばいかマイナスが想定されることから、潜在成長率2%はやや高めともみなされるが、ここではこの水準にもとづいて議論を進める。

　2%の成長率を労働生産性の伸び率だけで維持していくためには、技術開発の具現化のための投資を進めなければならないが、問題はそれだけの投資機会が現在の経済情勢において見出されるかである。2003年以降の経済再生期において行われてきた投資の分野は大きく三つにわかれていた。その一は、国内の各市場で主に大企業がシェアを拡大するために行う投資であるが、これによって生産コストの引き下げが図られることから、当然、労働生産性の向上は見込まれる。

　その二の投資の分野は、輸出産業で行われる投資である。ここで行われる投資は国際市場でのシェアの維持・拡大に目標が置かれることから、当然、生産規模の拡大を伴い、労働生産性の向上につながるが、国際市場の動向によっては過剰設備をもたらすリスクもある。そして、三番目の投資分野は海外への生産基地の移転に伴う投資である。この分野での投資は規模は大きいが、国内労働生産性の向上には直接つながらず、潜在成長率をすぐに押し上げることもない。したがって、2003年以降の景気の上昇過程は、第一の投資パターンと第二の投資パターンによって支えられてきた。

　また、第一の投資パターンでは投資を進める企業が大企業または中堅企業であったことから多くは大都市圏に集まっており、労働生産性の向上に地域格差をもたらすことから、所得の地域格差はさらに拡大した。もし、これによって産業間の就業労働人口の三次産業の比率が高まれば、食料自

給率のさらなる低下をもたらし、国民の生命の安全性が懸念されることから、地域格差は経済運営の方向づけにも関連する。これに対して、第二および第三の投資パターンはわが国経済が潜在的トレンドに沿って安定的な運営が維持されても、国際市場での需要の動向によっては過剰設備が発生するリスクをはらむ。今回の世界的金融危機がわが国の実体経済にどの国より早く、そして、大きく影響がもたらされたのは、この二つの投資パターンを通じてであったとみなされる。

(2) 貿易立国から環境立国へ

これまではグローバル化の進展に伴って発展途上国で順調な需要の伸びが続き、それを背景にわが国の輸出企業は自動車産業および家電産業等を中心に、第二および第三の投資パターンを伸ばしてきた。おそらく、いずれの企業ともグローバル化の進展が続く限り、世界的に需要の拡大は続くと確信し投資計画を進めた。それだけに今回の金融危機による世界的な需要の伸び悩みは、多くの輸出産業において投資計画を途中で挫折させ、過剰設備を抱えた。この金融危機ショックの現れ方は、過剰設備に関してはバブル崩壊後とかなり似通った過程をたどったことになる。

もし、今回の金融危機ショックで第二および第三の投資パターンにおいてブレーキがかかるとき、貿易立国で目指してきた輸出依存型の経済構造の維持の可能性が問題となる。今回の金融危機はアメリカ発であったが、これだけグローバル化の進展で各国間の経済関係の密度が濃くなってくると、金融危機・経済危機は繰り返し起こりうるとみなされる。その場合、わが国の実体経済へのショックをできるだけ小さくするためには、輸出依存型の経済構造の見直しが不可避となる [10]。

公害を経験してきたわが国は、環境保全の分野においても技術水準は高い。したがって、これまでの貿易立国に加えて、「環境立国」を目標として、この分野での技術開発を通じてわが国の技術水準をトップレベルで維持していくとすれば、輸出依存型の経済構造にも調整が加わることになる。そして、環境立国が目指す目標の中には、わが国の唯一豊かな資源である水資源の有効利用が含まれることになるが、そのために農業・林業の一層の振興を図らなければならないが、これに伴って、二次・三次産業から一次産業への労働人口の回帰が進むとすれば、雇用の安定化にも大きく寄与する。

今回の金融危機リーマン・ショックは、発生した過剰雇用が派遣社員との契約破棄という形で短期間で調整が進められ、雇用側にとっては採算性の回復が比較的短期間で実現したが、解雇通知を受けた派遣社員にもたらされた生活不安の状況が報道されることで、任期制で雇用されている人びとだけでなく、多くの人びとに先行きに対して不安感をもたらし、消費需要にも影響した。もし、このことで平均消費性向が少しでも低下することになれば、先に、分類した第一の投資パターンによっても過剰設備が発生することになり、この面からも景気後退は長期化する。

　先に、図 5-4 にもとづいて見てきたように、潜在的トレンドに沿っての安定した経済運営の継続は、平均消費性向が一定の水準で安定し、消費の伸びが GDP の伸びにパラレルであることが前提となる。その意味からも、過剰雇用の即時解雇についてはもう少し調整に時間をかけ、それに伴う摩擦をできるだけ抑えていかなければならない。そのためには、改めて、雇用制度の見直しが必要となる。

6　金融危機と 21 世紀の国づくり

（1）これからも金融危機は起こる

　分業と協業による協働体制の確立は貨幣の持つ交換手段としての機能によるところが大きいが、貨幣はさらに価値保有の機能を持ち、この機能によって貯蓄と投資とがつながり拡大再生産を可能にしてきた。それが資本市場である。一個人が行う貯蓄は些細であるが、それを集めてまとまった資金となるとき、かなりの規模の投資もその実現は可能となる。これが融資と呼ばれる貨幣の三番目の機能であり、この機能は資本市場で実現を見る。

　第 1 章の図 1-5「経済の循環構造」で示したように、家計、企業および政府は相互に市場を介して結ばれ、協働体制が旨く働き、経済全体の調整を図るのは市場であるが、その根底に貨幣の三つの機能が作用する。このことから、現代の資本主義体制は市場経済とも貨幣経済とも呼ばれてきた。

　ただ、図 1-5 において、労働市場、消費財市場および資本財市場では財・サービスの供給者と需要者とははっきりと区別されていて、市場に向かう場合、供給者としてか需要者として参加するのに対して、資本市場は資金の供給者と需要者が判然と区別されず、誰もがいつでも資金の供給者にも需要者にもなり得る。そのため、市場において需給を調整する役割を担う

金利が十分に機能し難い。

いま、資本市場のうちの証券市場を想定するとき、ある株式に対して誰もが近いうちに株価の値上がりがあると想定するとき、証券市場へのすべての参加者がその株式の需要者となる。たとえば、ある株式の保有者の多くが売りに回って株価が 10% 下落した場合、この取引に参加しない株式の保有者もその資産価値を 10% 失う。多くの株式がその価値を下げるとき、このリスクは多くの人びとに波及し、結局、資本市場への資金の供給が縮小する。そのため、これまで貨幣が果たしてきた貯蓄と投資をつないで、拡大再生産を実現していく機能が全く働かなくなり、実体経済は縮小する。

貨幣が資金として供給者から需要者に融資される場が資本市場である。この場合、一般の財・サービス市場と異なって供給者の数が多いため、資金の流れをスムースにする仲介者が必要となる。また、資本市場における資金の流れは財・サービスの市場のように貨幣の流れが財・サービスの流れと反対方向という決まった方向の流れではなく、いつでも、流れの方向が変わることから、ショートが起こり易い状態にあり、直接金融と間接金融を問わず金融危機は起こりうる。しかも、資産としての貨幣すなわち資金はどの資本市場へも国境を越えて移動しうることから、資本市場は相互につながっており、一金融機関の破綻であってもその影響は一つの資本市場にとどまらず、瞬間に他の資本市場に波及し、リーマン・ショックのように世界的金融危機になりうる可能性を抱えている。

(2) 金融危機に強い国づくり

リーマン・ショックの影響はいまも続き、ユーロ圏での財政赤字が追い討ちをかけた形となって、世界の実体経済はショック以前の状態に完全に戻っていない。わが国はバブル・ショック後 10 年にわたってデフレ経済が続いており、名目 3%、実質 2% の経済の成長目標の実現の見通しも明らかでない。この間、わが国の技術水準は相対的に低下し、貿易収支の赤字も続いた。わが国の技術がトップランナーとしての地位を失った分野は限られているとしても、これまで半世紀以上にわたって国是としてきた貿易立国ないし技術立国にも陰りが見られる。

世界的な金融危機が発生するたびに、わが国の技術水準が世界のトップレベルからわずかでも後退することになれば、金融危機の影響をより強く

受け、いずれの国よりも長い期間にわたって受けることにもなりかねない。したがって、わが国が 21 世紀に進めていく国づくりの三つの目標、すなわち、貿易立国、環境立国および分権立国を着実に実現していくためには、金融危機から受ける影響を最小限度にとどめねばならない。

そのためには、第一に、先進国や後進国の区別なく、各国がまず自国通貨の安定を図り、併せて、国際的協調を通じてどのように小さな不安要因でもできるだけ早くそれを取り除いていくことが求められる。そして、第二に、わが国が金融危機に十分に対応できる経済体制を造っていくことが求められる。今回のユーロ圏で発生した金融不安は円高をもたらし、このことはわが国経済の景気後退からの回復を遅らせた。とくに、40 年ぶりの貿易収支の赤字が心理的に日本経済にもたらしたマイナスの影響は大きい。つねに、世界的金融危機が円高をもたらすとは限らないにしても、円高ないしは円安の影響が日本経済の景気動向に影響しない世界的金融危機に強い体制を造らねばならない。

本章の第 5 節で見てきたように、バブル以降わが国の GDP の構成項目のうち、貿易収支の構成比は 4 ないし 5% を占めてきた。そのため、円高が進み、貿易収支の黒字が縮小し赤字に転ずるとき、わが国経済はすぐに景気後退の様相を呈し、景気回復を遅らせる。したがって、わが国経済が貿易収支の黒字に頼らなくても、十分に総需要を生み出していけるだけの経済構造に造り変えていく必要がある。

そのためには、輸出 X の縮小とともに輸入 M の縮小も図っていかねばならないが、なかでも、輸入のなかで大きなウエイトを占める、食料と石油の輸入量をできるだけ減らすことが求められる。そのためには、食料自給率 40% まで落ち込んでしまったわが国の農林水産業を抜本的に改革していかねばならないが、それは金融危機に強い経済体制を構築するためには回避できない問題である。

一方、石油の輸入量を減らしていくためには、輸入石油量のかなりの部分を使っている発電を考えた場合、直ちに国づくりの前提となるべきエネルギー政策と密接にかかわることになる。いま、わが国では、福島原発の事故以来、エネルギー政策の方向づけに関して原子力に対する依存の在り方が議論されてたが、金融危機に強い経済体制造りという観点からもエネルギー問題を考えていくことが求められる [11]。

(3) 技術立国の目指すエネルギー政策

　これまで国づくりの中心においてきた貿易立国を技術立国と読み替えるとき、原発依存率をゼロにするという方向づけは、ある意味では、技術立国という国是を放棄することにもなりかねない。なぜなら、これまでの技術開発が目指してきた労働生産性の向上に伴って、その過程で技術開発が自然環境や社会環境にもたらしてきた負の効果をこれからどのように取り除き減少されていくかが、今後の技術開発の重要な課題にすべきであるとすれば、原子力による発電に向けて進めてきた技術開発はその過程で発生してきた放射能を安全に処理し、きわめて安全なエネルギー源に原子力を変えていくための技術開発にも力を結集すべきと考えられるからである。

　この意味においては、わが国がこれからも技術立国を国是とする限り、新規に原発の建設は行なわないとしても、現在の原発依存度を維持しながら、原子力をエネルギー源に利用することに伴うリスクを完全に取り除くための技術開発に多くの資金と人材を振り向けるべきである。

　この方向づけの場合、再生エネルギーによる発電量が増える分と、人口減少に伴う電力需要の減少分を原油や天然ガスの輸入量を減らすことができることから、貿易構造を金融危機に強い構造に移行させることが可能である。しかし、原発に対する多くの人びとのアレルギー体質を考えるとき、現在の原発依存度を維持するという基本方向を立てることは難しいが、国是に貿易立国ないしは技術立国を置く限り避けられない問題でもある。

　これからの技術開発は、労働生産性の向上を目指して進められてきたこれまでの技術開発がもたらしてきた自然環境や社会環境における負の効果ないしは負の影響を取り除く方向に向かわねばならないが、この分野の技術開発は市場原理に乗りにくいことから、それに代わる有力な研究推進体制を用意する必要がある。その仕組みは技術開発の分野によって異なるとみなされるが、原子力発電の分野での研究費の財源は電気料金に求めるべきである。

［注］

1）ケインズは「一般理論」のなかで、「供給が需要を生み出す」という従来の考えを180度転換して、「需要が供給を造る」を考え方の基本に置き、「有効需要の原理」を生み出した。

2）中間階層の後退に伴う富裕層と貧困層の対立の先鋭化と関連づけてみるのも必要である。

3）重化学工場から組立加工型産業に転換することで、それまでの石油消費量の伸びをかなり抑えることになり、第2次のオイル・ショックの日本経済への影響を最小にとどめることができた。

4）売手市場は市場において財の供給者が有利な立場に立つことを意味し、買手市場は反対に需要者が有利な立場に立つから、売手市場では供給が需要を生み、買手市場では需要が供給を生むことになる。

5）中曽根政権のときに建築基準法の大幅な改正が行われ、環状山手線の内側での高層ビルの建設に対する規制が大きく緩和された。

6）バブルの崩壊後に不良債権が発生したが、リーマン・ショックのように金融危機という言葉はあまり使われなかったが、それは国がいち早く公的資金の導入を図り、「預金者保護」を強く打ち出したことに依る。

7）発展途上国への生産基地の進出は、他の先進国の企業も同様であることから、外国企業との競争がこれまでの輸出・輸入を通じての間接的な競争から、現地での直接的な競争となっていったため、技術開発競争も目に見える形となっていった。

8）カッコ内の数字は1990年代後半の5年間の平均値である。

9）図5-4「二つの成長のトレンド」の実現トレンドと潜在的トレンドの乖離（斜線部分）がそのまま資産インフレをもたらすことになる。

10）今回の貿易収支の赤字が急激な円安への為替レートの変動に依るとはいえ、2014年2月の現在で、15か月も連続して貿易収支は赤字が続いている。

11）エネルギー問題を考えるとき、環境問題も考えなくてはならない。とくに、二酸化炭素の排出に関しては、次善の選択として原子力に頼ってきた面がある。

6章

所得分配と社会保障

―少子高齢化と社会保障―

1 二つの分配基準

(1) 資源の有限と所得の分配問題

　農耕中心の自給自足の社会（村落）では分配はそれほど重要ではなかった。誰もが自分の土地を自分で耕し、自分たちが食べるだけのものをまず確保するため、家族を中心に作業を行なったから、収穫した農作物はそのまま自分たちのものであり、分配問題は人びとの関心事ではなかった。耕作する土地が同じように分割されているときは貧富の差もほとんどなく、すべての人びとが平等に取り扱われることが当然とされた。

　河川の普請や道路の普請は村の人びとが総出で事にあたったが、その場合も一定時間誰もが拘束されることで賦役を果たしたわけで、作業現場での役割分担はそれぞれの体力や能力に応じて自然と決まったため、役割分担の問題もそれほど重要ではなかった。

　しかし、農業や漁業を中心とする生活でも生産力が次第に増大して余剰物が生まれ、余剰物が相互に交換されるようになって対人関係が拡大すると、所得の分配問題が少しずつ重要性を持ち始めた。そして、生産量の増大につれて貧富の差が拡大するとともに次第に人びとは所得分配に関心を持つようになった。

　しかし、所得の分配問題が経済の問題のなかで資源の分配問題と並んで重要な位置を占めるようになるのは、産業革命を経ていわゆる製造業を中心に二次産業のウエイトが増大し、農業に見られなかった生産における分業・協業が一般的となり、そこで得た生産物を生産に参加した人びとにどのように分配するかが、人びとの大きな関心事となってからである。勿論、一次産業においても、漁業や林業においては比較的早い時期から分業・協

業の体制が採られていたから、所得の分配問題も重要視された。

　もし、分配方法に多くの人びとが不満を抱いて、生産への参加を敬遠する人びとが多く出てくれば、協働を柱とする社会そのものの維持が難しくなることから、経済の基本問題の一つに所得分配問題が加わることは当然である。250年の歴史を持つ経済学においても早くから分配問題が議論され、これまでもさまざまな議論が展開されてきたが、「貢献に応じた分配」基準と「必要に応じた分配」基準とがつねに対立軸を形成してきた。

　このうち、「貢献に応じた分配」基準は資本主義体制のもとで採られてきた分配基準であり、この基準のもとで人びとの労働意欲が保持され、拡大再生産過程の基準が準備された。しかし、この基準には、生産に対する各人の貢献度をどのように正しく測るかという技術的な問題と、加齢や心身の障害等の理由で生産に参加できない人への分配の問題が残った。

　これに対して、「必要に応じた分配」基準は社会主義体制の国で採用されてきた。この基準のもとではある理由で生産に参加できない人びとに対しても生きていくのに必要なものが分配されるが、同時に、怠け者に対しても分配されることから、全体として働く意欲を抑え、社会全体の生産力を停滞させる傾向をもたらした。

　この章においては、「貢献に応じた分配」基準に基礎を置きながら所得分配に関する諸問題を検討し、実際の分配問題を取り扱うにあたっては、「必要に応じた分配」基準も加味する立場を取りながら議論を進めていく。

(2) 生産に対する貢献度をどう測るか

　「貢献に応じた分配」基準にもとづく所得の分配が公平であるためには、各個人の生産に対する貢献度の正確な測定が前提となる。単純な生産工程で作業の内容に大きな違いがないときは、誰もが納得できる貢献度の測定は可能であっても、生産工程が少し複雑になって労働の質に変化が見られるとき、誰もが納得できる貢献度の測定は難しくなる。

　いま、A、B、C、D、Eの5人の若者が協力して1ヘクタールの土地で小麦を生産することとし、秋の収穫時に5トンの小麦が生産れた場合を想定しよう。問題はこの小麦の生産に参加した5人にどのように分配するかである。この場合、5人とも労働力だけを提供するとすれば、ほぼ貢献度は等しいとみなされることから、1トンずつの分配で誰もが納得するであ

ろう。しかし、5人のうち、Aが土地を提供し、Bが耕運機を提供するのに対して、C、D、Eの三人は労働力を提供する場合において平等な分配では誰もが納得できず、労働・資本・土地の生産要素間の分配の難しさが提起される。

さらに、労働力だけを提供するC、D、Eの3人の間にも年齢に差があり、それに伴って体力にも差が見られるとき、小麦の分配にあたって3者の貢献度にどのような差をつけるかについて同じ生産要素間の分配でも貢献度の測定には難しさが伴う。

(3) 年功序列型賃金体系の功罪

「貢献に応じた分配」基準にもとづいて分配を決めるにしても、雇用者に対して、被用者としての労働者は雇用契約を結ぶにしても不利な立場に立たされることから、国は、国の基本的役割の第三の「すべての国民に安定した雇用の場を確保する」にもとづいて、労働者の側に立ってその立場を支えるという政策をとってきた。

わが国では戦前から終身雇用制度と年功序列型賃金体系という二つの雇用制度をもっていた。経済のグローバル化に伴ってこの二つの雇用制度は崩れつつあるが、働く者にとって働く場が確保され、そこで働き続ける限り勤務の年数に応じて賃金の上昇が保証されることから生活に安定・安全が与えられることは確かで、また、勤務年数を重ねるとともに仕事に対する知識や技能の向上を想定すれば、年功序列型賃金体系は貢献度の測定に対して次善の策ともみなされる。

この二つの雇用制度がそれぞれの分野での技術革新とも相まって戦後の長く続いた高度成長を支えてきたが、この雇用制度を根底から支えてきたのは、日本経済全体がつねに需要が供給を上回り、ほとんどの市場が売手市場[1]に置かれてきたことによる。しかし、1991年にバブルの崩壊を見て、一気にほとんどの市場において売手市場から買手市場に転ずることで、わが国の特色ある二つの雇用制度も姿を変えざるを得なくなった[2]。

(4) わが国の社会保障制度

「貢献に応じた分配」基準のもう一つの問題は、「働かざるもの食うべからず」の問題である。生産に参加できなければ貢献度はゼロであるから、

分け前も受けられない。この場合、生産に参加できない理由として、三つのケースが想定される。その一は、心身に何らかの障害があって働きたくても健常者と一緒には仕事ができない場合であり、その二は、加齢とともに体力が衰え、若いときのように働くことができなくなった高齢者の場合である。そして、その三は、働こうと思えば働くことができるのに働こうとしない怠け者の場合と思わしい働く場が見つからない場合である。

近代国家が成立する以前においては、生活困窮者や障害者の生活の面倒は家族を中心に周りの人びとが力を合わせて世話をしてきた。また、キリスト教を信仰するヨーロッパの国々では地域の教会が中心になってこれらの人びとの生活を支えた。しかし、近代国家の成立後は、国がさまざまな制度（社会保障制度）を整備して、生活困窮者や障害者、さらには高齢者の生活を援助するようになった。これが国の第二の基本的役割「すべての国民に対する最低限度の生活の保障」である。そして、社会保障制度の確立とその拡充こそが近代国家としての前提条件ともなった。

国は障害者、高齢者ないしは生活困窮者の生活を援助するため、つぎつぎに必要な制度・仕組みを整備してきた。ここでわが国の現在の社会保障制度の概要を把握するため、援助の方法と給付の方法の観点から制度・仕組みを分類し、表6-1「わが国の社会保障制度の枠組」のように主要項目を整理してみた。援助の方法については必要とされる財源を「税」ないしは「保険料」で調達されることから、税で調達される場合を公的扶助と呼び、必要な財源が保険料で調達される場合を相互扶助と呼ぶ。これに対して、給付の方法について現金給付と現物給付に分けており、全体が四つの枠組に整理される。

なお、表6-1の各項目の数字は平成27年度予算のうち社会保障関係費に

表6-1　わが国の社会保障制度の枠組

（単位：%）

	公的扶助		相互扶助	
現金給付	生活保護	9.8	年金制度	35.7
	児童手当	4.3	医療保険	30.5
	障害者福祉	4.6	介護保険	6.5
現物給付	母子家庭等対策	0.4	保険衛生対策	1.2
	高齢者生活支援	0.2	雇用労災対策	0.7

対する各項目の予算額の比率を示したものである。これによれば、生活保護、年金制度、医療保険および介護保険で全体の85%を占めることから、わが国の社会保障制度が少子高齢化に伴って相互扶助を柱に組み立てられてきたことが指摘される。しかし、リーマン・ショック以降経済の停滞が長引くなかで生活保護費・児童手当を中心に公的扶助の比率が増加してきた。

2　生活保護と累進所得税

(1) 生活保護費と所得税

　公的扶助にもとづく生活保護費の支給は、結果的に所得の再分配効果をもつことになる。さきに見てきたように、「等しく与えられたものから、等しいものを出し合う」という基準にもとづく税がほとんど再分配効果をもたなかったことからすれば、この問題は税を考えるときのもう一つの問題、すなわち、税に対してどの程度の所得再分配効果をもたせるかと関連する。しかし、これによって税の構造はさきの公平の基準にもとづく税構造から乖離することになるが、それでもその税が公平であるためには、改めて、税に再分配効果をもたせるための全く別の根拠と基準を用意しなければならない。

　それはすべての国民の合意によって決められる「適正な分配状態」である。国は国民に対して三つの基本的役割を果たしていくことで国民の人権と自由を守ることになる。さらに、すべての国民の生活水準を高め、将来に対する不安を取り除き、誰もがある目的をもって毎日の生活を送るために、限られた資源をできるだけ効率的に利用し、それによって得た生産物（社会的利得）を公平・公正に分配し、誰もが自分の能力を十分に発揮できる職場で働くことができる状況を造らなければならない。経済学では、限られた資源の利用にあたって上で述べてきた三つの条件を資源配分問題・所得分配問題および経済安定問題と呼んできた。国は国民に対する三つの基本的役割を果たすべきであるが、国全体の運営にあたっては、経済運営における三つの基本問題に対しての国の適切な対応が求められる[3]。

　経済の3基本問題のうち、所得分配問題に関しては「貢献に応じた分配」基準にもとづきながら、実際の所得分配においては生産への貢献度以外の要因が加わって分配状態が実現することから、その分「適正な所得の分配状態」から乖離するとみなされる。この乖離を埋める手段として税に所得

の再分配機能を持たせてきた。したがって、所得再分配効果をもつ累進課税の構造のもとで、なお、公平・公正な税であるためには、「適正な所得の分配状態」がすべての国民の同意の形で決めなければならない。

（2）所得配分に関する二つのバイアス

　いま、生産に参加するすべての個人について生産に対する貢献度が正しく測られたと想定し、図6-1「貢献度と所得の分配」において横軸で人数を測り、生産参加者をその貢献度の低いものから順に並べた場合、実線CCが描かれたとすれば、この線に沿って所得の分配が行われるとき適正な分配が実現する。しかし、実際の分配状態は貢献度以外の要素が分配の決定にあたって加わることから、CC線から乖離して点線JJのような位置を取る。その場合、考慮される要素として学歴や職歴等を想定するとき、点線JJはCC線に対して貢献度の低い部分で下方に、貢献度の高い部分で上方に乖離する傾向をもつ。

図6-1　貢献度と所得の分配

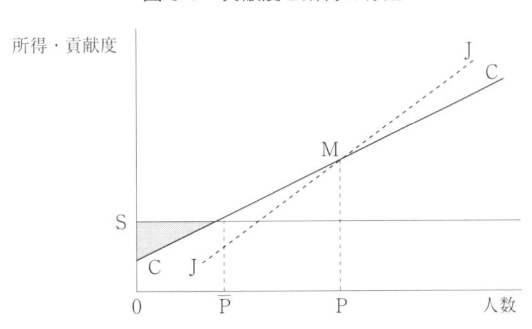

　図6-1で最低限度の生活水準を縦軸の点Sで表すとき、国は第二の基本的役割を実行するため、点S以下の所得水準の国民（P̄人）に対して斜線部分の生活保護費を支給することが求められ、それに必要な財源をM点から右のCC線とJJ船の乖離部分から移すとすれば、再分配後の所得の分配状態は適正な分配状態に接近する。必要な財源を所得税で徴収するとき、CC線とJJ船の位置関係から所得税は累進課税の構造を取る。

　ただ、JJ線はCC線に対してM点を中心に時計の針と反対方向に乖離することが明確であることから、所得税が累進課税の構造を持つことは認め

られたとしても、実際に CC 線の位置を正しく特定化することが困難であるため、公正な累進度は確定できない。ただ、S 点を高い位置で設定するとき、斜線の部分で示される生活保護費は増大し、所得税の累進度は強化されることから所得再分配は進み、所得の分配状態が平準化するが、このことが社会を安定化し、経済運営に好ましい影響を与えるとは限らない[4]。

いずれにしても適正な所得の分配状態を実現するためには、図 6-1 において CC 線の位置と形状が確定しなければならないが、実際は市場において各個人の貢献度を正しく評価することができないことから、図 6-1 における CC 線の正しい位置の確定は難しい。ここに貢献度に応じた分配という適正な所得分配の基準が明確に示されながら、国の進める分配政策に不確定さが残り、所得税の公正な累進度にも曖昧さが残ることになる。

CC 線の位置および形状は、貢献度の大きいところでは貢献度が実際より高く評価され、反対に、貢献度の低いところでは実際の貢献度より低く評価されると想定して描かれる。貢献度の評価に関するこのような傾向を認めても CC 線の位置と形状を確定することはできない。それ故、所得の再分配を進めることが是認されても、再分配をどこまで進めるかの程度を明らかにはできない。市場での各人の貢献度の評価について市場メカニズムにある程度の信頼を置く場合は、CC 線は実際の市場での評価を示す JJ 線に近い位置と形状を示し、それだけ再分配を進めるにしても累進度の程度は緩やかになる。

最後に、図 6-1 において CC 線と JJ 船の乖離をもたらす要因はいろいろ想定されるが、その中から富（資産）の保有状態（分配状態）を取り出し、所得の分配状態との関係を明らかにしておこう。併せて、資産課税の課税根拠についても検討を加えておく[5]。

(3) 所得の分配と富の分配

労働・資本・土地の生産 3 要素を想定するとき、生産に参加する方法としてはこの 3 要素のうちいずれか一つの要素を通じてか、あるいは、それらの組合せをもって行われる。したがって、所得分配の基準を生産に対する貢献度に置くとしても、生産過程で 3 要素がそれぞれ異なった生産への参加の様態を示すとき、貢献度の測定はさらに難しくなる。市場経済のもとでの生産への貢献度の測定は、それぞれの要素の限界生産力に基準を置

くとしても、要素間の組合せによっては貢献度の測定は難しくなり、ここにおいて実際の所得の分配状態が適正とみなされる分配状態から乖離する要因がもう一つ加わる。

　また、労働に対して分配される所得（賃金・給与）は労働を供給する個人にそのまま分配されるのに対して、資本・土地に対して分配される所得（利子・地代）は資産の所有者に帰属する。そのため、資産（富）の保有形態が所得の分配状態に大きく影響する。おそらく、資産が個人間で平準化された形で保有されているとすれば、実際の所得の分配状態も平準化し、適正な所得分配との乖離は狭まり、税に求められる所得再分配効果はそれほど大きくなく、所得税に求められる累進度は緩やかでよい。

　しかし、実際の資産の保有状態にはかなりの偏りが見られ、そのことが所得の分配状態を著しく歪めているともみなされ、適正な所得の分配状態の実現にあたって資産の保有状態の平等化が求められる。その意味では、終戦直後連合軍の占領政策のもとで行なわれた農地改革は農地に限定されたが、大地主が解体され、小作農が自作農に転換し、農業における所得・資産の平等化はかなり進み、その後の日本経済の高度成長にも大きな支えとなった。このような思い切った資産保有の平等化は占領下という異常な状態のもとで実行できるのであって、それでも農地に限定された。いまのように安定した社会状態のもとでは、相続税ないしは贈与税のように課税による以外は富の再分配の実行は不可能である。ここにおいて資産課税が税体系を構成する重要な税目として登場する根拠が与えられる。

　第2章において、「等しく与えられたものから、等しいものを出し合う」という時間を基準にした尺度で公平な税を考えたとき、所得課税と消費課税については公平な税構造を導き出すことができたが、資産課税については公平の基準への適用は難しかった。しかし、国の進める所得再分配政策と関連して資産課税の登場を見ることになる。次節において、適正な所得の分配状態の実現に向け、資産課税の形態および税構造がどうあるべきかを検討していく。

3　相続税と富の分配

(1) 相続税と所得税

　死亡に伴う資産の所有権の移動に着目して課税される相続税については、

相続人が納税義務者になるべきであって、死亡した被相続人はもはや国民とはみなされず、納税義務者とはなり得ない。したがって、問題は相続人に対してどのような税負担を課するかである。一つの考え方は相続人の受け取る資産を所得とみなし、現行所得税にもとづいて課税する。ただ、臨時的な税とみなされるので他の所得と区別して分離課税とすることが想定される。この場合、所得税の累進性によって富の集中は緩和され、富の分散が促される。これに対して、所得のもつ生産活動に対する報酬としての要素を重視し、相続される資産は相続人にとって僥倖な贈物として完全に所得と切り離して捉え、相続税を所得税とは全く別の独立税とみなすとき、改めて、税率を含めて税構造全体を組立てる必要がある。

　しかし、相続税の場合、他の税目のように税源の確保を念頭において「受益と負担」の均衡を図りながら、税構造を決めるという手続きは採れない。なぜなら、遺産相続の発生を予想することは難しく、相続件数は年度間でもかなり変動するからである。相続税に関しても課税の公平を目指して税構造を組立てていく場合、独自の課税基準および課税根拠を用意しなければならない。問題はその基準・根拠をどこに求めるかである。ここでも国が経済・財政の運営にあたっての最終目標を「限られた資源をもってすべての国民の生活水準を少しでも高めていく」ことに置くものとして相続税の税構造を考えていこう。

　この最終目標を実現していくためには、無理のない成長トレンドに沿って安定した経済・財政の運営を維持していくことは勿論、所得の分配状態も格差の拡大より縮小を目指すべきである。この場合、所得の分配状態に相続税は直接係わることはないが、所得の分配状態が富のそれと関連していることを考えるとき、相続税も経済・財政運営の最終目標と関連づけてその税構造が考えられる。そのために所得の分配状態と富の分配状態との関連をできるだけ明確にしておくことが必要である。

(2) 所得の分配と富の分配

　図 6-2「所得の分配と富の分配」では縦軸・横軸ともジニ係数[6]を測り、このうち、横軸で所得の分配状態を、また、縦軸で富の分配状態を測るものとする。したがって、図 6-2 の原点 O は所得も富も完全に平等に分配されている一つの極端な分配状態を表す。これに対して、右上の点 O′ は所得

も富も独り占めというもう一つの極端なケースを示す。実際はその中間の領域のある点で分配状態は示されるが、いま、それを点Aで示しておこう。

図 6-2　所得の分配と富の分配

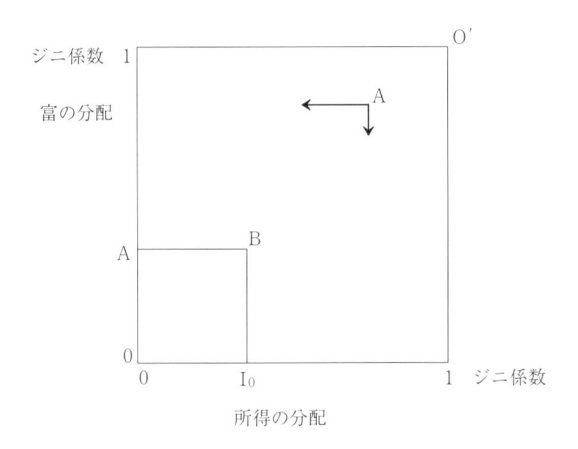

　現実の分配状態を表す点Aに対して望ましい分配状態を想定し、それを点Bで表す。目標点Bに向かうための分配政策を進めるとき、国は所得の再分配と富の再分配を同時に進めねばならないが、その前に、目標点Bがどのように決まるかを見ておこう。このうち、所得の分配状態に関しては、前節において「貢献に応じた分配」基準にもとづいて、実際に実現する分配状態との乖離を埋めるという形でその目標値を見てきたが、富の分配状態に関してはそれを決める明確な基準をできるだけ富の集中を避けることに置くとしても、富の分配に関して目標点Bの位置を確定することは不可能に近い。

　ただ、所得の分配と富の分配は全く独立して決まるのでなく、相互依存的であって所得の分配状態が不平等の方向に向かうとき、富の分配も不平等の方向に向かい、逆の場合も同じ方向に変化する。図6-2において、点Aの移動はつねに東北か西南の方向に移動する。そのため、富の分配状態に関しても政策目標として向かうべき点を示すべきであるが、いまのところ富の分配状態は「集中より、できるだけの分散が望ましい」としかいえない。

(3) 富の分配についてのもう一つの見方

　すべての国民に対して最低限度の生活を保障することを国の基本的役割の一つとしてきた福祉国家においては設定される最低限度の生活水準によって国の豊かさが測られる。平均所得水準が同じ国であっても、所得の分配状態で国の豊かさが変わるとすれば、国の定める最低限度の生活水準の高い方が豊かな国といえる。この場合、最低限度の生活水準の決め方が平均所得水準を基準にしながら、所得の分配状態が平等に近いほど最低生活水準は高く決められ、所得の平等な分配状態は社会の安定・安全を高める。同様に、富の分配状態の平等化が社会の安定・安全を増大させるとすれば、資産課税に対しても強固な課税根拠が与えられる。

　見方を変えて個人の生活の安定・安全を考えるとき、所得水準が最も重要な要因であるが、生活の本拠地としての「住まい」も重要な要因とみなされる。その場合、住まいの床面積は生活の安定性ないしは快適性に関連するが、同じ床面積の場合、持ち家か借家かがもう一つの重要な要素となる。当然、借家に住むより持ち家に住む方が生活の安定・安全は高いとすれば、富の分配状態も所得の分配状態と同様に国の豊かさに関係し社会の安定・安全にも影響を与える。

　この意味では、富の分配状態に関しても、所得の分配状態と同様に一つの国の豊かさないしは社会の安定・安全を見るとき考慮されるべき要因の一つに加えられる。国民一人当たりの資産の額が同じであっても、その保有状態が平等に近いほど国は豊かであり、社会は安定・安全である。このことを資産のうちの「住まい」について見るとき、当然、国民一人当たりの床面積が同じであっても、持ち家率が高い国の方が全体的に豊かであるとみなされる。その場合、問題は持ち家率と富の分配状態との関連であるが、富の分配状態の平準化が持ち家率を高めるのでなく、持ち家率を高めることで富の分配状態の平等化を促すべきである。

　このように見てくると、富の分配状態の平準化を積極的に進めても必ずしも国民の生活の安定・安全は図れず、むしろ、持ち家率を全体的に高める政策を進めることが生活の安定・安全を高める。高齢者が自分の持ち家で老後の生活を送ることは高齢者の生活の安定・安全だけでなく、社会全体の安定・安全を高める重要な要因となる[7]。持ち家率を高めるための政策手段として相続税および贈与税が加われば、相続税が持つ富の再分配の

効果がより明白になる。

（4）所得税の累進度と相続税の累進度

　1980 年代に入って多くの先進国は所得税のフラット化を進める中で、相続税・遺産税についてもその累進度を緩和させた。これに対して、わが国では相続税の税構造にはそれほど大きな変更は加えられず、累進度はそのまま据え置かれた。少子高齢化をおさえる税制として「広く、薄い課税」の要件を所得税で受け止め、そのフラット化を進めてきた国では、相続税・遺産税の累進度も所得税に合わせて緩和の方向をとった。しかし、わが国では、所得税のフラット化による所得再分配効果の緩和分を小さくとどめるため、相続税については税構造をそのままにして所得再分配の目標を維持した。

　いずれの国においても、これまで相続税・遺産税の累進度は所得税のそれに合わせて決められてきたという経緯がある。そのことはわが国においても例外でなかった。したがって、1980 年代の所得税率の平準化によって相続税・遺産税の累進度を緩和させていった国々は、相続税・遺産税の税構造を所得税のそれに準じて決めるというこれまでの姿勢を保持したことになる。わが国ではこれまでの相続税の累進度を保持することで、一応、所得税の税構造から離れて、相続税の累進度に関して独自の見直し基準を与えた。

　相続税に対するこの姿勢を今後とも取り続けるためには、相続税の富の分配状態に与える再分配効果を明確にしなければならないし、さらに、それを通じて所得に対する分配効果にどのような影響をもたらすかを明らかにする必要がある。それと同時に富の分配状態に関して社会の安定・安全と関連づけて望ましい目標を一定の幅をもたせながらも設定すべきである。しかし、現状は相続税の税率構造も所得税のそれに戻りつつあり、相続税に独自の富に対する再分配効果をもたせることは難しい状況にある。

4　人口減少のもとでの年金制度

（1）グローバル化における福祉国家

　海外にしか新たな需要を見出し得なくなった先進国は、日本も含めて国民の生活を守り、少しでも暮らし向きの改善を図っていくために、従来通

りの成長政策をとり続けることが難しくなった。言い換えれば、福祉国家が果たさねばならない、三つの基本的役割がこれまでは国民経済を一定の成長トレンドに沿って運営することでそれなりに満たされてきた。そして、国内だけで新たな需要を生み出すことで、この方向での経済の運営は可能であった。しかし、年々グローバル化が加速している 21 世紀に入ってからの先進国は、これまでの経済活動の規模を維持していくために、海外での新たな需要に目を向けることになるが、そのことが国内での需要の芽を摘むことにもなりかねず、海外での需要の伸び悩みや金融・経済問題がストレートに国内経済に影響をもたらすという状況が造り出されてきた。

このため、従来のように一定の成長率を維持することで、国の三つの基本的役割が同時に果たされるという状態は崩れ、しかも、それぞれの役割が以前より重要性を増し、その遂行を難しくしてきた。たとえば、国の役割の第二に掲げられる「すべての国民に対して、最低限度の生活を保障する」を見るとき、経済の停滞の状況のもとで生活保護費の増額が他の福祉の分野に対して財源的に圧迫を加え、社会保障制度の成熟度にも影響をもたらす。かくして、グローバル化のもとでの福祉国家の経済・財政運営は厄介な問題をいくつも抱えることになるが、わが国ではそれに急激な少子高齢化と人口減少が加わる。

言い換えれば、グローバル化と人口減少のもとで、わが国は福祉国家の体制をどのように維持し、社会の安定・安全と国民の生活を守っていくかである。ここで明確に言えることは、わが国の社会保障制度のほとんどが、その基本的枠組みをわが国の最も輝かしい時期である高度成長期に設計され、高齢化率がまだ一桁の時代に供用開始されたことである[8]。そのため、これから国の第二の基本的役割を完全に果たしていくためには、まず、さらなる少子高齢化の進展と人口減少を想定して制度の基本的枠組みを抜本的に改革していく必要がある。

しかし、ここで社会保障制度のすべての分野にわたって、その基本的枠組みを見直していくだけの時間的にも能力的にも余裕がないので、この節で、高齢化の進展と関連づけて年金制度を取り上げ、現行制度の問題点を指摘しながら社会に安定・安全をもたらす持続可能な年金制度を提案し、第5節において、医療費の膨張をつづける医療保険を取り上げ検討を加える[9]。

（2）持続可能性を失った現行年金制度

　1961 年の国民年金制度の創設より約半世紀が経過して、創設期の前提や社会・経済の情勢が大きく変わってきたことで、現在の公的年金制度は多くの課題を抱えることになった。なかでも年金制度が若者の雇用・就労や人生の選択に影響を与え始めたことは、国民の生活に安定・安全を与えるための社会制度の要となるべき年金制度であることを考えるとき、この制度に持続可能性を求めることにもはや意味はない。さらに、現行年金制度は低年金・無年金者を生み出しており、現役世代の被保険者にも年金制度への不信・不安が広がっているため、いまの制度を維持する場合、社会の安定・安全に与える負の効果はさらに増大することが懸念される。

　同じ働き手としてわが国の経済を支えながら、身分が正規労働者と非正規労働者に分かれることによって、一方は厚生年金に加入することができ、他方は国民年金にしか加入できないことから、老後の生活に対する安心感に大きな格差をもたらし、本来、老後の生活における格差をできるだけ小さくして、高齢化社会の安定・安全を保持することを目的とする年金制度であるのに、現行制度は公的年金が果たすべき役割の一番肝腎なところが十分に果たされていない。それは現行の年金制度が相互扶助を基本とする「保険方式」に枠組の基礎が置かれていることにもとづく。

　保険方式の場合、老後に受給する年金額は現役時代に支払った保険料にもとづいて決定されるから、現役時代の経済格差がそのまま老後に持ち込まれることになり、現役時代に高い労働意欲をもって生産活動に参加しながら、たまたま、十分な報酬を受けることができず低い生活水準に置かれてきた者が、老後の生活においても大きな安心が期待できないことになっている。いわば、老後を迎える前から、老後の生活が保険制度によって決められ、現役時代の格差をそのまま老後に持ち込むことになる。

　年金制度が国の第二の基本的役割と関連して、高齢者の老後の生活において最低限度の生活を保障するためのものであるとすれば、年金制度の基本的枠組みは生活保護と同様に公的扶助に依るべきであり、それに必要な財源は「税」に依るべきである。年金の給付額は一律であり、現役世代における生活水準とは関係はない。また、財源は累進課税の形態をとる所得税にもとづくことから、年金制度は所得の再分配を進めることになり、この面からも高齢化社会において年金制度は重要な安定要因となり得る。

(3) 老後生活での自立と年金制度

　わが国の平均寿命は毎年延長を続け、2017 年には女性の平均寿命は 86 歳（86.39 歳）を超え、男性もほぼ 80 歳（79.64 歳）に達しており、老後の生活が 20 年の長きに及ぶに至った。戦前では、平均寿命が 60 歳前後であったから、定年が 55 歳であっても老後の生活は 5 年足らずに過ぎなかった。その年月は働く期間を 35 年と見て、その 7 分の 1 であったから、老後の生活において経済的自立を維持することはそれほど難しくなかった[10]。しかし、老後の生活が 20 年に延長すると、定年が 65 歳まで延長されて現役の期間が 45 年に延びても、老後生活は長すぎ、それだけ老後の生活での経済的自立を難しくする。

　さらに、1960 年代の高度成長過程で一気に進展を見た核家族の形態のもとでは、老後の生活も「自立」を基本とせざるを得なくなった。すなわち、現役時代に社会に貢献することで得たもので老後の生活も維持していかねばならない。しかし、自分の寿命さえ明確でない状況のもとで、いくら早くから生涯にわたっての生活設計を立てたとしても人生を閉じるとき、社会に対する自分の貸借対照表がちょうどバランスするように人生設計を立てることは不可能である。この老後の自立的生活に対する不安がそのまま現行年金制度に対する不安となり、いろいろな批判を生み出してきた。

　これに対して、平均寿命が 80 歳として、誰もが 70 歳まで働いて社会に貢献し、生活の自立を守るとすれば、現役期間の 50 年に対して老後の生活は 10 年であるから、戦前の状態には戻らないとしても、老後の生活に対する不安はかなり緩和される。そして、老後の 10 年に対して、最低限度の生活を維持するために一律に年金が給付されるとき、誰もが老後の生活での自立に確信をもつことができる。当然、この年金制度は国の第二の基本的役割のもとで進められることから、その財源は公的扶助にもとづき税に求められる。

　いずれにしても、老後の生活がこれだけ長くなれば、年金制度を「保険方式」で維持することは難しく、ましてや、現行制度の賦課方式では現役時代の格差が拡大された形で老後に持ち込まれることから、平均寿命が延びるに伴って社会全体により大きな不安定要因をもたらし、年金制度の本来の役割からますます乖離する。かくして、少子高齢化の進展のもとでわ

が国がこれからも福祉国家を目指していくためには、年金制度の抜本的改革をいずれの分野の改革よりも先行させるべきである。

その改革の方向は、現行の保険方式を税方式に転換し、高齢者に対する最低限度の生活の保障を年金制度で行うことになるが、それでも、各個人が少しでも余裕のある生活を送るためには、税方式の年金制度を前提にしながら、現役時代のできるだけ早い時期から生活設計を立てることが必要となる。その設計のなかでは、平均寿命の延長とともに各人の体力がかなりの年齢まで持続できることを考慮して、現役を続ける年齢をできるだけ先に延ばすことも考慮すべきである。

5　高齢化の進展と医療保険

(1) 社会保障と相互扶助

わが国をはじめ福祉国家を標榜するほとんどの国は、社会保障制度を維持するにあたって保険方式を制度の基本的枠組みに置いてきた。弱いもの、困った状況にある人に手を差し伸べるという相互扶助の精神に支えられた保険方式は、人間が考え出した社会の枠組みのなかでも最も優れた枠組みとみなされるが、人の善意を自分の利益のために利用しようと考えるとき、それが容易に実行に移し得る仕組みでもある。たとえば、それがそれほど大きな悪意でなくても、「自分一人くらいが制度に甘えても」という気持ちをもつとき、制度全体の仕組みがきわめて不効率なものになるという問題もはらんでいる。わが国における医療費の限りない拡大は、「自分一人くらいが制度に甘えても」という保険制度に対して誰もが抱く安易な気持ち[11]にかなり影響を受けていることは明らかである。

これらのマイナスの要素も、人口増のもとでは制度自体の拡大の過程で吸収されていったが、人口が減少する過程ではそれは大きな重荷となる。そのため、これから人口減少が加速していくわが国にあっては、社会保障のそれぞれの分野で保険方式は残すとしても、それがもたらす相互扶助の精神にそぐわない部分については思い切った改革が必要となる。前節で議論したように、年金制度に関しては現行の保険方式を税方式に切り替えることを提案してきたが、これからも保険方式にもとづくとみなされる医療保険と介護保険に関しては、保険方式が持つ問題点をできるだけ取り除く形で議論を進めることにしよう。

表 6-2 「現行の医療保険制度」

種類	保険者	保険者数
国民健康保険	市町村	1,723
国民健康保険組合	市町村	165
健康組合保険	大手企業	1,473
協会けんぽ [12]	中小企業	1
共済組合保険	共済組合	83
計		3,445

(2) わが国の現行の医療保険制度

わが国における現行の医療保険制度は表 6-2「現行の医療保険制度」に見られるように四つの制度に分かれている。

表 6-2 の 5 つの保険制度は、国民皆保険がスタートしたいまから 50 年前から維持されてきているが、はじめは各保険制度の間に保険財政上それほど大きな差は見られなかったが、高齢化が進展するにしたがって、保険財政に関して制度の間で少しずつ変化が生まれてきた。相互扶助を基本とする保険方式で保険財政が維持されているので、被保険者の全員が若者で医者にかかることがほとんどないとすれば、保険料が低くても保険財政は維持される。

これに対して、罹病率の高い被保険者、たとえば、高齢者が加わるに伴って保険料は引き上げられる。高齢化の進展は罹病率の高い高齢者の被保険者のなかでの割合を増加させ、全体として医療費が増額し、それに伴って保険料も引き上げられてきた。問題は高齢者がどの医療保険制度の被保険者になるかである。一人のサラリーマンを想定しよう。現役時代は職域保険の性格を持つ健康保険組合、協会けんぽないしは共済組合保険のいずれかに加入するが、現役を引退して高齢者の仲間入りをするとき、地域保健としての国民健康保険ないしは保険組合に加入する。そのため、高齢化の進展に伴う医療費の増額のかなりの部分が国民健康保険で受け止められたため制度間で調整を行なわなければ、地域保健と他の職域保険との間で保険料の格差が広がるという問題が生まれてきた。

はじめに採られた調整は、国全体の高齢化率を基準にして、被保険者の高齢化率がそれを下回る保険制度から、それを上回る国民健康保険に対してその差に応じて集められた保険料から拠出するという調整方法が導入された。これによって職域保険の三つの保険制度から国民健康保険に調整資金が譲渡され、高齢化に伴う制度間の保険料率の格差の拡大が調整された。

　さらに高齢化が進むことで国民健康保険に新たな問題が生まれてきた。それは高齢化の進展の速度が地域間で差が見られ、それが次第に大きくなったことである。大都市および大都市圏ほど高齢化の進展は緩やかで、地方に行くほどその速度が速まる傾向があり、それを受けて大都市圏とそれ以外の地域における高齢化率にかなり大きな開きが生まれた。市町村を保険者とする国民健康保険の場合、保険制度間で高齢化率の格差が拡大し、全国平均より高い高齢化率を持つ地方の国民健康保険は財政的に行き詰まりを見てきた。

　この国民健康保険間の保険料率の格差の拡大を少しでも抑えるために設けられたのが後期高齢者医療保険である。すなわち、この医療保険の保険者に都道府県がなることによって、同一府県に見られる地域間の高齢化率の格差を吸収することを目指した。これによってこれまで市町村間に見られた保険料の格差は後期高齢者に限定されるが、同一府県内では解消された。しかし、この制度によっても府県間に見られる高齢化率の大きな格差を調整することはできない。後期高齢者医療保険に関しては、導入後もいろいろ手直しが加えられてきたのはこのような事情にもとづく。

　いずれにしても、高齢化の進展とともに医療費が急速に増大していくことに問題があるのであって、医療費増大の速度を抑えなければ、医療保険に関連する格差問題は解決を見ない。そこで、つぎに医療保険制度の仕組みを取り上げ、医療費拡大の要因を少しでも明らかにしていこう。

(3) 保険方式と保険財政悪化の要因

　現在、高齢化の進展とともに医療費の増大が続き、いずれの医療保険も財政基盤を低下させ健全性を失いつつある。そして、財政の健全性を回復するため保険料を引き上げるにしても、すでに高水準に達しており、これ以上の増額は難しい状況に至っている。おそらく高齢化に伴う医療費増額の大きな要因は、高齢化に伴って罹病率の高い被保険者が増加することが

図6-3 「医療保険制度の仕組み」

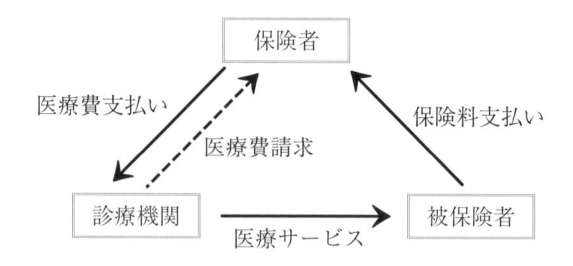

大きいが、それに加えて、医療技術の向上に伴っていずれの病気についても診療単価が上昇してきたことも見逃せない。ここではこれらの医療費増大の要因を資料を使って分析する代わりに、図6-3「医療保険制度の仕組み」にもとづいて保険制度のなかに含まれている医療費を増大させる要因を見ていこう。

患者が被保険者でない場合、診療機関から診療サービスを受けるとき、それにかかる費用を全額患者は診療機関に支払わねばならない。これに対して、医療保険の場合、差し当たって必要なものは保険料の支払いであって、いま受けている診療サービスの代金は保険者が患者に代わって支払う。これまでは診療機関には出かけず親から教わった"家庭の療法"で対処したものを、気軽に診療機関に出向くことになる。このように、被保険者がいわゆる「ただ乗り」の気持ちを持つとき、医療費増額の要因となりうる。また、診療機関側も患者に対して直接治療費を請求するのでなく、保険者を迂回して受け取ることから、過剰診療ないしは過剰投薬になり易く、ここにも医療費増額の要因が生まれる。

図6-3において、診療機関が保険者に請求する医療費の決定は点数方式が基本とされてきた。この問題は医療サービスによってもたらされる患者に対する便益の評価はほとんど不可能に近いから、結局、目に見える医師の行為によって医療サービスの内容を見極めざるを得ない[13]。治療を行なう前に問診を行ない、体温を測り聴診器をあて脈を計って患者の訴える病状に的確な診断を下して、その病状に最も適合した処方箋を決め手当を行なう。

治療にあたっては、風邪や腹痛などの身体の内部の疾患より、目の痛み

やのどの炎症、あるいは、骨折や外傷などのように、患部が目に見える方が治療を受ける患者にとっても医療サービスの内容を理解し易い。そのため診療サービスに対する報酬は患者にもよく分る目に見える医療行為に点数を割り当て、一患者に対して行われる診療サービスを点数の合計額で評価し、その点数の合計を金額に換算するという方法が採られる。このような点数方式で診療費が決められるとき、診療側としては点数をできるだけ加算するため、診療にあたって差し当たって必要でない医療行為が行なわれることにもなりかねず、ここにも医療費の増大の要因がある。

このような診察費の決め方の場合、治療の前に行なわれる検査も点数に加算されることからほとんど問題がないため、患者の側から見れば、短い期間であっても診療期間が変わるたびに、同じ検査を受けるという煩わしさを感ずることになりかねず、それが医療費の増加の大きな要因にもなっている。

医療費増大のもう一つの要因に医療技術の開発とそれに伴う医療技術の進歩が想定される。たとえば、撮影技術の進歩は利用機器にも利用されて、脳の透視や大腸の撮影などが比較的簡単に行なうことができるようなったが、新しい医療機器は開発費用も含めてかなり高額なものとなっており、それが医療費全体を押し上げる要因にもなっている。診療機関の側から見れば、新しい医療機器の導入にかなりの費用がかかっても、それにかかる費用が診療費を決める点数方式で十分に補填されるので、比較的安易に新しい医療機器の導入に踏み切ることになる。

このように医療費増大の要因のかなりの部分は、保険方式が持つ回避し難い要因にもとづくことが多いが、根本的には、医療サービスが他の民間財と同様に市場経済のもとで供給されていることにもとづく。しかし、この医療保険制度によってわが国では誰もがいつでもどこでも診療サービスを受けることができ、健康に関しては誰もが安心感を持つことができる。かくして、わが国の医療制度に関してはこのまま保険方式を維持し、民間財として医療サービスの供給を続けることを目指し、部分的に制度の見直しを行なって医療費増大の要因を極力取り除いていく方法を取らざるをえない。

(4) 医療保険制度の改革

　相互扶助にもとづく保険方式を医療制度においても保持するという前提に立って、医療保険制度の改革を議論するとき、まず、5制度に分かれている現行制度の一元化が目標となる。わが国では、皆保険制度を導入した1970年代以前においては職場単位で従業員の健康管理を中心に行なわれており、この経験を踏まえて健康保険制度も大企業を中心にまず導入されてきたという経緯がある。その後、農業従事者や自営業者などいずれの企業にも所属しない人びとのために、地域保健制度として国民健康保険が導入された。

　しかも当時は高度成長がまだ続いており、サラリーマン化も進んでいたことから、国民健康保険は従来からの企業中心の保険制度の補完としての位置づけであった。しかし、その後、労働生産性の増大とともに生活時間のうちの自由時間（余暇）の増大を見て、家庭や地域社会で過ごす時間が長くなってくると、地域での連帯性を強化するためにも地域保健制度へ統一することが求められる。その場合、現行の国民健康保険の保険者は市町村であるが、事務手続きは市町村単位で行なうとしても、保険財政の単位は都道府県が望ましいと想定される。その前提として国税・地方税を含めわが国全体の税制の改革を進め、都道府県間の財政力の格差を調整することが求められる[14]。

　現行の医療制度では「国民の誰もがいつでもどこでも医療サービスを受けることができる」が、予防医療に関してはほとんど手つかずであって、それがまた「自分一人くらいが過度の医療を受けても」という気持ちを起こさせている。これに対して、被保険者が予防医療を受けることに前向きになり、また、診療機関の方も予防医療にも力を入れることになれば、医療費の増加をかなり抑えることができるだろう。このように医療機関側にも、また、患者側にも予防医療に関心を持たせるためには、それなりの仕組みないしは仕掛けを用意しなければならない。たとえば、予防医療サービスにかかる費用を十分に上回る診療費が診療機関に支払われることである。また、被保険者に対しても、罹病率を一定水準以下に抑えることができた場合、保険料の一部を返済するといった仕組みを取り入れる。しかし、これらの条件が整ったとしても、予防医療を進めるためには、かかりつけ医制度を確立し、つねに、健康に関する相談に乗ってもらえる医療制度を

造らなければならない。この制度によって国民皆保険以前によく街の開業医と患者の間に見られた信頼関係がかかりつけ医とそのクライアントとの間に生まれたとすれば、予防医療はかなりの成果を上げることが期待される。

　ただ、自由診療が長く続き、いつでもどこでも診療を受けることができる現状のもとでかかりつけ医制度の確立は非常に難しいとみなされるが、上で述べたように、医療保険制度の地域保健制度への一元化を図るとき、同時にかかりつけ医制度の導入を進めるならば、あるいは、比較的容易に導入が可能となることも想定される。そして、この制度改革で地域社会での人間関係が強化されるならば、人びとの日常生活における安定・安全はさらに強化される [15]。

　最後に、医療サービスの効率的供給を支える IC カードの採用を提案する。この提案は制度の改革案ではないが、いつの時点においても一個人の健康の状態は誕生からそのときまで生きてきた生活の結果ともみなされることから、その生活の記録が一枚の IC カードにできるだけ多く記録されるならば、仮に、病状の判断を難しくする病気にかかったとしても、IC カードに盛り込まれた情報によって適切な治療法を見つけることが容易になることも期待される。なお、かかりつけ医の制度 [16] が確立すれば、IC カードの管理もそこで適正に行われることになる。

［注］

1) 労働市場も売手市場であって、買い手側の企業は一定の労働力を確保するため、雇用に関して好条件を提示する必要があった。

2) この問題については第5章「金融危機と日本経済」第3節において議論している。

3) 国の三つの基本的役割と経済運営における三つの基本問題とは必ずしも対応するものではないが、強いて言えば、基本的役割1は資源分配問題と、基本的役割2は所得分配問題と、そして、基本的役割3は経済安定問題に関連するともみなされる。

4) 図6-1「貢献度と所得の分配」において、生活保護費 S を引き上げることはそれだけ所得の分配状態の平準化を進めるが、点 P より右に位置する人びとの労働インセンティブを抑制するとき、CC 線が下方にシフトして平均所得水準を低下させることも想定される。

5) 第2章「経済規律と財政規律」において、公平な課税の基準を「等しく与えられ

たものから、等しいものを出し合う」に置いてきたが、それにもとづいては資産に対する課税根拠は与えられなかった。

6）所得の分配状態を表すローレンス曲線から導出される分配状態を示す指数で、0が完全な平等を示し、1は所得の独り占めを示す。したがって、実際の分配状態は1と0の間の数値で求められる。

7）とくに、老後の生活を考えるとき、「住まい」が持ち家あるいは借家かで生活の安心感は大きく変わり、持ち家に住むことで日々の生活内容も前向きの生き方に変わっていくことが期待される。

8）1970年に高齢化率が7％になり、ようやくわが国は高齢社会の仲間入りをした。そのときの合計特殊出生率はまだ2を上回っていた。

9）課題の多いのは介護保険制度ではあるが、この制度については別の機会に議論することとし、この章では取り上げない。

10）単純に現役時代の所得水準が一定として、毎年15％の貯蓄率で老後の生活を現役時代の生活水準のままで維持できることになる。

11）このような考え方は、公共財からの受益に対して税負担で応えるとき、自分一人くらい「ただ乗り」しても、公共財の供給には影響はないだろうという考えと共通している。

12）協会けんぽは保険庁を保険者とする旧政府管掌健康保険が衣替えをしたものである。

13）サービスのもたらす便益の評価の難しさに関しては、第4章「市場経済の有効性とその限界」で取り上げている。

14）現行の都道府県税から国へ法人事業税および法人住民税を移し、代わりに消費税の大半を国から都道府県に移すことが想定される。これによって税収格差は現行制度の8倍から2倍まで平準化される。

15）健康保険制度の地域保健制度への一元化によって介護保険制度との関連性も強化されることが期待される。

16）かかりつけ医制度に関して、地域社会での人間関係の強化と関連づけて、第7章「自治と分権」で改めて議論する。

7章

自治と分権
―情報化のもとでの分権立国―

1　自治と格差

(1) 地方自治の2側面

　「地方自治とは何か」は、終戦直後の1947年に地方自治法が制定されて以来、長くわが国で議論されてきた問題である。しかし、地方自治の姿はいまだに明確になっていない。各自治体は地方自治の確立を目指して日々の行政を行なってきたが、わが国が十分な経済力を持たないうちは、住民の日常生活に欠くことのできない基本的行政サービスを過不足なく供給することに追われ、自治体が目指すべき地方自治の確立の目標は遠退いた。

　その後、1960年代に入って高度成長が続き、急速にわが国の経済力が拡充するに伴って、自治体側も基本的行政サービスに関しては国が決めるナショナル・ミニマムに沿って供給できるようになるが、ほとんどの自治体が自主財源だけでは運営ができず、地方税も所得課税が中心であったので自治体間に財政力の格差をもたらし、次第に地方自治の確立の問題が地方行政の現場では議論されなくなった。

　そして、ふたたび個々の自治体で地方自治の問題について議論が始まるのは、二度のオイル・ショックを経て人口の定住化が進み、少子高齢化の進展とともにいずれの地域においても住民の行政に対するニーズの多様化が見られるようになってからである。自治体は国が決めるナショナル・ミニマムにしたがって、住民の日常生活に必要な基本的行政サービスを供給するだけでなく、住民の多様なニーズにどのように対応していくべきかの問題に直面して、改めて、「地方自治とは何か」が問われることになった。

　この問題が議論されるとき、いつも地方自治法の第1条「この法律は、地方自治の本旨に基づいて、地方自治体の区分並びに地方公共団体の組織

及び運営に関する事項の大綱を定め、併せて国と地方公共団体との基本的関係を確立することにより、地方公共団体における民主的にして能率的な行政の確立を図るとともに、地方公共団体の健全な発達を保障することを目的とする。」が議論の出発点となった。すなわち、地方自治法第1条は、地方での政治・行政が住民の手で行われるために、次の四つの事項を取り決めるとする。

1) 地方自治体の区分並びに地方自治体の組織及び運営に関する事項
2) 国と地方自治体との基本的関係
3) 地方自治体における民主的にして能率的な行政の確立を図ること
4) 地方自治体の健全な運営を保障すること

　この四つの事項のうち、地方自治の確立に直接関連する項目は2) と3) である。まず、地方自治体は国をはじめ他の公共体から規制や干渉・関与を受けることがあってはならない。もし、国が地方自治体に規制を加え関与することになれば、その分住民の手から地方の政治・行政が国の方に移される。これに対して、地方自治体が他の公共体から完全に独立の状態にあるとき、「団体自治」が成立するとして地方自治の重要な側面を構成する。

　事項3) は地方の政治・行政が住民の手で行なわれるもう一つの要件を示す。すなわち、地方自治体が他の公共体から完全に独立であっても、住民の意を汲みそれに沿う形で政治・行政が行なわれなければ、地方自治の本旨は実現しない。まさに、事項3) は地方自治のもう一つの側面である「住民自治」を示す。かくして、団体自治と住民自治は地方自治の両輪とみなされ、この二つの要件が整うことによって、「地方自治の確立」を見るとされてきた。

(2) 財政力と行政能力

　地方自治体に対する国の規制・干渉・関与が地方交付税、国庫支出金および借入などの依存財源の調達と関連することから、団体自治の達成率は自主財源比率で測られ、必要とする財源のすべてが自主財源で賄えるとき、その自治体は団体自治の確立を見る。これまでも個々自治体の地方自治の達成度はその自治体の自主財源比率いわば財政力で測られてきた。しかし、

住民自治の方はその達成率を測定する適当な指標は見当たらない。

　住民自治に関しても、議会制度は整っており、予算編成権も自治体の組長に与えられており、住民の行政に対するニーズが十分に行政側に反映される仕組みはできており住民自治に関しても形式的条件は整っている。もし、問題があるとすれば、依存財源のうちの特定財源すなわち国庫支出金にもとづいて事業を行なう場合、その執行にあたって国の制約ないしは指示が加わり、そこで住民自治は制限を受ける。

　結局、個々の自治体の地方自治の到達点は財政力が指標となってきた。その場合、一般財源によって行政サービスの供給が行なわれるとき、住民の行政に対するニーズは正しく把握され、それにもとづいて行政が効率的に実施されていることが前提となってくる。しかし、住民の行政サービスに対するニーズが行政に正しく反映されることが住民自治の実質的条件とすれば、住民自治の達成率に関しては改めて住民の意向や行政に対するニーズが行政にどれだけ反映されるかを明確にしなければならない。

　しかし、住民の行政に対するニーズを一人一人把握することの困難さを考慮すれば、住民自治の達成度を団体自治の場合のように一つの指標で直接表示することは難しい。残された方法は住民自治の実質的条件を直接測るのでなく、自治体の行政能力を共通の指標で捉え、その指標の推移を見ることで住民自治の達成点を間接的に測る方法である。しかし、一口に行政能力といっても自治体が行政を展開するとき、それぞれの場面で示す、情報収集力、情報分析力、企画力、調整力、管理能力等の総合として「行政能力」を捉えるとき、一つの数値ないし指標で示すことは容易ではない。

　この行政能力の測定の困難さが、これまで地方自治の達成率の指標として団体自治と住民自治を区別せず、財政力だけを用いてきた理由である。しかし、個々の自治体の行政能力を実際の行政活動の種々の側面で得た数値を一つの指標で示すことを試み、すべての自治体の行政能力が100を基準に指数で示されるとき、住民自治に関しても個々の自治体の達成度をその指数で示すことが想定される[1]。

　このように行政能力を指数で示すことによって、自治体間に現れる行政能力の格差をどのように調整し、どのようにそれを埋めるかという問題が残る。財政力の格差については税制や財政調整制度の見直し等を通じて目に見える形で調整が可能であるが、行政能力の強化に関しては各自治体が

自らの努力で高めるしか方法がないところに問題の難しさがある。

(3) 行政改革と格差

　1990 年の後半から 10 年以上にわたって進められてきた行政改革[2]を振り返るとき、それにつぎ込まれたエネルギーと時間にもかかわらず、その目標に対していずれの改革も中途半端に終わったという感がぬぐえず、それが何に原因したかを明確にしなければ、今後行政改革を継続しても地方自治の確立という改革目標は実現せず分権立国を標榜してもその実現は難しい。

　これまでの行政改革が思うように進まなかった理由として、地方が多数の自治体に分かれ、異なった体制と形態をとっていることがあげられる。そのため、地方を主導する国が地方と向き合うとき、国と自治体との距離は自治体ごとに異なるはずであるのに、実際は、1700 余団体の自治体に対してそれぞれについて適切な距離を保つことが難しく、結局、平均的な自治体を想定し、「地方」を一律に取り扱わざるをえなかった。そのため改革を進めるとき自治体間の格差の問題が議論から消えてしまった。

　地方の側から国に向かい合う場合も同じであって、個々の自治体によって国との距離は異なって見えるはずであって、国が平均的な自治体を想定して、行財政の仕組みや国と地方の財政調整制度を見直すとき、「帯に短く、襷に長し」の自治体がどうしても現れ、これによって改革が自治体間の格差を一層広げる結果ともなった。

　ここで問題となるのは国と地方自治体との距離をどのような尺度で測るかである。これまでは各自治体の財政力で両者の距離が測れてきたが、それでは団体自治という一面しか比較できない。地方自治確立の改革であるためには、住民自治についての国と自治体の距離を測るために「行政能力」がその尺度に選ばれねばならない。これまでの改革が中途半端に終わった理由は、国と自治体の距離が財政力だけで測られてきたことにもとづく。

　これからの行政改革において国と自治体の距離を測るためには、財政力と行政能力の二つの尺度を用いねばならないが、これからの行政改革の中心に国の財政の赤字体質の改善と、財政規律の確立とが置かれることを考えるとき、当然、増税とともに「小さな政府」の実現を視野に入れなければならないが、この改革の過程で国と自治体の行財政関係を見直していく

場、自治体の行政能力の向上は行政改革を成功させるための必須の条件となる。

2　財政力の格差と行政能力の格差

(1) 受益と負担の均衡

　国がすべての国民の生命・財産の安全を保障するという国の第一の基本的役割を遂行するにあたって、必要とされる財源を国民に対する課税によって調達する「租税国家」の体制をとる限り、すべての国民に対して「受益と負担の均衡」を図ることは大前提であって、それはそのまま国が行政・財政を展開するための基本方針ないしは財政規律となる。しかし、すべての国民が国と等距離に置かれることを求める「受益と負担の均衡」に沿っての行財政の展開は決して容易ではなく、そのため、国は二つの指針を設定してきた。

　その一は、「すべての国民はどこに住み、どこで生活していてもほぼ等しい行政サービスを受けることができる。」という受益に関する指針であり、その二は、「公平・公正な課税」という負担に関する指針である。国が国民に負担を求めるとき、税・保険料・料金等の課徴方法があるが、保険料や料金は受益に等しく決められることから、公平・公正な課税が国にとっても国民にとっても堅持すべき指針となる。

　このうち、第一の指針については、国民の生活に必要な行政サービスのすべてを国が地域の実情に応じて供給することは不可能であることから、その多くを自治体に委ねてきた。警察・消防・保育・義務教育・保険・介護・生活道路・下水道等の住民の生活に密着型の行政サービスを自治体が供給することで、住民のニーズに合った木目の細かな行政が展開される。

　ただ、各自治体が基本的行政サービスの供給にあたって、住民のニーズにもとづいて独自のサービス水準を決めるとき自治体間にサービス水準のバラツキが見られ、国が目指す「受益と負担の均衡」が受益の側から崩れる恐れがあることから、国は、自治体が行なう基本的行政サービスに対してナショナル・ミニマムを設定し、自治体が基本的行政サービスをその基準に沿って供給するように自治体を指導・誘導してきた。そのため、全国的に見てどの地域においても、ほぼ同じサービス水準で基本的行政サービスが供給され、サービス水準の格差から人口の移動が起こることはほとん

どなかった。

　また、国は「受益と負担の均衡」を維持するために公平な課税を目指してきた。ここでも国が行政サービスの供給に必要な財源をすべて国税で調達し、その後、事務量に応じて国と地方に分配するとすれば、公平な課税の実現は比較的容易であり、同じ担税力を持つ個人ＡとＢはどの地域に住んでいても同じ税負担を負うことになり、「受益と負担の均衡」は保たれる。この場合、自治体間に財政力の格差も存在しない。

　もう一つの極端なケースは自治体に対して課税権を完全に与え、各自治体が独自に税制を設計し、必要な財権を課税で調達する場合である。その場合、各自治体が住民に対して公平な課税を目指しても、すべての自治体が同じ税制を持つわけではないから、国から見て「受益と負担の均衡」をすべての国民に対して維持することはできず、自治体間の財政力格差も拡大する。現行の課税制度はこの二つのケースの中間の制度である。

　地方自治体に対しても地方税という形で課税権が付与されるが、各自治体が独自の税制を設計するのでなく、国が国税と合わせて地方税を設計し、すべての自治体に対して一律の税制が適用される。これによって国はすべての国民に対して「受益と負担の均衡」を図ることができるが、一律の税制にしたがって課税する自治体間に財政力の格差をもたらした[3]。

　現行の地方税制[4]は国税と同様に所得課税を中心に組み立てられているので、地域間の所得格差がそのまま財政力格差をもたらした。そのため、国が決めるナショナル・ミニマムにもとづいて行政サービスを供給できない自治体が多く現れ、「受益と負担の均衡」が受益の側面から崩れた。国はこの不均衡を是正するため財政調整制度を設け、国税で予算執行に必要な税収以上の税を徴収し、その一部を地方に移譲する形で自治体間の財政力格差を調整した。

　現行の財政調整制度は地方交付税、国庫支出金および地方譲与税の３本立てとなっており、このうち、地方交付税は自治体側から見て一般財源ではあるが、国からの財政援助と見るならば、それだけ団体自治に制限が加わることになる。そのため、財政調整制度ができるだけ一般財源の形で国から地方へ財源委譲が行なわれても、自治体間に財政力の格差が存在する限り、団体自治の確立は遠い目標となる。

(2) 地方税制の新しい体系

　国から見てすべての国民に対して「受益と負担の均衡」を堅持し、併せて、自治体間の財政力の格差を解消するためには、地方税制をできるだけ自治体間で税収の格差をもたらさないような税目で組み立てる必要がある。先に、第2章第4節「税の公平に関する新しい目標」で見てきたように、公平の原則に適合する税目として所得課税と消費課税が取り上げてきたが、もし、消費課税を中心に地方税を組み立て、それに固定資産税を組み合わせるとき、自治体間の税収格差をかなり狭めることができることから、格差是正の財政調整の枠は狭められ、はじめから国税と地方税の税源配分を事務量に合わせて配分できることから、団体自治の観点からの地方自治はかなりの前進を見ることになる。

(3) 行政能力の測定

　団体自治と住民自治を地方自治を支える両輪として捉えるとき、地方自治の到達点は団体自治と住民自治のそれぞれが自治確立のための条件を整えるときである。このうち、団体自治確立の条件については、各自治体が自主財源を確保して財政力を高め、自治体間の財政力の格差もできるだけ狭めることで実現を見るのに対して、住民自治は、住民の行政に対するニーズを十分に汲み取り、それが反映される行財政が展開されるとき実現を見る。

　実際に住民のニーズが十分に汲み取られ、それが行財政に反映されるのが予算編成過程にあるとすれば、毎年、予算がどのように編成され、その際、住民の行政に対するニーズや意向がどのように汲み上げられ予算に反映されるかが問題となる。しかし、その度合を団体自治の財政力のような指標で直接測ることができない。そのため、予算の編成と執行を中心に行財政全般にわたって住民のニーズを反映させる総合的能力、すなわち、「行政能力」を通じて間接的に住民自治確立の条件を捉えることが想定される。

　財政力は住民一人当たりの税収額とか、財政指数といった測定可能な尺度が用意されているが、行政能力に関してはそのような数値化された尺度は存在しない。それは、行政能力自体が情報収集力、情報分析力、企画力、管理力、総合力等行政の展開にあたって求められるあらゆる能力の総合とみなされるからである。それ故、行政能力を一つの指標で表すとすれば、費用・便益分析[5] が算出するある行政サービスの供給にあたって投下され

た費用に対して、その行政サービスから住民が受ける便益のトータルの割合のような指標が求められるが、費用・便益分析の適用の難しい行政サービスが存在する以上、この分析手法によって行政能力を測る尺度を用意することは難しい。

(4) 計画事務と実施事務

　自治体が住民に対して行政サービスを供給する場合、通常、二つの段階に分かれて二つの決定にもとづくことになる。第一段階は、どのようなサービス水準で住民に行政サービスを供給するかであり、第二段階において、第一段階で決められたサービス水準で実際に行政サービスを供給するとき、できるだけ効率的に供給するための手順を決める。ふたたび、ごみの収集・処理を取り上げるとき、そのサービスに対する住民のニーズにできるだけ合わせて行政を行うために、収集回数を週何回にするとか、分別収集を行うかどうか、あるいは、資源のリサイクルを導入するかどうかを決めなければならない。そのうえで、たとえば、週2回のごみの収集を効率的に行うために、各戸収集にするかそれとも拠点収集にするかが決められ、さらに収集ルートが決められて実施に移ることになる。ここで第一段階の行政を「計画事務」と呼び、第二段階の行政を「実施事務」と呼んでおこう。

　各自治体は、いずれの行政サービスを住民に供給する場合でも二つの事務を適切に行わねばならないが、そのため高い行政能力を持つことが求められる。とくに、計画事務において適切なサービス水準を決めるためには、住民のサービスに対するニーズや選好を正しく捉えていかねばならないが、そのために自治体に対してかなり高い水準の行政能力、たとえば、情報収集力、収集された情報についての分析力、そして、総合力等の能力が求められる。これに対して、実施事務においてもそれが適切かつ効率的に行われるためには高い行政能力が求められるが、計画事務の場合と異なってその結果が数や量で示されることから、実施事務の方が自治体にとっては取り組み易い。

　計画事務において行政サービス水準の決定が中心となることから、各自治体は住民の行政に対するニーズ・選好を正しく把握するための高い行政能力を持つ必要があるが、実際は各自治体とも国の示すナショナル・ミニマムを採用しサービス水準とすることが多かったといえる。これは自治体

側の責任逃れともみなされるが、財政力の乏しい自治体においては、国から補助金・交付金をもらうことから止むを得ない対応ともみなされてきた。ここで問題となるのは、個々の自治体が行政能力を十分に発揮して行政サービス水準を決めるとき、それがナショナル・ミニマムとどのような位置関係になるかである。

その場合、シビル・ミニマムとも呼ばれる自治体固有のサービス水準が国の決めるナショナル・ミニマムより上位に来る場合、一致する場合、そして、下位に来る場合が想定されるが、これまでほとんどの自治体が国が示すナショナル・ミニマムをそのまま採用してきたのは、両者がほぼ一致するという前提に立ってきたことになる。

もし、自治体が計画事務を適正に行い、それによってシビル・ミニマムがナショナル・ミニマムに対して上位に位置するときは、ナショナル・ミニマムにもとづく行政サービスの供給は住民側に不満を残すことになり、シビル・ミニマムの方が下位に位置するときは無駄な行政が行われたことにもなりかねない。ただ、計画事務を適正に進めるために、かなり充実した行政能力が前提になることを考えるとき、いずれの自治体もそれぞれの地域性を考慮して独自のシビル・ミニマムを確立する方向に向かうべきである。

国の補助金がつかないで自治体独自の行政サービスを行う場合、計画事務の段階でかなり思い切った独自性を打ち出す自治体が増えてきたが、その場合、住民のニーズを正しく把握することから始める。たとえば、ある自治体で図書館の建て替えを行うとき、これまで各学校区にあった公民館の図書室とネットワークを組んで、中央図書館と位置づけるという方向で進められるとき、計画事務で設定されるシビル・ミニマムはかなり高いサービス水準を提供することになるが、それだけ住民が受ける便益も大きくなる [6]。

3 基本的行政サービスと選択的行政サービス―自治体の守備範囲―

(1) 生活時間と行政サービス

行政サービス水準を決める計画事務の段階で国の関与・干渉があるかないかによって自治体が供給する行政サービスが委任事務と団体事務 [7] とに区分されてきた。これは国庫支出金の対象となる委任事務と対象とならな

い固有事務との区分にも通ずる。また、住民の生活に深く関連している行政サービスであるため国が関与し、住民の生活にとってあまり重要でない行政サービスに対しては国は関与しないと見るとき、委任事務と団体事務の区分は住民の生活の内容とのかかわり方が問題となる。

　私たちの生活の内容は、誰にも等しく与えられた 24 時間をどのように過ごすかということと、その間、どのような空間的広がりで移動するかで決まる。前者を生活時間と呼び、後者を生活空間と呼ぶことができるが、まず、ここでは生活時間と行政サービスの関係を取り上げサービスの分類を試みる。普通、1 日 24 時間の生活時間は生活必需時間、労働時間、移動時間および自由時間に 4 区分される。勿論、一人一人について 4 区分された時間の内容は異なるが、現代社会のように分業・協業を軸とした協働社会においては、四つの区分に配分される時間の長さは個人間でそれほど大きな差はない。睡眠・休息・入浴・食事とう健康を維持するために必要とされる生活必需時間は大体 9 ないし 10 時間があてられ、労働時間は平均的には 8、9 時間である。一方、移動時間は、通勤・通学、買物、通院などの日常的目的のために移動する時間であるが、個人間でかなりの差が見られるものの平均すれば 1.5 時間から 2 時間程度である。四番目の自由時間は 1 日 24 時間から上で示した 3 区分の時間を差し引いた残りの時間である。

　現在、基礎的自治体と呼ばれている市町村が供給している主な行政サービスを取り上げると、次の 16 項目が想定される。

- 1）住民登録とうの窓口行政
- 2）消防・救急サービス
- 3）治山・治水事業
- 4）保育サービス
- 5）義務教育
- 6）国民健康保険
- 7）保健サービス
- 8）介護保険
- 9）上下水道
- 10）ごみの収集・処理
- 11）道路行政
- 12）産業振興
- 13）生涯学習
- 14）スポーツ振興
- 15）文化行政
- 16）公害・環境行政

　自治体は、上の 16 項目の行政サービスをすべての住民に対して一律に供給することを通じて、その日常生活が支障なく安定・安全に送られることを目指す。したがって、住民の側から見ても、自治体から供給される行政サービスを生活時間に関連づけて受け止める。たとえば、消防・救急サービス

は1日の生活時間のすべてに関連するのに対して、ごみの収集・処理は生活必需時間に最も関係するサービスである。また、スポーツ振興や文化行政は自由時間に関連する。

　かくして、住民の生活時間との関連から行政サービスを次のように5つに分類することができる。

> 分類1：4区分の生活時間全体に関連する行政サービス
> 分類2：主に生活必需時間に関連する行政サービス
> 分類3：主に労働時間に関連する行政サービス
> 分類4：主に移動時間に関連する行政サービス
> 分類5：主に自由時間に関連する行政サービス

　先に示した16の行政サービスは、5つの分類のいずれかに区分される。たとえば、消防・救急サービスは分類1に、また、文化行政は分類5に区分される。この分類の基準となった4区分の生活時間のうち、生活必需時間、労働時間および移動時間は、協働体制を基本とする現代社会においては拘束時間としての性格を持つことから、これらの時間での生活内容も社会全体で決まる大枠によって縛られ、個人の生活内容もこれらの時間帯では大きな変化は見られない。

　しかし、技術進歩に伴う労働生産性の向上とともに労働時間が短縮され、自由時間が延長されるとともに、人びとは個性的にこの時間を過ごし精神的充実や心のゆとりを求めるようになって、この時間の過ごし方に個人差が見られるようになった。当然、自由時間に関連して供給される行政サービスに対する住民の選好にもバラツキが見られる。

(2)「基本的行政サービス」と「選択的行政サービス」

　前項で行政サービスを住民の生活時間と関連づけて5分類してきたが、住民の行政サービスに対するニーズの特徴から別の分類も可能となる。すなわち、住民にとって拘束力の強い生活時間である生活必需時間、労働時間、移動時間と関連して供給される行政サービスに対するニーズに関しては住民間にそれほど大きな開きは見られないのに対して、自由時間に関連して供給される行政サービスに関しては住民のニーズに大きなバラツキが見ら

れる。この点を踏まえて行政サービスを再分類するとき、住民の生活時間のうち生活必需時間、労働時間および移動時間に関連して供給される行政サービスを「基本的行政サービス」としてまとめ、自由時間に関連して供給される行政サービスを「選択的行政サービス」としてまとめて二分することができる。

この二分法は、従来から使われてきた委任事務と団体事務の分類とも符合する。この分類はサービス水準を決定する計画事務における国と自治体とのかかわり合いで決まる。国がナショナル・ミニマムを自治体に提示し、自治体がそれにもとづいてサービスを供給する委任事務と国の関与がなく自治体が独自にサービス水準を決め供給する固有事務は、そのまま基本的行政サービスと選択的行政サービスに対応する。

(3) 基本的行政サービスと実施事務

いま、基本的行政サービスから消防・救急サービスを取り上げ、各自治体がこのサービスを供給するにあたって、サービス水準をどう決めるべきかを改めて考えてみよう。ここで消防・救急サービスを取り上げる理由は、このサービスが国の「すべての国民の生命・財産の保護」と「すべての国民の最低限度の生活の保障」の二つの役割に関連し、自治体が果たすべき役割がこのサービスの供給によって実現するからである。

しかし、実際に各自治体が消防サービスの水準を決めるにあたって、上で示された国の基本的役割はあまりに漠然としていて、これを基準にサービス水準を決定することは難しい。そのため、国が人口 10 万人の標準的団体を想定して、そこで火災が発生して消防署に通報があってから、できるだけ付近への延焼・類焼を防ぎ、家屋の消失面積をできるだけ小さくすることを考えて、5 分以内に消火活動が開始できるような消防体制を造るという形で、消防サービスに関するナショナル・ミニマムを設定してきた。

このように決められるサービス水準に対して住民は大方受け入れると想定されるが、それは消防サービスに対する住民のニーズにそれほど大きな違いが見られないことにもとづく。年齢的に、また、住宅の所有関係によってニーズに多少の違いが見られるにしても、ナショナル・ミニマムに変更を求めるほどの違いはない。それ故、火災発生の通報から消火活動の開始までの時間は 3 分以内でなければならないという住民の強い要望が出され

ない限り、個々の自治体はナショナル・ミニマムで消防サービス水準を決める。

かくして、各自治体にはこのナショナル・ミニマムで消防サービスを提供できる消防体制を整備することに専念し、基本的行政サービスの供給にあたって計画事務より実施事務が優先される。いずれにしても、国の三つの基本的役割がすべての国民に対して等距離を保ちながら遂行されるために、個々の自治体に求められる役割は基本的行政サービスを住民に対して適切に供給することになるが、そこで自治体が発揮しなければならない行政能力は住民のこれらのサービスに対するニーズをできるだけ正確に把握することにより、住民が置かれている自然的ないしは社会的環境において、ナショナル・ミニマムの形で決められるサービス水準を維持することである[8]。そのために個々の自治体に求められるものは実施事務の効率的な実行である。

(4) 選択的行政サービスと計画事務

1960年代から70年代にわたって10数年続いた高度成長は人びとの生活にも大きな変化をもたらした。なかでも、それまでの大家族主義に代わって核家族化が進む過程で生活時間の配分にも大きな変化が生まれた。最初の変化は、高度成長をもたらした技術進歩にもとづく労働生産力の向上が労働時間の短縮をゆっくりではあるが進めたことである。そして、交通機関を中心に社会資本の整備が進められて移動時間も短縮されることになるが、この労働時間と移動時間の短縮分がすべて自由時間に向けられ自由時間の延長を見た。

これまで自由時間が余暇と呼ばれていたときは、多くの人びとが毎日の生活の疲れを癒し、明日の労働に備えて英気を養うことに使ってきたが、自由時間の延長を物質的な豊かさに合わせて心のゆとりを取り戻すために使われるようになり、誰もが自由時間に対して前向きな態度をとることになるが、心のゆとりを取り戻す方法には大きな開きが人びとの間に見られた。「奉仕・学習・創造」を人間が人間であるための三つの基本的行動とみなすとき、人びとは自由時間で心のゆとりを求めるとき、このうちのいずれかの行為に重点を置いてきたともみなされる。

自由時間のほとんどをボランティア活動に向ける人、クラブを結成して

スポーツに専念する人、同好会を作って絵画や文学に親しむ人等々と、自由時間の使われ方は一人として同じではない。ここに他の生活時間の使われ方との間に大きな違いが見られる。当然、自由時間に関連して住民が自治体に求めるいわゆる選択的行政サービスに対するニーズも住民の間で大きく異なってきた。

そのため、選択的行政サービスは先の分類では生涯学習、スポーツ振興および文化行政に３分類したが、それぞれのサービスに複数の事務・事業が含まれることから、自治体は選択的行政サービスを供給する場合、まず、複数の事務・事業から何を選んで、どのようなサービス水準で供給するかを決めなければならないが、それには住民のニーズを改めて把握しなければならない。そのため、基本的行政サービスの供給よりは強力な行政能力を発揮することが各自治体に求められることになった。

ただ、行政能力は財政力と異なって税制を中心とする制度の改革や、国からの援助だけで高度化することはできず、個々の自治体が自助努力で強化に努めなければならないだけに、選択的行政サービスを進めていく過程で住民の行政サービスに対するニーズを丹念に把握することに努め、時間をかけて徐々に行政能力を高めていくことが求められる。

4　国の基本的役割と地方自治

（1）最低限度の生活の保障と地方行政

現行の行政制度では公共体＝政府が国・都道府県・市町村の３段階に分かれており、「国民の生命・財産の保護」、「すべての国民に対する最低限度の生活の保障」および「働く意思を持つものに対する『働く場』の確保」という国の三つの基本的役割に対して、国と自治体がどのように役割分担し連携し合って国民に受け入れられる実績を積み重ねていかなければならない。

この項では、順序を変えて第二の基本的役割を取り上げ、所得の個人格差および地域格差の存在のもとで全ての国民に対する最低限度の生活の保障をどのように国と自治体が連携して実現すべきかを検討する。最低限度の生活を生活費だけで考えるのでなく、住居を含む住環境全体を考慮するとき、自治体の受け持つべき役割がいくつかある。たとえば、幼児が親の保護を十分に受けることができず、いわゆる保育に欠ける状態にあるとき、

この幼児は最低限度の生活が保障されているとは言い難い。したがって、自治体が供給する保育サービスは国の第二の基本的役割に対する自治体の役割分担ともみなされる。

このように、最低限度の生活を広く住民生活全体で見ていくとき、その最低限度の生活を保障するために自治体が分担する役割は大きい。それは、個人の日常生活はそれぞれの場面でその地域性と関連することが多いからである。第3節で自治体が行う基本的行政サービスとして取り上げた16項目の行政サービスのうちの保育サービス、義務教育、国民健康保険、保健サービス、介護保険、ごみの収集・処理、上下水道、環境行政等は国の基本的役割の第二と関連するともみなされる。

(2) 安定した雇用機会の確保

つぎに、国の第三の基本的役割に対する自治体の役割を考えておこう。一国が一つの経済圏で構成され、そこで経済活動を行う者は同じ貨幣制度のもとで同じ経済ルールに従っていると想定されるとき、「安定した経済運営にもとづく雇用機会の確保」という第三の国の基本的役割は一義的に国の使命といえる。

しかし、実際にそこで行われる経済活動の強度や広がりには、国土の広さや地形・地勢に影響されて地域間でバラツキが見られる。とくに、わが国のように東西に長く、南北にもかなりの幅を持つ日本列島の場合、いくつかの地域経済圏に分かれ、経済圏の間で経済活動の規模や強度において格差が見られる。したがって、国が全国を一つの経済圏として捉え、経済の安定性を目指して雇用機会の確保に努めるにしても、実際には、その目標が実現している地域もあれば、雇用機会の確保が十分でない地域もある。この経済活動の地域間の分布の濃淡は、自治体が国の基本的役割に沿って行政を展開するにあたって、いくつかの厄介な問題をもたらす。たとえば、雇用機会の十分に確保される地域に向かってそうでない地域からの人口移動が発生し、地域格差のさらなる拡大が見られる。

とくに、転出人口の多い自治体ではそれぞれの行政サービスの供給にあたって行政活動の縮小を余儀なくされるから、不確定要因が加わり易く行政の効率を低下させがちである。そのため、地域間に見られる経済活動や人口の移動をできるだけ抑えていかねばならないが、国が市場経済に直接関与し

て特定の地域において産業や商業の振興を図るという形で国の第三の基本的役割に対して自治体が独自の行政活動を展開することになってきた。

(3) 国民の生命・財産の保護

アダム・スミスが「安価な政府」の議論を展開するとき、国の行政を国防・司法および大規模な治山・治水事業に限定したが、このときの国の役割は「すべての国民の生命・財産の保護」という基本的役割1の遂行であった。しかし、スミスが見てきた社会の情勢は2世紀以上も経過して大きく変化し、都市で発生する失火による火災は、ときには自然災害以上の被害を国民にもたらすこともしばしばである。

また、宗教上の対立から地域間で住民同士の衝突が起こり、それが暴動化して戦争以上の混乱と破壊が行われることもある。さらに、交通手段の発達は交通事故によって大惨事を引き起こし、自然災害以上の犠牲者を出すことも稀ではない。たとえば、全国を一律に自然災害から守るとしても、各地域の自然環境が異なるとき、それぞれの地域の特色を考慮して防災事業を進めなければ、完全に国民の生命・財産を守れない。この場合、治水治山事業を国が進めるにしても、その計画段階で自治体が参加し、その地域の特色を十分に説明し事業計画に取り入れなければ、その地域の住民の生命・財産を守ることが叶わず、国は基本的役割1を完全に果たすことはできない。

このように見てくると、国民の生命・財産の保護に関して自治体が受け持つ役割はきわめて大きい。この場合、住民の日常行動が交通手段の発達によって拡大するとき、住民の生命・財産の安全を守るための自治体の行政活動も広域化し、自治体間の連携が必要とされるが、これに対して自治体は広域行政を展開することで対応してきた[9]。

警察サービスを受け持ち地域の防犯に努め、地域社会での秩序の確立に努める都道府県の場合も、広域行政への必要性は年々大きくなっている。交通手段の整備拡充や通信手段の発達は人びとの日常生活においても移動を容易にし、また、遠距離の移動を可能にすることから、一方で犯罪の広域化を促した。これに対応するため、府県間の広域行政も想定されるが、いまは、より強力な広域行政体として道州制の議論も展開されている。

(4) 国の基本的役割と行政能力

　以上三つの項目で、国の三つの基本的役割に対して自治体が受け持つべき役割について述べてきたが、とくに、基礎的公共団体としての市町村の場合、先に、基本的行政サービスと呼んできた13の行政サービスの供給を通じて行われることを見た。これらのサービスが国民に対してできるだけ等しい距離を保ちながら実行されるためには、自治体の段階においても自治体と地域住民との距離をできるだけ等しく保つことが求められる。そのため、これらの基本的行政サービスについてはナショナル・ミニマムを設定し、一律のサービス水準が提示された。

　これらの行政サービスに関しては個々の自治体は計画事務により実施事務をどのように進めるかが問題となり、個々の自治体の財政力より、行政能力が問われることになる。ただ、行政能力に関しても実施事務と関連する部分は、隣接の自治体が行う効率的行政を相互に受け入れ合って、基本的行政サービスに関する実施事務に関しては、自治体間の行政能力にそれほど大きな差は見られないところまできていると考える[10]。

　いずれにしても、国と自治体間の縦の連携、および、自治体間の横の連携が強固でなければ、国の三つの基本的役割は十分には果たされない。いまの地方自治の制度ができてから半世紀以上を経て、この条件はほぼ満たされてきたといえる。残された問題は2007年3月11日に発生した東日本大震災のように、数県にまたがって広範囲に甚大な被害をもたらす自然災害が発生した場合、国と自治体がどのように連携して救助・復旧に努めるかである。いままでのところ国と自治体の連携は必ずしも旨くいっているとはいえず。国も自治体側も十分にその力が発揮されているとはみなされない。国のもとに関係自治体が結集し、一つの指揮命令のもとに行動を起こすとすれば、十分な力が発揮できるだけの行政能力をそれぞれの自治体がほぼ身につけてきていることは確かである。

5　地域社会の安定・安全と自治体の役割

(1) 生活の「場」としての地域社会

　一人の人間の1日の行動範囲をその人の生活の「場」とするならば、個人差はあるにしてもその範囲はそれほど広くなく、せいぜい半径は10km前後の範囲である。勿論、それ以上の広がりのなかで行動する人もいるが、

その主な目的は経済活動であって1日の生活時間でいえば労働時間である。他の生活時間、たとえば、生活必需時間ではほとんど生活の本拠地の住居で過ごす。また、自由時間に関しては個人差があって一概には言えないが、住居またはその周辺で過ごすことが多い。いま、住居とそれを取り囲む住環境が連なって地域社会を形成するとすれば、生活時間の大半を過ごす地域社会はまさに生活の「場」でもある。

　地域社会についてはいろいろの捉え方があるが、ここでは一個人を中心に半径500m〜1kmの日常行動圏をもって地域社会を捉えることにしよう。したがって、自治体の行政区域との関連でいえば、人口10万人の標準団体の場合、そのなかに10ないし15程度の地域社会が想定される。また、小学校区をもって地域社会とする捉え方では、小学校を中心に半径1km前後の日常行動圏がその広がりとなる。人びとが行き来し、住居が連なり、「地縁」を媒体として細やかな人間関係が持たれている広がりとして地域社会を捉えておこう。

　このように地域社会を生活の「場」として捉える限り、人びとの生活の安定・安全を確かなものにするため、国の三つの基本的役割の実現が前提となるが、それに加えて生活の「場」の安定・安全がもう一つの条件となる。この生活の「場」の強化、すなわち、地域社会の安定・安全は自治体のいわば固有の役割でもある。そこに住む個人に対して自治体は日本人としてではなく、一住民として対応する。これまで議論してきた国の三つの基本的役割では自治体は個人を日本人として取り扱ってきた。自治体が国の役割の一部を分担するとき、行政が地域ごとに行われても、対象となる個人は日本人である。これに対して自治体が地域社会の安定・安全を強化しようとする場合、そこに住む住民として取り扱われる。

　問題は、地域社会の安定化のために自治体が行う行政と、国の三つの基本的役割を分担して自治体が行う行政との関連性である。おそらく、国の基本的役割と関連して自治体が行ってきた行政のいくつかは、地域社会の安定・安全に寄与する。たとえば、国の第一の基本的役割を分担して自治体が行う消防・救急サービスの供給は、そのまま地域社会の安定・安全につながる。このように自治体がこれまで進めてきた基本的行政サービスおよび選択的行政サービスと地域社会の安定・安全との関連性を見ていくためには、改めて、地域社会の安定・安全すなわち生活の「場」の強化につ

いて検討を加える必要がある[11]。

（2）地域社会の二面性

　「地域社会の安定・安全」についても、国が目指す三つの基本的役割のなかで実現していくものであるが、ここではあえて自治体の特有の役割と位置づけ、この地域社会を生活の「場」の中心に位置する住居を直接取り囲む日常行動圏の広がりで捉えることにしよう。

　図 7-1「生活の場のパターン図」のように、生活の「場」を個人を中心にいくつかの同心円で表すとき、いずれの同心円も生活空間と人間関係の二側面が含まれ、両者の調和のとれた整備状況が生活の「場」の強化の要件となる[12]。これまでの自治体の行政は物的基盤の強化に重点が置かれてきた。それは人間関係という目に見えないものに対して行政側が馴染めなかったことにもよる。それだけに、地域社会の安定・安全の強化に人間関係の安定・安全がもう一つの要件として加わるとき、自治体に対して全く新しい分野の行政が求められる。

図 7-1　生活の「場」のパターン図 [13]

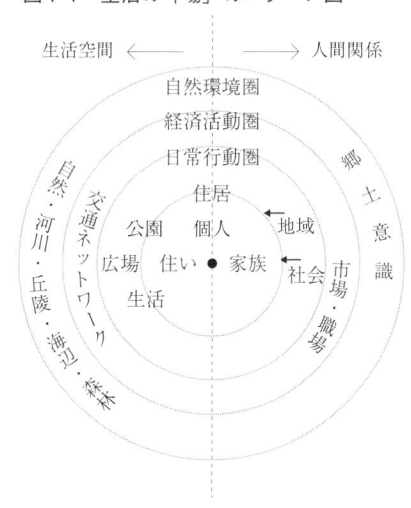

　個人の生活の本拠地としての「住居」の場合、その物的基盤もそこでの人間関係も比較的明確であって人間関係については普通の標準世帯を想定するとき、家族の結びつきが住居における人間関係のすべてとみなされる。

しかし、自治体は「住居」という生活の「場」に対しては、その強化のために直接働きかけることはできない。とりわけ、家庭のなかの人間関係については人権問題が絡み大きな制約がある。

これに対して、地域社会における人間関係については自治体は多少のかかわりを持ちうるだろう。しかし、第三者から見て個人間の人間関係が捉えにくいことは、人間関係が形を持たず、目に見えないことからも明らかである。ただ、人間関係が形成されていくためには、きっかけとか媒体とかが存在し、何もないところで自然発生的に人間関係が生まれることは少ない。ここでは1）地縁・血縁、2）共通の価値観、3）対人サービスの三つの媒体を想定し、これにもとづいて地域社会における人間関係を概観しておこう。

(3) 人間関係の3類型

まず、地縁・血縁を媒体とする人間関係から見ておこう。そこに住む住民のほとんどが昔から住み続け、農業か林業を営んできた集落では自然発生的に運命共同体的な連帯感が生まれた。人の移動もほとんどないことから、同じ顔ぶれで日常生活を送ることになるが、その退屈さないしは窮屈さを甘んじるならば、誰もが安心して毎日を過ごすことができた。このような人間関係こそ地縁・血縁を媒体とするものである。

しかし、運命共同体的な地域社会は、分業・協業を基盤とした市場経済が国土の隅々まで浸透している現代社会では、ほとんど見られなくなった。ただ、人の出入りが頻繁であっても、誰もが2、3ヶ月で移動を繰り返しているわけでなく、一度、住居を決めれば少なくとも1年以上は定住し、向こう三軒両隣は毎日の生活のなかで顔を合わせることになる。そして、5年も10年も住み続けると、次第に連帯感も生まれる。現在では、いずれの自治体ともごみの分別収集を実施しているが、それに関連して向こう三軒両隣が協働作業をするときは連帯感も生まれてくるが、それは地縁を媒体とするものである。

近年、地縁・血縁に代わって人間関係の形成の媒体になってきたのが「共通の価値観」である。このことは生活時間のなかでの自由時間が拡大してきたこととも関連する。自由時間を使って少しでも社会に貢献するため、奉仕活動をする人びとが集まってボランティア活動をすることで結ばれて

いく人間関係はまさに共通の価値観を媒体とする人間関係である。各種の文化サークル、スポーツクラブ、郷土史の研究グループ、バラ・菊・椿などの植物を通じて結ばれる愛好家の集まりなども、共通の価値観を媒体とする人間関係とみなされる。

この意味では、地縁・血縁を媒体とする人間関係が農村型とするならば、この人間関係は都市型といえる。したがって、前者は年功序列型のような価値観が背景にあるのに対して、後者は対等の立場がその根底にあり、それだけにその人間関係を持つかどうかの判断は各人の自由意思にもとづく。また、地縁・血縁を媒体とする人間関係が面的なつながりであるのに対して、共通の価値観にもとづく人間関係は地域社会において点と点のつながりであり、せいぜい線的なつながりとみなされる。

人間関係の三番目の媒体は対人サービスである。なかでも、医療、介護および教育・文化の分野で見られる対人サービスを介して結ばれる人間関係は、地域社会の住民のほとんどの人びとが関係するから最も普遍的である。医療サービスの場合、基本的には医師と患者の1対1の関係であるが、患者にはその病気を心配する家族があり、また、医療サービスの供給には看護師や薬剤師が加わることを考えれば、その関係はかなりの広がりを持つ。

これに対して、教育とりわけ義務教育を媒体に結ばれる人間関係は基本的には教師と児童ないしは生徒との関係であるが、それをもとに教室では児童・生徒同士の人間関係や、教師と父兄の関係が加わる。そして、児童・生徒の側から見て、つねに、自分が行きたい学校を選択することができるのでなく、学校区が設定されていてその学校区に住むものは同じ学校に通学することになることから、義務教育を媒体とする人間関係にはそれだけで「地縁」の要素も含まれる。

いずれにしても、対人サービスを媒体として結ばれる人間関係は、個人の日常生活に深く関わりを持つことから、その人間関係によっては大きな安定・安全も得られるし、不安を感じつづけることにもなる。たとえば、学校でのいじめの問題が同じ学校区に住む住民に与える心理的影響は大きい。また、加齢とともに体力の衰えを感じ、自分の日常行動図が段々狭くなっていく過程で、地域社会が必ずしも強固でなく、むしろ希薄に感じられるとき、この高齢者にとって地域社会は必ずしも安定・安全であるとは言い難い。

（4）地域社会の安定・安全と自治体の役割

　生活の「場」の一部分を構成する地域社会が物的基盤としての生活空間と人間関係の二側面を持つ限り、「地域社会の安定・安全の強化」を本来の役割とみなす自治体は、生活空間と人間関係の調和を図りながらその強化に努めなければならない。これまでの「まちづくり」では都市基盤（物的基盤）の整備に重点を置く行政が進められてきた。それだけに、これからの「まちづくり」では人間関係の強化に重点を置く行政が期待される。

　ただ、国の基本的役割と関連して自治体が行ってきた基本的行政サービスの供給過程でも、地域社会の人間関係に関連する側面が見られることも確かである。たとえば、消防・救急サービスにおいて行われる防災に対する行政において避難所や避難場所を設定して、住民に周知させるとともに防災訓練を行うことがあるが、それに住民が参加することによって住民同士に連帯感が生まれるとき、ここで強化される人間関係は地縁を媒体とするものである。平常時の消防・救急サービスの供給において少しでも人間関係を念頭に置くことによって、自治体は基本的行政サービスの供給においてこれまで以上に人間関係の強化に寄与することになり、地域社会の安定・安全に積極的に参画することになる。

　教育は対人サービスの重要な部分を占めることから、対人サービスを媒体とする人間関係に直接関連する。ただ、自治体の行う教育に関する行政は主として教育の「場」を用意することから、教育を通じて結ばれていく教師と児童・生徒との関係とか、児童・生徒同士の関係および教師と父兄との人間関係には自治体は直接関係しない[14]。しかし、自治体が学校を建設する場合、その位置や校舎の規模は、学校区の設定と合わせて地域社会と密接に関連し、その決め方によっては「地縁」を媒体とする人間関係にも大きな影響を与えることになる。

　基本的行政サービスが国の三つの基本的役割と関連して自治体が行う行政であるのに対して、選択的行政サービスは住民の生活時間のなかで自由時間と関連して発生する行政ニーズに対して供給されるサービスである。その場合、各個人の自由時間の使われ方は「横並び」というより個性的であることから、それにもとづいて示される行政に対するニーズも多様である。それだけに、「すべての住民に対して一律に行政を行い、行政サービスを供給する」ことを行政の基本とする自治体にとって対応の難しい行政と

いえる。

　選択的行政サービスの供給にあたって自治体がまず手がけたのは誰もが自由時間を過ごすときに利用できる利用施設の建設であって、地域社会の持つ二面性のうち物的基盤の整備だけに力を入れてきたのであって人間関係の強化は行政の過程においてほとんど考慮されなかった。しかし、住民の自由時間に関連して供給されてきた選択的行政サービスは、地域社会において共通の価値観を媒体とする人間関係と深いかかわりを持つといえる。たとえば、文化会館という利用型施設を利用しているグループの文化活動が活性化し、参加者の間の結びつきも強化されるとき、選択的行政サービスが間接的に地域社会の人間関係に強い影響力を持つことになる[15]。

　一つの行政サービスが住民ニーズをできるだけ正しく評価し、それに合わせてできるだけ効率的に供給されるためには、各自治体は計画事務および実施事務を適切かつ効率的に進めなければならないが、そのために各自治体はつねに行政能力の質・量を高めることに努めるべきである。このことを考慮するとき、自治体が地域社会の安定・安全を「まちづくり」の一つの柱に据える限り、選択的行政サービスはこれまでのように基本的行政サービスの付録的な存在ではなく、自治体の進める行政においてかなり重要な位置を占めることになるはずである。

　個々の自治体が行政能力の向上に努めていくことになれば、むしろ、選択的行政サービスの進め方に地方自治とりわけ住民自治の到達点が見えてくる。そのとき、選択的行政サービスは基本的行政サービスに次ぐものでなく、それと対等の位置に置かれ、行政の内容もこれまでの利用型施設の建設とか補助金行政から、直接地域社会の安定・安全の強化につながることになる。このように選択的行政サービスの供給において計画事務に関連する行政能力が発揮され、文化やスポーツにかかわる行政において自治体のユニークさが現れ、その地域社会に特色を持たせるとき、この過程で住民自治の確かな前進を見ることができることから、むしろ、自治体間の財政力の格差問題が薄められることにもなりうる。

1) 行政能力の指数化に関しては、拙著「現代の地方自治」（有斐閣、1993 年）の第 10 章「行政能力の測定とその格差」で 247 の自治体から得たデータにもとづいて数値化を試みている。

2) この間の一連の改革は三位一体改革とも呼ばれている。

3) 人口分布と同様に税源についても自治体間で偏在が見られる限り、税収の地域格差は避けられない。

4) 2 章「経済規律と財政規律」表 2-1「わが国の現行税制」を見よ。

5) これまで費用・便益分析はバイパスの建設や道路の新設など公共事業に適用されてきたが、そこで測定される便益がそのまま住民のニーズを反映しているとはみなされない。

6) このように自治体が計画事務において独自の行政を展開するのは、文化行政やスポーツ振興などの行政分野においてであった。

7) 固有事務に対しても国からの補助金が出ることはあるが、その場合、この事務の実施の段階において国からの干渉・関与は加わる。

8) 生活環境における情報化の進展は、住民の基本的行政サービスに対するニーズを画一化の方向に導いてきたともいえる。

9) 広域行政は一般に一部事務組合方式で行われてきた。現在でも消防・救急サービスに関する一部事務組合の数が最も多くなっている。

10) 実施事務に見られる各自治体の効率性の向上は、情報化の進展に伴って自治体間の情報の交流によってもたらされた面も大きい。

11) 国の三つの基本的役割に支えられる地域社会の安定・安全が、人びとの生活に安心と安定をもたらすとすれば、地域社会の安定・安全は改めて自治体の重要な行政目標となる。

12) 生活の「場」を二面性で捉える考え方は、1 章「市場経済、公共経済および環境経済」の第 3 節で説明した社会環境の二面性にもとづく。

13) このパターン図は拙著『現代の都市経営』の図終 -1「生活の「場」のパターン図」をそのまま使っている。

14) 現在は、むしろ、子供のいじめや家庭内暴力と関連して家庭内の人間関係に行政が関連することが求められている。

15) 各自治体の行政能力の向上の背景に情報化の進展があるとすれば、情報化が人びとの行動や思考の画一化を促してきたという見方とは反対に、地方自治とりわけ住民自治の前進を促してきたことになる。

8章

環境と水田

―地球温暖化と環境立国の条件―

1　自然と人間

(1) 資源の循環構造

　図8-1「資源の循環構造」にもとづいて経済社会における資源の循環過程をたどるとき、次の四つのプロセスが想定される。

プロセス1：資源の採集・利用
プロセス2：資源の加工・生産
プロセス3：資源の消費・活用
プロセス4：資源の処理・排出

　各プロセスで営まれる人間の経済活動はつねに自然環境へ影響を及ぼし、人間の経済活動は自然環境から影響を受ける。たとえば、プロセス1において鉱物資源の地下からの採掘の過程で地盤沈下や土壌の汚染が進み、ときには砂漠化という形で自然に負荷を加える。プロセス2でも3でも同様に自然への負荷は人間の経済活動とともに増大する。

図8-1　資源の循環構造」（再掲）

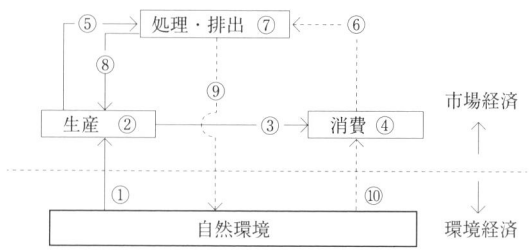

四つのプロセスのうち1、2および3は市場経済に属し、このうち、プロセス1が1次産業に、プロセス2が2次産業に、そして、プロセス3が3次産業に属する。この分類では、1次、2次、3次産業とも市場原理が人びとの経済活動を方向づけてきたが、いずれのプロセスにおいても自然に対する負荷に関しては市場原理は十分には機能しなかった。

　プロセス1の「資源の採集・利用」で行われる経済活動は鉱業、林業、漁業、農業、牧畜等が含まれ、鉱業を除いて1次産業に分類されるが、ここでの経済活動は自然と直接結びつき、鉱業と漁業は資源の採集の形で自然に直接働きかけるのに対して、農業と牧畜は資源とくに土地の利用を伴う[1]。林業は資源を利用して植林し、樹木の伐採で資源を採集する。この章では、わが国の農業の中心をなす「水田」を取り上げ、人間の経済活動と自然環境との関係を議論する。

　副題の「地球温暖化」の問題が、プロセス1から3における人間の経済活動を通じて発生する二酸化炭素 CO_2 を中心とする温室効果ガスに関連することからすれば、この章で取り上げる「水田」はプロセス1における人間と自然の関係に限定しての議論となる。

(2) 米と麦

　かつてイラクは国土の真ん中を流れるチグリス・ユーフラテス川の流域に黄金色の麦畑が続き、古代文明の花を咲かせた。しかし、いまは土地も荒れて、砂漠化が進んでいる。これをもたらしたものは森林の伐採でもなく、地下に埋蔵された鉱物資源の乱獲でもない。また、工業の発達による廃棄物の大量排出によるものでもなく、作物を造り続けて土地の持つ養分を吸い上げてきた結果である。

　チグリス・ユーフラテス川の流域は何万年、何十万年に渡って上流から運ばれてきた養分が堆積し、肥沃な土壌を造り、それによって多くの種類の植物が育った。おそらくイラク全土にわたって流域には葦が繁茂し、多種類の昆虫や鳥類が生息していたと想像される。そこで育った植物は立ち枯れて土壌に帰り、養分を補給する。さらに、上流から運ばれてきた養分も加わって土地の持つ生産力は保持された。

　しかし、そこに人間が住み始めて植物を栽培し収穫するようになると、収穫された穀物が別の場所に移されてそこで食されるときは、その分土壌

は養分を失い、生産力は低下する。穀物の収穫は減少し、やがて穀物の生産のために投下された労働力に十分見合うだけの収穫が得られなくなり、その土地がふたたび養分を取り戻し、植物を育てるようになるまでにどれだけの時間を必要とするかは想像できない。

　古代に穀倉地帯を形成していた大河の流域がいまはその面影もなく、荒涼とした風景に変わっていることを見るとき、土地の持つ生産力の低下はそのまま環境破壊となる。一方、中央アジアの草原は、土地の持つ養分を減らすことなく飼育できる家畜の頭数が決まれば、草原はいつまでも草原として残り、自然環境は保全される。

　わが国では、縄文時代の後期から弥生時代にかけて稲作が各地で始まったと想定されるが、それから3000年以上にわたって同じ土地で稲作が続けられてきたことは、先に述べてきた麦の栽培と大きく異なる。米が水田で栽培されるとき、水の流れによって土地の養分が補給されることから、土壌の持つ生産力が長く持続され、水田でコメの栽培は続く。水田での米造りは自然環境に対してまさに「優しい農法」[2] である。

　図8-2「穀物生産と環境」において横軸で時間を測り、縦軸で1平方メートル当たりの穀物の収穫量を測るとき、同じ場所で栽培される穀物の収穫量は右下がりの線で描かれ、同じ場所での穀物栽培は土地の養分を吸収して、その収穫量を低減させる。いま、縦軸の点Pが穀物の生産を続ける限界の収穫量を表すとすれば、穀物線が点Pまで低下するとき、この土地での穀物栽培は中止され、この時点から土地の砂漠化が始まる。

図8-2　穀物生産と環境

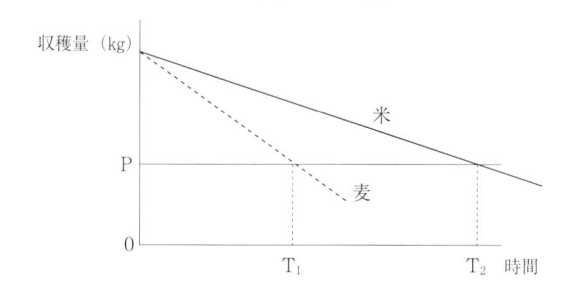

(3) 本章の課題

　図8-2において、米の収穫線は実線で描かれ、麦の収穫線は点線で描か

れている。したがって、麦の栽培は 0 時点から始まって T_1 時点で終わるのに対して、米の栽培は T_2 時点まで続けられる。同じ穀物の栽培であるが、米と麦との間には自然環境に与える負荷はかなり異なる。図 8-1 における資源の循環構造のプロセス 1 における人間の経済活動と自然環境の関係を議論するため、この章において環境問題の観点から、わが国における水田の持つ意義について検討し、わが国が目指す環境立国の方向性を明らかにする。なお、副題に含まれるもう一つの地球温暖化[3] の問題は環境問題の中心の課題であるが、この問題に対してはさらにいくつかの章での議論が求められることから、別の機会に譲ることにしたい。

2　わが国の水資源

(1) 地形と水資源

ユーラシア大陸に沿って細長い地形を持つ日本列島は総面積の割には、緯度・経度で見るとき大国並みに幅広い面積を持つ[4]。同じ日本列島でも北と南では気温の差が大きく、とくに、冬季には北海道で氷点下であっても、沖縄では 20 度に近い気温を示し、その差は 30 度以上にもなる。また、緯度にも幅があり、日の出・日没の時間差も 1 時間以上にも及んでいる。

それだけに、各地域で自然環境が異なり、それに伴って生態系も多様である。また、日本列島の西側は大陸が迫り、東側は大洋が広がるという地形から、一年を通じて気圧配置に規則的な変化が見られ、それに伴って日本列島のほぼ全土にわたって、季節の移り変わりが自然環境にも鮮明に現れる。各地で土地・気候に合った作物が造られ、多くの特産物を生んできた。その種類は同じ面積の他国に比べ突出している。また、日本人は自然の美しさを季節ごとに見つけ、それを愛でる気持ちは日本人の特性でもある。

東西南北に長く延びる日本列島のもう一つの特徴は、日本列島のほぼ中央部を山脈が縦走していることである。この特徴的地形は多雨多湿の気候を生み出し、年間の降雨量から水資源に恵まれた国といえる。夏には太平洋高気圧が日本列島を覆う形をとるが、これが南の湿った空気を日本列島に送り込み、ときには、台風をもたらすこともあるが、この湿った空気が日本列島の中央部を縦断する山岳にあたって雨を降らせる。

冬季では西高東低の気圧配置が続き、それに伴って日本列島に北極圏からの冷たい風が流れ込み、列島の中央を走る山岳にぶつかって雪を降らせ、

日本海側の各地にかなりの積雪がもたらされる。12月から3月までの冬季の積雪は春には雪解け水となって日本海側の地域に豊かな水をもたらす。さらに、春・秋期の降雨量を加えると、日本列島の水資源は豊かである。

　この多雨多湿の気象によって、日本列島は昆虫・鳥類・魚介類・動物・植物の種の数は豊かであり、それぞれの地域において特色ある生態系を形成している。山岳部においてかなりの高所まで樹木の繁茂が見られるのも、多雨多湿の気象にもとづくものである。

(2) 水資源の利用

　日本列島の特有な地形と多雨多湿がもたらす豊かな水量がそのまま水資源となるためには、日本人がこの水量をどれだけ利用し活用するかが問題となる。わが国における水資源を「潜在」から「実在」へ転換していくためには、山岳部に降った雨水をできるだけ長く日本列島にとどめておく必要がある。有史以来、日本列島で生活してきた私たちの祖先はこのことに知恵を絞り工夫を凝らしてきた。自分たちに与えられた水資源という自然の恵みをできるだけ旨く利用することが日本人の生活の基本的な姿であった。山岳部において保水能力を高めることも、また、海岸線を埋め立てて少しでも平地を増やし、水を使って作物を育てることもその一つであった。平地を利用して運河や用水路を掘り、できるだけ長く陸地に水をとどめておくこともその一つであった。

　降雨期に雨が降らないときは農作物は凶作となる。とくに、水田の場合、収穫がゼロに近い場合も出てくる。江戸時代に米の凶作によって多くの死者を出したことは、水の管理システムがいまのように確立されていなかったためともいえる。現在は、むしろ、江戸時代よりも異常気象が発生し易くなっているにもかかわらず、作柄は平年を100としてほぼ90前後にとどまっているのは、水の管理がかなり行き届いてきたためといえる。このシステムのなかで早くから手がけられてきたのは、河川の上流部にあたる丘陵地帯ないしは山間部における植林である。わが国の場合、植林は国有林と民有林に分かれており、前者は国の事業として植林を行い、後者は民間の事業者が植林を事業として行う。いずれの場合も、それにかかる費用は樹木の伐採・製材・販売によって賄われる。言い換えれば、現在の植林事業は市場原理にもとづいて行われてきた。

わが国において、スギやヒノキ等の木材として利用される樹木は、苗木から生長して木材になるまでにはおよそ50ないしは60年はかかるとされている。苗木が成長するにしたがって枝落としを行い、下草刈りなどの作業を行わねばならないが、地形的に機械化が難しいことから、それらの費用はかなりの金額に達するが、このように人力を投入することによって樹木は順調に成長し、森林全体の保水力が高まる。そのため、樹木の生育にかかる費用を木材の価格に含めて回収するとすれば、木材の価格のうえでは外国産に太刀打ちできない状態に置かれている。そのため、樹木の生長に必要な枝落としや下草刈りが十分に行われず、森林の保水力は著しく低下しているとみなされており、最近多発している土砂災害との因果関係は明確ではないが、これによって環境破壊が進んでいることは確かである。

一方、海外からの木材の輸入によって輸出国での森林の侵食が進み、地球全体として砂漠化が加速するとすれば、市場原理にもとづく資源の利用は資源の採集の過程において環境破壊を加速させる傾向をもたらす[5]。これを食い止めるためには、樹木の育成のための費用とともに、森林の保水力の強化に寄与した分を正しく評価することが求められる。

いま、苗木から木材としての出荷されるまでにかかる費用をCとし、市場での販売価格をPとするとき、海外からの安い木材に押されてPはかなり低く抑えられ、

$$C > P$$

の関係が想定される。この状態では国内の林業は成り立たない。これに対して、樹木の生長のもとで森林全体の保水力の強化が評価され、それをEで表し、

$$C < P + E$$

が成立すれば、森林の手入れにかかる費用は十分に賄われ、国内の林業も成り立ち、わが国の森林は守られる。

ただ、森林の管理によってもたらされる森林の保水力の強化を評価し、貨幣タームに換算することが市場原理に委ねられないことから、問題は、森林の持つ保水力の増強分をいかに評価し貨幣タームに換算するかである。

山岳部で降った雨水をできるだけ長く陸地にとどめ、水資源として効率的に利用するためにわが国でこれまでとられてきた方法は、谷間に堰を造り、ダムを建設し、一定量の水を貯めることであり、さらに、平地では溜

池を造り、用水路や運河を建設してできるだけ長く水を陸地にとどまらせることであった。

　大きな河川の河口付近に形成されてきた三角州においては、比較的早くから用水路や運河が造られ、生活用水や交通手段に利用されたため、江戸や大阪は近世の比較的早い時期から、世界でも有数の大都市としてかなりの人口の可住を可能にしてきた。これらの土木事業はほとんどが公共事業として行われ、費用が価格によって回収されることはなかったが、水資源の利用という点では大きな効果がもたらされた。

　ただ、山間部に造られるダムや、大規模な堰の建設がもたらす環境への負荷については生態系への影響を含めて十分な環境評価を行っておく必要はある。しかし、貯水・利水のためのこれらの施設はほとんどが公共事業として進められてきたので、建設費は税で賄われた。したがって、事業を進めるにあたって、市場原理に代わって費用・便益分析が適用されたが、便益 B がつねに大きく評価されたので、費用 C との間に

　　　$C < B$

が成立し、計画は実行に移された。しかし、これらの施設がもたらす自然環境への負荷 F を測定して便益に加えるとき、場合によっては、

　　　$C > B + F$

ともなりうる[6]。

3　水資源と水田

(1) 水田のある風景

　いまも梅雨に入る前後の郊外に足を運び、田植えの終わったばかりの田圃を見るとき、一見、池のように広がり、風が吹いて漣が立つと湖面を思わせる。この時期、わが国では耕作面積の大部分が池と化し、このような光景が各地で見られる。田圃の水の深さはせいぜい 10cm くらいであるが、水田全体の貯水は膨大な量となる。このように水田は一見したところ湖沼のようであるが、実際は用水路としての機能を持つ。

　以前に私が愛知県犬山市に住んでいた頃、最寄りの駅までの途中、北側の丘陵に沿って東西に長く延びる数ヘクタールの田圃を横切って通勤していたが、田植えの頃は川上にあたる東の田圃から、西に向かって順に田植えが行われていく様子を見てきた。川上の土地の高い田圃から土地の低い

田圃に順次水が流れていって田植えが行われ、4、5日で見渡す限り田圃は水浸しになった。

　田植えの速度を正確に計ったことはなかったが、大体、水の流れの速さにあわせて田植えが進んだといえる。田植えの終わった田圃を見ていると上の田圃から水の取り口があり、もう一方に、下の田圃への水のはけ口が設けられていて、たえず水が流れていることから、田圃は池というより幅広い用水路である。一番川上の田圃で河川から水を取り入れ、順に川下の田圃へ水が流れ、最も川下の田圃から水は河川に戻される。河川の取り口で水の量を調整することで田圃全体の水量を調整することができるから、河川の流量を加減するにあたって水田もその機能の一部を受け持つことになる。

(2) 稲の生育と貯水力

　田圃に貯留される水の量は稲の生育に合わせて調整される。ときには田圃への水の流入を止めて水温を高める場合もあり、ときには、水を全部田圃から落として稲の株に天日を当てる。したがって、田圃が用水路と同じ機能を持つのは、田植えの前後の日本中が水浸しになるときである。本来ならば山岳部で降った雨水が河川に沿って短時間に海に流れ込むのを、田圃は水の流れを迂回させ、陸地に長時間水をとどまらせることから、田圃によってわが国の水資源が「潜在」から「実在」に変わることになる。

　ただ、田圃が水田として稲作に使われる時間はせいぜい5カ月くらいであって、その間の降水量の状況が問題となる。おそらく、4月から5月にかけての田植えの期間は冬季の積雪の雪解け水と、3月から4月にかけての春雨前線に伴って降った雨で田圃は水で満たされる。また、6月から7月にかけての稲の成長期における水の供給は梅雨期の降雨による。このように、降雨量に合わせて稲作は行われてきた。

　また、稲作の基本は水栽培ということになるが、他の植物と同じように日照時間も問題となる。とくに、田植えの後、稲が成長するときに一気に気温が上がって日照時間が十分にあることが米の収穫を確実にする条件とされている。わが国の稲作はこの二つの条件が十分に満たされる時期を選んで行われてきたことになる。

（3）稲作と水量調整

　稲作にとっての異常気象は、それぞれの地域において平均的気象状況から大きく乖離して稲作に大きな打撃を与える気象ともいえる。たとえば、3月から4月にかけて晴天が続き、渇水のため田植えができないとか、あるいは、4月から5月にかけて長雨が続き、田圃が冠水して植えた苗が育たない場合である。また、稲の成長期の6月から7月にかけて気温が上がらず、稲が十分に育たない場合も異常気象となる。用水路の役割を担っている水田は稲の成長に合わせて水量が調整される。

　用水路としての水田に流れる水は河川から汲み上げられ、ふたたび河川に戻される。水田において一定の水量が保たれるためには河川における水の流量もできるだけ一定に保たれねばならない。したがって、異常気象が仮に発生しても、河川を流れる水量が一定に保たれ、それによって米の収穫が確保されるときは、必ずしも稲作にとっては異常気象とはいえないことになる。わが国では河川の水の流量を調整する仕組みとしてさまざまな工夫がなされてきた。

　たとえば、山岳部における植林、堰やダムの建設、そして、平野部における貯水池や溜池の造成、用水路や運河の建設等である。これらの水量調整のための施設は、その建設にあたって大規模な土木工事を伴うことから、その過程で自然環境への負の影響が想定され、この点を考慮するとき、水資源の利用効果について若干の割引が求められることになる。

　いま、山岳部において保水能力を持つ森林の育成と、水の調整能力を持つダムの建設を比較するとき、水資源の有効利用の観点からはダムの方が格段の能力を持つといえるが、自然環境への影響を考慮すれば、逆の結果も想定される。したがって、これからのこの種の事業の実施にあたっては、水資源の有効利用と自然環境への負荷の両面を十分に考慮して進める必要がある。

　また、平野部における貯水池、溜池、用水路、運河等の構造物については、生態系への影響はそれぞれの構造物の水辺ないしは水際が問題となる。仮に、水辺を水資源の利用を高めるためコンクリートで固めるとき、生態系への影響は大きくなり、自然環境に負荷をもたらすことになりかねない。そのなかにあって用水路と同じ機能を持つ水田のみがコンクリートの縁取りはされていない。その意味では河川の形態に近い。しかし、これまで水

田に見られた昆虫や魚介類の姿はほとんど見られなくなった。それだけで
いえば、水田も自然環境に大きな負荷を与えたことになる。考えられるのは、
稲作に使われる除草剤や化学肥料などの無機化合物が水に溶けて生態系に
影響を与えることである。したがって、自然環境への負荷は水田の構造上
に問題があるのでなく、稲作の方法に問題があることになる。ここにおい
て水田に関しても、改めて、土地の持つ生産力の維持と自然環境への負荷
の関係について議論をしておかねばならない。

4　水田と土壌

(1) 土壌の持つ生産力

　まず、新しい価値を生み出す土地の生産力は何によって決まるのかを改
めて考えてみよう。第一に、農作物ないしは植物が育つためには水が必要
とされることから、土地自体が保水能力を持たねばならない。それ故、砂
漠や岩場のように保水能力がゼロに近い場合、ごく限られた植物しか育た
ず、農作物の大量生産は不可能である。

　さらに、土地は植物を育てるために必要な窒素、燐、カリウムなどの養
分が含まれなければならない。これらの養分を多く含む土地が肥えた土地
となる。当然、それぞれの土地に含まれる養分の割合が異なることから、
その土地で造られる農作物の種類も異なる。土地の生産力と関連して考え
られる農作物は第一に穀物である。中でも、人類が長い間主食としてきた
パンや飯を考えるとき、麦および米が主要穀物となる。そして、麦でも米
でも生産のために必要とされる養分が変わらないとすれば、その成長とと
もに土地に含まれる養分は穀物に吸収され、それに伴って土地の生産力は
低下する。ここで問題となるのは、植物によって吸収された養分をいかに
補給するかである。

　仮に、麦や米が収穫時になっても取り入れられずにそのまま立ち枯れて
いくとすれば、一旦植物によって吸収された養分のほとんどは土地に戻さ
れるから、植物はふたたび育ち、砂漠化の進行はない。しかし、実った麦
や米を人間が収穫するとき、土壌の養分を保つためには養分の補給が必要
となる。それができなければ、長く植物の栽培を続けることはできない。
土地の養分の補給は人間の手によって行われるが、基本的には自然の循環
過程とりわけ水の循環過程のなかで進む。

問題は、養分の補給の仕方にある。たとえば、窒素という養分の補給にあたって家畜や人の糞尿といった下肥、魚介類の滓、油粕あるいは植物の堆肥などの有機物をそのまま土地に戻す形をとるか、それとも、化学反応によって窒素だけを取り出し、無機肥料として土壌に与えるかである。おそらく、有機肥料の場合、そこに含まれる窒素の量は微量であるから、多量に施肥しなければならないという問題があり、ときには、悪臭が問題となる。しかし、有機肥料による養分の補給は自然の循環のなかで行われることから、土壌に含まれる養分の成分はそのまま保たれ、土壌が別の要素によって汚染されることは起こらない。

　これに対して、無機物で施肥するときは、たとえば、窒素ならば窒素だけを抽出して与えることができるから、量的にも有機肥料に比べて少なくて済み、悪臭などの発生も少ないことから取り扱いは便利である。しかし、化学反応によって窒素が抽出される過程で別の化学物質が微量でも含まれ、それが土壌にいつまでも吸収されずに残るとすれば、作物を通じて人間の体内に吸収されていわゆる残留農薬の問題をもたらす[7]。

(2) 稲作と土壌

　麦の成長において土壌から吸収される養分が十分に補給されないとき、土壌から養分が失われ、やがて生産力を失って砂漠化していくという現象は麦に限らずすべての農作物にいえるが、農作物の種類によって吸収される養分の種類および量は異なるとしても、土壌の生産力を保つためには施肥を必要とすることは変わらない。比較的高地の草原で草花が毎年咲き続けるのは、草花がそこで立ち枯れして土壌に有機物として還元し、養分の補給が自然の循環のなかで行われるからである。

　これに対して、稲作の場合は養分の補給が麦の場合とやや異なる。まず、稲作の方法としての水田は用水路と同じように水を流すことになるが、その水は河川から直接汲み上げたものであるから、上流から運ばれてきた養分はそのまま水田にも運ばれる。そこで養分の一部が水田に吸収されるとき、水田全体が自然の水循環のなかに組み込まれることになり、水田における稲作の場合、他の耕作地より余分に養分の補給がなされる。

　さらに、稲は水田に流れ込んできた水に含まれる養分を直接吸収するから、その分土壌から吸収される養分は少なくなり、土地の生産力は長く保

たれる。しかし、稲の生長のためには水に含まれる養分は少なくなり、土地の生産力は長く保たれる。しかし、稲の生長のためには水に含まれる養分だけでは十分でなく、土壌からも養分を吸収することになるから、それが補給されないときは、麦に比べて速度は緩やかであったとしても、いずれ砂漠化は免れない。

いま、土壌の持つ生産力の低下とそれに伴う砂漠化の過程を自然環境の破壊とみなすとき、人間は稲作を通じても自然環境を破壊してきたことになる。その場合、水田による稲作と麦の畑作とを比較して、水田の方が土地の生産力の低下の速度がはるかに緩やかであるとすれば、自然環境への負荷は水田栽培の方が麦の畑栽培より小さい。この自然への負荷の差については、図8-2において示されるように、土壌の持つ生産力低下速度によって捉えることができるが、問題は、砂漠化までの時間差をどのように価値評価するかである。

改めて、わが国における環境問題と水田の関係を見るとき、米の生産調整という名目で稲作の減反政策がとられているが、これによって水田が休耕になったり、他に転用されたりしており、環境問題の観点からすれば後ろ向きの政策といわざるを得ない。

(3) 水田と環境破壊

水田は用水路の役割も受け持つことから、土壌に養分を補給し、また、稲は生長のため直接水に含まれる養分を吸収する。それだけ土地の生産力の低下を遅らせるが、稲作に必要な養分は水に含まれる養分よりはるかに多いことから、当然、土壌からも養分を吸収する。戦前の米作りでは養分の補給はほとんど有機肥料によっており、除草や株の掘り起こしもすべて人の手によってなされてきた。このような水田での稲作は自然環境に対する負荷をほぼゼロに近づけた。しかし、戦後すぐに農薬の出現を見て、稲作は一変してしまった。まず、肥料に悪臭を伴う有機肥料から化学肥料（無機肥料）に変わり、除草については除草剤を使うことによって炎天下の作業から解放された。さらに、田植え、稲刈り、耕地などの作業は機械化され、稲作においても省力化がかなり進むことになった。

このように農薬を使い、作業の機械化によって反当たりの収穫量は増えることになるが、田植えの風景も昔と変わり、真夏の炎天下で草取りをす

る農夫の姿も見られなくなった。このことが消費者の食生活の変化とも相まって米の生産過剰をもたらし、やがて減反を通じて水田の面積の縮小につながった。また、環境面においてもこれまでの稲作には見られなかった問題をもたらした。

　新しい環境問題は水田が用水路の形をとることと関連する。稲に与えられた化学肥料が稲によって十分に吸収されないとき、残りの無機肥料は水田を通して河川に流れ込み、河川や湖沼を汚染する。このことは、水田で使われる除草剤などの農薬も同じであって、水田の土壌を汚染し、水田の水が流れ込む周辺の河川や湖沼も汚染された。

　これはまさに環境破壊であるが、用水路の機能を持つ水田そのものがもたらしたというより、稲作に使われた農薬によるものであって水田は用水路の機能を通じて汚染の範囲を広げたことになる。仮に、稲作における養分の補給を無機肥料から有機肥料に戻し、除草や株の掘り起こしを人力で行うことにすれば、環境への負荷はゼロ近くまで戻し得る。

　この切り替えが実現すれば、水田は一気にわが国における水資源の有効性を高め、土地の砂漠化を防ぎ、水際ないしは水辺の面積を拡大し、生態系に対して好ましい影響をもたらすはずである。言うならば、自然環境に対する負荷をゼロに近づけて環境保全の方向に導くことになる。水田の持つ保水力が水資源の有効利用を可能にするだけでなく、環境保全にまでつながっていくためには、水田における稲作の方法が問題となる。勿論、有機栽培が本筋とならざるを得ない。

5　水田の環境保全効果に対する評価

(1) 水田と環境保全

　いま、米の有機栽培に戻っても戦前のような過酷な労働が強いられるのでなく、農業用機器を使った新しい栽培方法はそのままつづけられる。ただ、いずれの生産方法が選ばれても、反当たりの米の収穫量は減少することは予想されることから、米の生産コストは割高となるため、このままでは米の有機栽培への切り替えは進まず、稲作での環境問題は解決しない。また、無理に有機栽培への転換を求めるとき、米作以外に転用され、水田における減反が加速しかねない。日本列島全体で水田の面積を守りながら有機栽培を進めるためには、かなり思い切った対策、たとえば、戦後の食糧管理

制度[8] のような対応策が必要とされる。

　たとえば、有機栽培によって生産された米については、そのために余分にかかった費用を含めた価格で国が買い上げることも考えられるが、食糧管理制度がなくなり、米の自由化が進み米市場が成立している現在では、もはや取り得ない方法である。現状で取りうる方法は、水田での米の有機栽培がもたらす環境保全の効果を正しく評価し、その評価額で国が環境保全というサービスを購入することである。具体的には、国は評価額分の助成金を有機栽培農家に交付する形をとる。もし、この評価額が有機栽培のために余分にかかる生産コストを上回って設定されるとき、有機栽培への転換が促されることによって日本列島における水田の面積は維持される。

　水田の環境保全効果を正しく評価し、その分を助成金として水田耕作者に国が交付するためには、さらにいくつかの条件を整えねばならない。その1は、水田がもたらす環境保全という効果が正しく評価され貨幣タームで表示されることであり、その2は、国がこの効果（サービス）を購入する形をとるが、それに必要な財源は税によって賄われる。当然、どのような税目と税構造によって国民に負担を求めるかを明確にしなければならない[9]。

(2) 水田の二つの環境効果

　水田がもたらす環境保全効果に対する価値評価はその効果の内容を明らかにしたうえで、それを測定し表示できる指標を用意しなければならない。そのうえで指標の1単位が貨幣タームに転換されることになる。

　水田のもつ効果の大半は、土壌の持つ生産力の低下の速度を穀物の畑栽培に比べて抑えて、土地の砂漠化を遅らせることである。それは、水田が用水路として河川の水を迂回させることにもとづく。すなわち、河川の上流からの養分を含んだ水が水田に流れ込み、稲がその養分を吸収して生産し、また、その一部は沈殿して土壌に養分を供給する。そのため、土壌に含まれる養分は、稲の栽培にあたって少しの養分の補給によってほぼ一定に維持される。これが水田の持つ環境保全効果である。

　稲作においても水に含まれる養分と土壌から吸収する養分だけでは必ずしも十分でなく、適当に養分の補給をしなければならないが、その場合、有機栽培でなく無機肥料で養分を補給するとき、水田および水田の周囲の水辺にも大きな影響を与え、それを通じて自然環境に負荷をもたらす。こ

のマイナスの環境効果は水田そのものがもたらすものではないが、水田の環境効果を高めるためには、この負の効果をできるだけ抑制・排除しなければならない。そのために無機栽培を有機栽培に戻す必要がある。そして、この栽培方法の切り替えはすべての水田において行われなければならない。

先に、図8-2「穀物生産と環境」において、米と麦の生産に伴ってもたらされるときの生産力の低下の状況が二つの線で示された。図8-2では、縦軸で1㎡当たりの穀物の収穫量を測り、縦軸で時間を測っている。そして、穀物の生産がもたらす環境への負荷を二つの生産線の右下がりの勾配で表した。さらに、この土地で穀物の生産を続けるよりは他の土地に生産を移した方がよいと判断される1㎡当たりの生産量を点Pで設定し、その水準に到達するまでの時間を横軸で測ることにした。そのため、有機栽培に切り替えることによってT_2点は右にシフトするが、その幅について実測することは難しい。

(3) 水田面積の維持とその費用

わが国の自然環境の保全と水資源の効果的利用の観点から水田の維持を考えるとき、図8-2における点T_2の右へのシフトが想定される限り、水田の有機栽培への切り替えを積極的に進めるべきであり、これによって国の環境政策の一つに水田の面積をいまの状態で維持することが加えられ、水田を守るための具体的な対策について議論を進める状況が造られる。

水田を守ることは水田での稲作を続けることでもあるから、米作りの採算性が保持されねばならない。戦後、長く続いてきた食糧管理制度は、その意味では水田を守るための一つの仕組みを提供してきた。すなわち、毎年、夏に生産者米価を決定し、その価格で国は農家から米を買い上げ、一方、国が決める消費者米価にもとづいて消費者に米の供給がなされた。その場合、生産者米価および消費者米価がどのように決められるかが問題となるが、当時の生産者米価の決め方は生産コストの積み上げ方式がとられ、農家の生活水準が維持されるように決められたため、水田は守られた。

食糧管理制度では環境問題については全く考慮されておらず、もっぱら国民の食生活の安定を目指した制度であった。戦時中から長く続いてきた米の供給不足を解消し国民の食生活に安定性をもたらすことがこの制度のねらいであった。そして、戦後間もなく農地改革が行われ、これまでの小

作農から自作農に変わっていくことで農家の米作りの意欲は高まり、無機栽培の転換と相まって米の増産が続いた。一方、食生活の向上とともに消費者の間にコメ離れが進み、やがて米の需給バランスが崩れて、古米や古古米の備蓄が問題になるようになり、減反政策がとられるようになるが、食糧管理制度がわが国における水田の面積を維持したことは確かである[10]。

ただ、食糧管理制度の本来の目標は米の増産を進め、国民の食生活の安定を図ることであったから、その目標が実現するに伴ってこの制度に対する見直しの機運は急速に高まった。そのうえ、国内での米の過剰と、一方では海外からの米輸入に対する圧力によって水田面積の維持がますます困難になった。

そのため、環境問題の観点からわが国における現在の水田の面積を維持していくことを目指すとき、これまでの農業政策とは全く異なる政策を環境保全のために打ち出さねばならない。そして、この観点からの水田面積の維持にあたっては、従来からの無機栽培でなく有機栽培による稲作でなければならない。そのため、反当たりの米の収穫量は減少し、逆に生産コストの方は高くつくから、現在の米の市場価格のもとでは採算面で稲作を続けることは難しい。また、食糧管理制度のもとでの米の価格維持政策がとり得ないとすれば、水田を維持していくためには環境保全のための費用として反当たり一定の金額を農家に支給するという新しい制度が提案される[11]。

しかし、この支給額をどの水準で決めるかは水田の持つ環境保全効果の価値評価が難しいことから、環境保全効果の評価額にもとづいて支給額を決めるという方法はとれない。その代案として食糧管理制度が行ってきた自営農家の所得保障的考え方を取り入れ、その観点から反当たりの支給額を決めていく方法が想定される。たとえば、自営農家の保有する水田を平均8反とし、水田を維持していくために最低生活水準として240万円を想定するとき、これが水田において稲作が有機栽培で行われることに対する保障とすれば、反当たり30万円が環境保全のための給付となる。ただ、この支給額は有機栽培による稲作が行われる水田にのみ与えられるのであって、水田での稲作でも従来通りの無機栽培に対しては支給されない。

(4) 確保すべき水田面積

決められた条件にしたがって稲作が行われる水田に対して、環境保全の

ための費用として一定の給付金が与えられるという方法は水田面積を維持し、水田の持つ環境保全効果を発揮させ、その給付金の水準によっては営農意欲を喚起し、農業従事者の若返りさえ期待される。その意味からも反当たりの給付金の水準が重要となる。この点に関して、支給の対象となる水田面積およびそれに必要な財源をどこに求め、誰が負担するかが明らかにされねばならない。

わが国において維持すべき水田の面積については現在の水田面積をこのまま維持していくことが一つの考え方である。この場合、減反政策でいま水田以外に使われている土地の取り扱いについて問題は残るものの、ともかく、いまの水田面積を何としても守ろうという立場である。

しかし、水田の面積を決める場合、環境保全の観点のほかにわが国の食料政策の立場からも検討しなければならない。食糧問題に関しては、差し当たって、食料の自給率の問題と、国民に対して安全で安心な食料を過不足なく供給するという食糧セキュリティの問題がある。このうち、自給率に関しては現在の40%前後の水準を少なくとも50%以上に引き上げるべきであるという意見もあるが、この水準はいまのところ確定的ではない。

一方、国民に対して安全な食糧を安定的に供給するという問題は、農業政策のみでなく環境問題とも関係があることから、水田面積の確保とも関連する。この安定・安全な食糧問題を日本人の主食である米に限定して考えるとき、ここからも確保すべき水田面積が算出される。米について安定・安全な供給を想定するとき、できれば自給率100%が望ましい。この点を考慮すれば、有機栽培に切り替えることによる収穫量の減少分を補うため、減反の対象になっている水田をもとに戻すことも必要になるかもしれないが、おおむね水田面積に関しては現状維持が目標となる。

自営農家にとって反当たり30万円の環境保全の費用の支給は非常に魅力のあるものである。そのため、稲作にいくつかの条件が加わるが、畑の水田化は促されるかもしれない。この動きに対してどのような対応が求められるのか。これまでの議論から、水田が環境保全効果をもつのは用水路と同じ機能を持つからである。したがって、日本列島に縦横にネットワークされている水系の一部として水田を位置づけることによって水田の環境保全効果が一層発揮される。当然、畑が水田切り替わるとき、それが既存の水田のネットワークに組み込まれることが条件となる。

6 環境保全と環境保全税

(1) 環境保全にかかる総費用

水田維持のために支給額が反当たりで決まれば、水田の総面積によってわが国において水田を維持していくための総費用が算出される。いま、水田の面積は2万8000㎡とすれば[12]、反に換算すれば2800万反となるから、水田維持のための支給額を反当たり30万円とするとき、総額は8兆4000億円となり、仮に、反当たりの支給額を20万円とすれば、総額は5兆6000億円となる。このように反当たり支給額によって総額は大きく変わるが、問題はこの財源をどのように調達するかである。現行の消費税に財源を求めるとすれば、総額5兆6000億円の財源を調達するために、消費税を2%引き上げねばならない。

いずれにしても環境保全のための費用は大きなものとなり、その財源を税で賄う場合、納税者がそれを受け入れるかどうかである。上の試算では反当たり20万円の支給に必要な財源を消費税で調達する場合、税率で2%引き上げることになる。そのため、環境保全のためとはいえ、納税者に増税の意義について十分な説明を行い、増税に対して賛成を得なければならない。言い換えれば、水田を維持していくために必要な財源を税によって調達する根拠、すなわち、課税根拠がすべての納税者に受け入れられることが求められる。

(2) 環境保全税と課税根拠

これまでの議論では、人間は毎日の生活を送るなかで自分の掲げる目標に向かって一歩一歩前進することを目指し、そのために毎日の生活の「場」が安定・安全でなければならないと想定した。また、生活の「場」は自然環境と社会環境の重なりとして捉えられた。このうち、社会環境は物的な生活空間とそこで形成される人間関係によって構成され、自然環境は社会環境を土台から支え、それを包摂すると想定した。これまでの生活の「場」造りは自然環境を前提に社会環境の強化に重点を置いてきたことになる。

人間が自然環境に向かうとき、自然を「与えられたもの」とみなし、自然の恩恵を最大限引き出し、自然の脅威に対しては極力これを抑えていく姿勢をとってきた。そこでは自然環境と社会環境の関係は一方向であったといえる。しかし、社会環境のなかで重要な位置を占める産業構造が技術

進歩とともに高度化が進み、大量生産＝大量消費システムを構築するようになると、そこから排出される廃棄物の量は増大を続け、自然に負荷を加えるまでに至った。そして、その負荷が自然の持つ浄化力を上回るとき、自然環境の破壊が始まる。

人間は自分たちの生活の「場」を考えるとき、自然環境を「与えられたもの」として社会環境の整備・強化のみを進めることはもはや許されない。なぜなら、社会環境の整備・構築の仕方やそこで営まれる生活や生産活動によっては自然環境に大きな影響を与えるからである。したがって、社会環境を整備・強化するとき、つねに自然環境にどれだけの負荷を加えるかを考え、自然環境と社会環境の双方向の関係を考慮する必要がある。ここに人間が自分たちの生活の「場」の強化にあたって、社会環境の整備に加えて自然環境への負荷を最小限度にとどめるというもう一つの制約が加わる。

ただ、自然環境の領域が市場経済の外側にあることから、自然への負荷を最小限にとどめるにあたっても市場原理の適用は思うままにならず、たとえば、社会環境から排出される廃棄物による負荷を最小にするための技術開発が、省力化のための技術開発のように持続的に行われるとは限らない。ここでも価格に代わって「税」の導入が必要となる。

問題は環境税を課する場合の課税根拠である。炭素税は地球温暖化ガスの発生原因である石油をはじめとして化石燃料に課税することで、その消費を抑制しようとすることから、その税収が環境改善のための技術開発に使われるにしても、原因者負担の原則に課税根拠を求めるときは、炭素税に見られるように課税対象の石油等の消費が抑制されねばならないが、その前提として、1）石油等の消費と地球温暖化との間の因果関係、2）炭素税によって石油等の消費量が抑制される課税効果に関するデータが求められる。

いまのところ環境税に関するうえの2点については十分なデータは得られていない。それでわが国では京都議定書の発効以降も環境税に対する議論はなされているが、まだ炭素税の導入決定には至っていない。この二つの情報が明確にならない限り、環境税が導入されても税負担はそれほど大きくは求められず、税収も期待できない。そのため、環境保全のための技術開発の財源としても中途半端なものとなる。

環境税に対するもう一つの課税根拠は受益者負担の原則に求められる。社会環境において行われる人びとの生活や生産活動によって自然に負荷がかかることから自然環境の破壊が進むとき、人びとの生活の「場」が土台から崩れ始め、一気に人びとの生活は不安定となる。それだけに自然環境の保全によって人びとが受ける便益は、それを意識するか意識しないかにかかわらず大きい。この考え方に環境税の課税根拠を求めるとき、もう一つの環境税が生まれる。このように受益者負担にもとづく環境税は、従来の原因者負担にもとづく税と区別して「環境保全税」と呼ぶことにしよう。

(3) 環境保全税の構造

　問題は環境保全税の税構造と税負担の大きさである。人びとの生活の「場」を根底から支える自然環境が長く安定的に保全されていくことを通じて人びとが受ける利益は直接測ることができないが、きわめて大きいはずである。しかし、誰もがそれを自覚しているわけでなく、酸性雨による樹木の立ち枯れや、森林の伐採による砂漠化、あるいは、異常気象による土砂崩れ、農作物の凶作などを目にするとき、自然環境を守ることの大切さを誰もが理解しても、自然環境の保全によって得ている利益の大きさを測ることはできない[13]。そのため、環境保全税が受益者負担の原則によって人びとに負担を求めるにしても、受益＝負担にもとづいて税構造を決めることは難しい。

　地球で生きている限り、誰もが自然環境から恩恵を受けて生活しており、特定の個人にだけ税負担を押しつけることはできない。所得・消費・資産のいずれに税源を求めるにしても、生活者の全員がわずかでも税負担を負うように課税すべきである。そして、できれば各個人が自然環境から受ける利益（恩恵）に応じて負担するように工夫をすべきである。ただ、直接各人の受益額を測ることができないことから、誰もが受け入れられる基準を設定し、それにもとづいて各個人に課税される。

　たとえば、生活の「場」を根底から支える自然環境の保全から人びとが受ける利益の大きさは、その人の生活水準にほぼ比例するという仮定に誰もが同意するとすれば、すべての消費支出に税負担を求める消費税は、環境保全税としても公平な税構造を持つものとして誰からも同意される。なぜなら、各個人の生活水準は消費支出に比例してほぼ決まると想定される

からである。そのため、現行消費税の 1% を環境保全税に充てるとき、誰もが負担する消費税額はその個人が自然環境から受けるだろう利益にほぼ比例すると想定される。

　そして、その税収が環境保全に使われ一定の効果を表すとすれば、環境保全税は受益者負担原則にもとづく「税」としての性格を一層強めることになる。その場合、環境保全税は目的税として課税されねばならない。たとえば、廃棄物の排出にあたって自然への負荷をできるだけ軽減するための技術開発にその税収を使うとか、環境保全の機能を持つ水田での稲作を支援するためにその税収を使うとき、納税者は自分たちの税負担が環境保全に積極的に役立っていると理解できる。このように目的税として導入するときは、環境保全税だけの収支計算書を作成することができ、税収の使途を明らかにするだけでなく、その効果についても納税者にデータが提示される。

　環境保全税の税構造を議論するとき、より重要な問題は税率である。受益者負担の原則にもとづく限り、税率は環境の保全から受ける利益の大きさによって決められるべきであるが、利益が直接測定できないとすれば、別の方法をとらねばならない。たとえば、先に提示した収支計算書にもとづいて環境保全のための諸政策を立案し、それにかかる費用を算出して収支計算書に計上し、税収とバランスさせるという方法である[14]。いま、消費税の 1.5% 分を環境保全税に充てるとき、約 5 兆円の税収が計上される。このうち水田での米栽培の維持に 4.2 兆円を支出するとすれば、残りの 0.8 兆円を環境保全のための技術開発に充てることでバランスするが、これによって納税者に対して環境保全のための諸政策に対する理解を深めることが可能となる。

　ここに受益者負担原則に課税根拠を置く環境保全税の利点がもう一つ加わることになる。すなわち、環境保全税の収支計算書を通じて環境政策の推進が 21 世紀の経済運営にとっていかに重要であるかを理解し、多くの納税者がその日常生活においてつねに環境問題と向き合って省エネルギーに努めるとすれば、たとえば、パリ協定で決められた CO_2 をはじめとする温室効果ガスの削減目標の達成に向かって誰もが参加意識を持つことができる。また、国際的にもわが国の環境問題に取り組む姿勢が広く理解されることになり、そのとき環境立国の条件が完全に整うことになる。

[注]

1) 最近は魚介類の多くが養殖されており、漁業も資源の採集から利用の方に重点を移しつつあり、図8-1の資源の循環構造の（1）での経済活動が拡大していることは確かである。それによって自然に対して新しい影響が加わることも懸念される。

2)「優しい農法」とは自然に余分な負荷を加えない農法を指す。

3) 最近の極端な気象の頻発が地球温暖化にもとづくという報告が国連の気象変動に関する政府間パネル（IPCC）によって報告されている。

4) 南北の幅は、宗谷岬北緯43度31部〜石垣島24度2部で約2300kmであり、東西の幅は石垣島東経122度〜北方4島東経148度で約2700kmであるので、その広がり（2300km × 2700km）からすれば、かなりの大国といえる。

5) 森林の保水力の低下と、最近頻発している土砂災害との因果関係は明確ではないが、これによって環境破壊が進んでいることは確かである。

6) ここで自然への負荷Fは便益の側に置かれているが、当然、負の便益である。

7) 環境問題を議論するとき、農薬全般について十分に議論しておかねばならないが、ここでは残留農薬の問題に限って取り上げ、生態系への影響を中心に議論することにする。

8) 農地改革後、自作農になった農家を援助するため食糧管理特別会計が設けられ、国が米の問屋の役割を受け持ち、生産者米価に対して消費者価格を低く設定することによってその差額分を農家に金銭的援助として配分した。

9) ここで取り上げられる税も環境税ではあるが、その課税根拠は原因者負担の原則でなく、受益者負担の原則にもとづくと考えられる。

10) 食糧管理制度に対する評価はどのような立場に立つかによって大きく変わるところであるが、水田が守られてきた点を取り上げるとき、環境保全の立場からは食糧管理制度に対して高い評価が与えられる。

11) 民主党政権下で検討された農業改革の基本計画では、農地規模に応じて農家の所得を保障する直接支払制度の導入が議論されたが、環境問題に対する配慮は欠落していた。

12) 水田の面積2万8千km^{2}は仮定の数字であるが、実際の面積もこの数字に近いとみなされる。

13) 人類はこれを自然の恩恵として受け止め、改めて、その恩恵の大きさを測ることはしてこなかった。

14) これは環境保全税に関する収支計算書であるが、このほかに、環境保全のためには自然環境への負荷と自然の持つ浄化力との関係を表示する「環境バランス・シート」を作成する必要がある。

9章

中間階層の後退と社会の安定・安全

―サービス化の進展と富裕層対貧困層の二極化―

1 技術革新と中間階層の誕生

(1) 分業・協業体制の設計と管理者

　アメリカをはじめイギリス、ドイツ、フランス、イタリアなど先進工業国と呼ばれてきた国々では、産業革命を経て継続的に進められてきた技術開発ないしは技術革新がもたらしてきた製造業における生産力の飛躍的な拡大が、それまでの封建的な社会を支配してきた貴族ないしは大地主や僧に代わって、ブルジョアないしは資本家階級と呼ばれる新たな支配階級を生み、大規模な工場を建設し、新技術の開発に伴ってうまれてきた新しい機械を配置し、それらの機械を動かす労働者を雇用して効率的な分業・協業体制を造り上げていった。

　製造業における財の生産は、新工場に設置された機械や生産設備とそこで働く労働者とによって実現することからすれば、生産設備の所有者である資本家階級と労働者とは財の生産に関しては対等の立場ないしは相互依存の関係にあるとみなされるが、実際には、雇い主である資本家階級に対して労働者が数の上で圧倒的に多かったため、雇う側と雇われる側とが明確に分かれ、雇う側のブルジョアの立場を圧倒的に有利にしてきた。

　おそらく、新しい工場が操業を開始するために従業員を募集する場合、予定されている従業員数をはるかに上回る労働者が応募してきたとみなされる。したがって、雇い主である資本家階級の提示する賃金で雇用することが一般的であった。言い換えれば、技術革新によってもたらされた生産性の向上という果実の大半は資本家階級の手にもたらされることになり、ブルジョアと労働者の上下の立場を鮮明にしていった。

　一つの工場で完成品が造られていく場合、工場全体で分業・協業の体制

が造られ、誰もが同じ機械を動かして完成品を造るのではなく、いくつか
に別れた生産工程の一部分を分担し合い、全員で完成品を造っていくとい
う体制がとられることで、技術開発による労働の生産性がいちじるしく高
められていったとみなされるが、長い生産工程の一部を分担している労働
者にとって、大量に生産される完成品に対して自分がどれだけの寄与をし
ているかについて非常に分かりづらいところがあったことから、自分に与
えられる賃金が自分の提供する労働に見合うものであるかどうかも理解す
ることは難しかった。しかも、自分が辞めても働く場を求める労働者が多
く控えていることを考えれば、雇用主に対して賃上げを要求することもま
まならなかったはずである。

　また、少しの賃金の増額を求めて精を出して仕事をしても、全体の生産
量が増えるものでなく、前の部門から部品が送られてくるのを待たなけれ
ばならないことを知り、反対に少しでも手を休めると後の部門から苦情を
聞くことになってくると、ますます自分が工場全体のなかで一つの歯車に
すぎないことを知り、いまもらっている賃金が低いのか、それとももらい
すぎなのかも十分には理解されなかったと想定される[1]。

　ただ、工場全体で分業・協業体制を取ることから、一定の面積の工場が
あたえられたとき、そこでできるだけ多くの完成品を生産するために生産
工程をいくつかに分割し、それぞれの工程にどのような機械を配置し、そ
の機械に何人の労働者をはりつけるかといった工場内での分業・協業体制
の設計が、完成品の増産にとって極めて重要な条件となることが明らかに
なってきた。そして、その設計図にもとづいて労働者の配置が決められて
いくことになる。原材料の投入から製品の完成までをいくつかの生産工程
に区分し、それぞれの工程に何人の労働者を配置するかといった工場全体
の分業・協業体制の設計がその工場で生産量を決める決め手となっていっ
た[2]。

　当然、この任にあたるのはこれまでに長い経験を積んできた労働者にな
るが、作成された設計図にもとづいて労働者を配置し、各部門間の連携が
うまくとられて、予定された生産量が実際に生産されていくようにすべて
の生産工程を管理していくのも、設計図作成したベテランの労働者という
ことになるのは当然である[3]。場合によっては、労働者の配置換えも行い、
また、ときには労働者の仕事に向かう態度に対して注意を促すこともあっ

たはずである。このような経験豊かなベテラン労働者の工場全体をまとめていく管理者としての役割は、本来資本家階級が負うべきものであると考えれば、上で見てきた管理者の代行を務めるベテランの労働者は、一般労働者と資本家階級の中間に位置し、両者を調整する役割を担うとともに一般労働者を管理するという役割も担うことになる。

「管理者」という新しい役割を担うベテラン労働者に対して支払われる賃金には、相当の管理手当が加えられて一般労働者の賃金よりかなり高い賃金を受け取ることになる。言い換えれば、技術革新によってもたらされる生産性の向上に伴う恩恵の一部が管理者という新しい労働者に対して分配されることになり、資本家階級と一般労働者の間の中間階層を形成することになっていった。このように製造業を中心とする2次産業における技術開発ないしは技術革新が中間階層を生み出してきたことを見てくると、2次産業の就業者の割合が産業全体の40％近い比率を占めているときは、中間階層も貧困層と富裕層の中間にあって両者の対立を和らげる緩衝帯を形成してきたとみなされる。経済全体のサービス化の進展に伴って、中間階層を生み出す製造業での技術革新の機会が経済全体で見てそのウエイトを低下させてくることで、中間階層も社会構造のなかで後退を余儀なくされてきたと見なされる[4]。

(2) 3次産業と技術革新

　3次産業のそれぞれの分野で企業が事業の拡大を図る場合、製造業のように技術開発ないしは技術革新にもとづく生産性の向上を大きく見込むことができないことから、せいぜい生産組織ないしは企業組織のイノベーションによる事業規模の拡大を目指すことになるが、それによる労働生産力の向上はそれほど大きくはなく、ましてやそこに中間階層を生み出すような余力を見出すことも難しい。かくして、社会構造における中間階層の後退も経済のサービス化の進展にもとづくものと見るべきである。これによって社会構造の安定・安全の後退が始まったとみるならば、その対策としては中間階層の復活以外の方法で進めていかねばならない。

　現在、GDPの70％を占めるサービス産業では、流通・販売、交通・運輸、金融・投資、公共サービス、教育・学習、医療・福祉等多くの分野に分かれるが、それぞれの分野でのサービス提供にあたって、2次産業のように

機械や設備などの物的基盤が背景にあるのでなく、そのため、技術進歩があってもそこで働く労働者の生産性を大きく高めることはなく、そこで働く人たちの労働サービスが質的に著しい改善を見るわけでもない。また、3次産業のいずれの分野においても分業・協業のシステムに目に見える改善が加わる訳でもないことから、製造業に見られた技術革新の成果が労働生産性の向上につながっていくこともなかった。その分賃金の上昇は遅速であった。それでも技術革新の成果がもたらされる場合には、経営者がそのほとんどを吸収していった。

　このような状況においては中間階層を生み出す余力は存在しない。それどころか変化の乏しいそれぞれの職場での労働であることから、少しでも自分の労働の質を高めようという意欲も起こってこないで、与えられる賃金に見合う労働サービスの水準を自分なりに決めて、拘束時間を何とかこなしていくといった毎日を送ることになれば、3次産業におけるどの分野においても労働生産性の向上を期待することはできない。言い換えれば、3次産業においてはどの分野においても労働インセンティブを刺激する要因は乏しいことになる。

　勿論、3次産業においても、医療・福祉、公共サービス、教育・学習等の分野においてはそこで働く人びとの労働の質的向上に対するインセンティブは高く、少しでも自分の労働サービスの質的向上を目指すことになるが、この分野の賃金体系は共通して年功序列型の賃金体系がとられており、終身雇用制度でもある[5]。いわば働く者の働きやすい環境が整っていることになる。なかには、このような環境に安住して適当に毎日の勤めを果たしている者もいるが、周りの職場での労働環境を見て、自分のおかれている労働環境を恵まれたものと感謝して自分の労働サービスの向上に努力を払っていく労働者が多くなってくれば、この分野においては、労働サービスの質的向上を正確に測ることはできないが、3次産業の他の分野に比べて労働生産性の向上が期待される。

　しかし、この分野で働く労働者の数は限られており、労働者の数からみても、3次産業で働く労働者のほとんどは労働サービスの質的向上を目指しても、それが正しく評価されて賃金に反映される仕組みにはなっていない。この違いは何時そしてどのようにして生まれたのか。この問題を明らかにしていくためには、労働者が結束して自分たちの職場での地位を認め

てもらい提供する労働サービスに対して適正な賃金が支払われることを求めていくためには、労働者の一人一人が声を大にして要求するよりは、労働者全員が結束して経営者と交渉していく方法をとらざるを得ないことは明らかである。

(3) 労働組合の結成

　先に管理職の誕生とその役割について、2次産業の製造業を例に取り上げ説明してきたが、その場合、管理職は工場内での分業・協業体制の設計とそれぞれの部署への労働者の配置を決めていくことから、労働者ではあるが立場は経営者側に立っていたといえる。ただ、管理職は経営者と労働者の中間に位置したが、両者を仲介するという役割を果たすことはなかった[6]。本来、雇用に関しては労働サービスの需給であるから、労働市場において経営者と労働者は対等の立場であるが、労働サービスの供給者としての労働者が多数であるのに対して雇用する側の経営者の方が少数であることから、つねに労働市場は雇用者側に有利な買手市場を形成してきたとみなされる。

　そのため、労働者は雇用者が提示する賃金をそのまま受け入れることを余儀なくされた。ただ、就労にあたっては労働者は互いに競争関係におかれているが、雇用が決まれば、雇用者に対して労働者が互いに手を組んで待遇改善について雇用者に申し出ることができることになる。ここに労働組合の誕生を見ることになった。このように労働者が互いに手を組んで雇用主に賃金の引き上げを含む労働環境の改善を要求するためには、労働者の側もかなりの人数が求められるのであって、労働組合を結成しても組合員の数が制限されているときは、雇用主は組合員を全員解雇し、新たに労働者を採用することもできることになる。

　このことから、19世紀後半から20世紀にかけて工業先進国で労働組合の誕生を大規模の製造業においてみるが、製造業を中心に労働組合が結成されたことが管理職に支払われる給与を引き上げることになり、中間階層の進展を促す結果となった。ただ、労働組合が経営者と対等の立場で交渉を進めていくためには、組合員が相当の数にならなければならない。したがって製造業で相当の数の労働者が雇用されていても、労働組合に加入する者が限られている場合は、雇用者に対する交渉力は強くはならない。3

次産業の多くの分野では企業の規模はそれほど大きくはなく、労働組合を結成することが難しいところが多い。そのため、そのようなところで働いている労働者の賃金は低く抑えられており、このことが中間階層の後退をもたらし、富裕層と貧困層の二極化を進める結果ともなった。

2　3次産業の拡大と中間階層の後退

(1) 3次産業における技術革新

　日本経済も1980年に成熟社会を迎える頃から急速にサービス化が進展し、資本主義体制の維持にとって重要な役割を担ってきた価格の調整機能の後退をもたらしてきた。本書においても第4章「市場原理の有効性とその限界」[7] で資本主義体制の行方と関連づけてこの問題を取り上げてきた。この節では、サービス化の進展に伴ってもたらされてきた3次産業の量的拡大が、いま先進工業国において進んでいる中間階層の後退とどのように係わってきたかを検討しながら、これからの日本経済の運営において目指すべき成長に変わる新たな目標ないしは方向付けをどこに求めるべきかを検討していくことにしよう。

　サービス化の進展を1次、2次、3次産業間の就業者比率で見るとき、3次産業が70%に達し、ここで生み出される付加価値は流通・販売、交通・輸送、金融・投資、公共サービス、教育・学習、医療・福祉等の各分野に分かれるが、これによってGDPの70%はサービスによって占められることから、当然、GDPの拡大の速度は3次産業での労働生産力の向上が決め手となるが、製造業の場合と異なって3次産業のいずれの分野においても機械・設備との結びつきは弱く、それだけにGDPの拡大を促すような労働生産力の向上を期待することは難しい。

　たとえば、機関車、電車、船舶、航空機等の機械設備に近い輸送手段ないしは移動手段を使う交通・運輸の場合でも、これらの手段が絶えず技術開発や技術革新によってその機能が毎年5、6%も高められている訳ではない。汽車が発明されてから200年が過ぎようとしているが、石炭で走っていた蒸気機関車がモーターで動かされる電気機関車に変わるのに1世紀以上も時間の経過を必要としてきた。そして、小型のモーターで動く電車が発明されて、大都市圏[8] において中心都市と隣接の諸都市を結ぶ郊外電車が建設されていくが、それぞれの大都市圏において見られる鉄道網が整備

されるのに、さらに、1世紀以上の年月が費やされたことを考えれば、そこで働く労働者の生産力の伸びが製造業に比べてはるかに緩やかであることは明らかである。

このような交通・運輸の領域で見られる労働者の生産力の伸びの鈍さは、3次産業の他の分野にも見られる共通の現象であって、交通・運輸と同じように技術開発ないしは技術革新が急速に進んでいる医療・福祉の分野を取り上げて、そこで働く労働者の生産力の伸びの状況についても見ておこう。

医療・福祉の分野においては治療技術や介護技術において次々に新しい治療方法や介護方法が開発され、これまで難病とされてきた多くの病気の回復に関するニュースをよく聞くようになってきている。特に、医療検査機器や介護機器の技術開発[9]は目覚ましく、それによって難しい病気の原因が明らかになったり、要介護度の引き下げに役立ったり、要介護度の進行を遅らせることにも役立っている。しかし、それによって医療・福祉の分野で働いている労働者の生産力が目に見える形で高められたと見ることはできない。たとえば、介護の分野において高齢者を世話しているヘルパーさんが、新しい介護機器の導入によって、これまで5人の高齢者を世話してきたのが、7人も8人も世話できるようになる訳ではない。このように3次産業においては新しい技術開発や技術革新が見られても、製造業のように労働者の生産力の向上に直ぐにつながっていくことにはならない。

したがって、流通・販売の分野のようにほとんど生産設備を使わずに労働者が拘束される労働時間がそのまま生産量を決める場合には、たまたま、事務機器などで技術革新が起こって労働者の生産性が向上したとしても、その伸び率は小さく、しかも、一回限りの場合が多い。いま、大都市圏において都市間の人口の移動を受け持つ鉄道会社において、新しい車両の開発が行われ、これまでの一列車4輌編成が8輌編成に切り替わって一列車の輸送量がほぼ2倍に増大した場合を想定してみよう。運転手の生産力はほぼ2倍に高まったことになるが、その鉄道会社に勤める従業員全員の生産力で見れば、その上昇率は数パーセントに薄められてしまう。しかも、このような改善が頻繁に行われるものでないとすれば、3次産業での技術開発が労働者の生産性を引き上げる力はそれほど大きくないことが指摘され、この状況は3次産業の他の分野においてもほとんど変わることがないと想定される。

さらに、3次産業の場合、いずれの分野・領域においても職場の単位は
それほど大きくなく、製造業における大規模な工場のように同じ職場で働
く労働者の人数もそれほど多くはない。そのうえ、工場のように労働者相
互間での分業・協業の程度もそれほど強くないことから、各職場での労働
者間の連携もあまり密接とはいえない。したがって、個々の労働者は自分
に与えられた持ち場での役割をそつなくこなしていけばいいことになり、
各職場のトップに立つ者に対しても管理者としての役割がそれほど強く求
められるわけではない。そのため、製造業で見てきたような中間階層を形
成するような管理者が生まれる環境は3次産業にはほとんど見られない。

(2) 成長から分配への方向の転換

　いま、先進工業国においてみられる中間階層の後退とそれによってもた
らされてきた貧困層と富裕層の対立の先鋭化が社会構造の安定・安全を損
ないつつあるという指摘があるが、その原因の多くがサービス化の進展に
伴う価格の調整機能の後退によってもたらされてきたと見るとき、ここに
も資本主義体制の行方に対する不安材料の一つが見られることになる。こ
の状況に歯止めをかけ、資本主義体制の行方に新しい方向を見出していく
ためには、いま、先進工業国で進行している社会構造の安定・安全の後退
を何としても食い止め、できればとくに社会構造の底辺に位置する貧困層
の人びとが自分たちの将来の生活に少しでも希望をもつことができるよう
な方向に国民経済を導いていかねばならないが、そのためにはいずれの国
においても、これまでの「成長」を目指す経済運営の基本的姿勢を転換し
て新しい目標を掲げ、それに向かっての新しい経済運営の展開が求められる。

　70％までサービス化の進んだ日本経済においてもこれまでの「成長」を
目指す方向づけから、視点を「分配」に向け21世紀の日本経済が目指すべ
き国造りに新しい方向を見出し、それに沿って進めるべき新しい経済運営
の道筋を明らかにすることに努めることで、中間階層の後退にもとづく社
会構造の安定・安全の後退に歯止めを掛け、もう一度社会構造の安定・安
全を取り戻す方向に日本経済運営の道筋を切り替えていくことに努めねば
ならない。

　この議論を進めるにあたって、わが国の場合、人口減少の進行を抱えて
いることを考慮しなければならないことから、このような方向転換にあたっ

ては、他の先進国よりももう一つ余分に考慮すべき問題を抱えることになる[10]。しかし、人口減少は 21 世紀の日本経済の運営を考えるにあたって大前提であるから、この問題を外すことはできない。したがって、人口減少はその速度も含めてこれからの議論の展開に対して大きな制約になることは明らかであり、そのために議論の進め方によっては人口の減少速度そのものに対しても厳しい制約が加わることも想定される。むしろ、人口の減少速度そのものを制御していくことが経済運営の中心的課題となることが想定される。

3　誰もが将来に希望の持てる経済運営

(1) 成長重視から分配重視へ

　前節で中間階層の後退の理由を経済のサービス化の進展に伴って、2 次産業の中心をなす製造業のウエイトが低下することで、そこで進められてきた技術開発にもとづく労働生産力の向上が経済全体で見た労働生産力の伸びを相対的に鈍らせ、小さくなった労働生産力の伸びの大半が大企業に集中することによって富裕層の取り分を増やしていったため、中間階層の後退を招くとともに貧困層と富裕層の対立を先鋭化させ、そのことによって社会構造の安定・安全が後退してきたとすれば、その背景にサービス化の進展が関連することは明らかである。

　もし、このような状況が、経済のサービス化が急速に進展するなかで先進工業国が成長に軸足を置く経済運営をつづけてきた結果とみなされるならば、もう一度これらの国々が社会構造の安定・安全を取り戻すためには、国民経済の運営の基本目標を成長（GDP の拡大）から分配（GDP の分け方）に移していくことが求められる。3 次産業のいずれの分野においても、労働力と生産設備の結びつきは製造業ほど強くはなく、したがって、技術革新によってもたらされる労働生産力の向上への寄与率もそれほど大きくはない。そのため、経済運営の基本目標を成長率の維持に置く限り、その実現のために経済運営に無理な負担を押し付けることになりかねない。先進国に見られる社会構造の安定・安全の後退はその無理な経済運営の結果ともみなされる。

　企業はその事業規模にかかわらず、事業規模の拡大を目指して投資を進めることをある意味では宿命とするが、3 次産業においてはそれに見合った労

働生産力の向上が期待されないことから、労働者からの賃金の引き上げの要求を抑えたり、雇用形態の変更によって賃金の支払額を全体で抑えたりしていくことになる。その結果、事業拡大のための企業の投資は労働生産性の向上にはつながらず、むしろ賃金率を抑えて貧困層と富裕層の対立を先鋭化させ、社会構造の安定・安全を後退させることになってしまった[11]。

これに対して、経済運営の目標を「成長」から「分配」に転換するとき、生産に参加する者の誰もが納得できる形でGDPを分配することを目指さねばならない。企業も事業活動の拡大やイノベーションを通じて得た利益を労働者にも分配することが求められる。これによって労働者の賃金が少しでも上昇するとき、労働生産力の向上という形で分配重視の経済運営は結果を残すことになる。そして、このことがGDPにおいて最も大きな構成比をなす消費需要Cを少しでも押し上げ、それによってGDPの拡大を見るとき、経済の成長を期待する労働者の日常生活においても明日に向かって多少の明るさがもたれるようになれば、富裕層と貧困層の対立は緩和され、社会構造の安定・安全の回復にも通ずる。

このような経済運営の流れは、これまで経済の成長を促してきた主役が有効需要のうちの投資需要Iであったのが、消費需要Cがその役割を代わって担うことを意味する。このように経済運営の重点を成長から分配に移すとき、経済の流れ全体が大きく変わるように見られるが、この流れの変化について、つぎに続く二つの項で理論的に跡付けておこう。

(2) 分配重視の経済運営

わが国におけるGDPの構成を有効需要の構成にならって消費需要C、投資需要I、財政支出Gおよび貿易収支（X − M）の4項目に分けて捉えるとき、その構成比としてC = 60%、I = 20%、G = 15%、（X − M）= 5%を想定することができる。いま、消費需要が前年に比べて2%増大して62%になるとき、他の需要項目に変更がなければ、GDPは102に増大し、GDPは2%の成長率を実現することになる[12]。したがって、問題は労働者を含め消費需要の2%の伸びのためには可処分所得が3.4%の増加を見なければならない。ただ、可処分所得の3.4%の伸び率はいずれの先進国においても世界経済の現在の停滞期のもとでは望みえない数字である。しかし、賃金も含めて可処分所得の2%の増加を想定するとき、GDPの伸び率は1.2%

にとどまるが、それでも成長は持続可能である。

　言い換えれば、毎年一律に賃金率を 2% 引き上げることによって可処分所得の伸び率を 2% で維持することができれば、GDP の成長率を 1.2% で持続することができることになる。そして、この成長率は賃金についていえば、労働生産力の 2% の上昇によってもたらされたことになる。かくして、経済運営の視点を成長から分配に移し、GDP の構成項目のうちでもっと大きな比率を占める消費需要を可処分所得の増分によって伸ばすことによって、GDP の成長が支えられていくという方向への経済運営の転換が図られる。したがって、ここで問題となるのは、労働者の賃金を含めて可処分所得をいかにして 2% の上昇を維持するかである。

　労働者の賃金についていえば、労働生産力の 2% の上昇が確保されねばならないことになる。GDP の 70% までサービス化が進み、技術開発が継続的に進められてきても、労働者の賃金の引き上げにつながっていかない状況のもとで、毎年、2% の賃金の上昇を維持することはほとんど不可能である。問題は毎年賃金率の 2% の引き上げをどのように進めていくかである。ここで消費需要の伸びを通じて GDP の成長を持続させていく経済運営の方向を実現可能にする雇用制度の確立を目指すことにしよう。

　この問題を検討するにあたって思い起こされるのは、バブルの崩壊（1991年）の以前までわが国の多くの企業で採用されていた終身雇用制度と年功序列賃金体系という日本特有の雇用制度である。わが国においても 20 世紀に入って技術開発・技術革新が徐々に加速していくが、それでも機械のもつ性能はそれほど高くなく、それだけに人間が機械をうまく使って機械の隠された機能を引き出していくようになるためには、かなりの時間が必要とされた。そこで必要とされる時間は取り組む機械によっても異なり [13]、また、労働者の機械への取組み方によっても異なってくるとみなされるが、十分に機械を使いこなせるようになるまでは雇用者である企業が労働者の生活の面倒を見るという形がとられたので、5、6 年面倒を見てやっと一人前に育ったときに、他の企業によって引き抜かれることを防ぐために終身雇用制度がとられてきたと考えられる。したがって、年功序列型賃金体系も未熟練労働者から育ててきた労働者が長く企業にとどまって、身に付けた技能を長く発揮してくれることを願って設けられてきた制度であった。

　このように見てくると、日本経済がまだ若くて製造業を中心とする 2 次

産業の就業者率が50％近い水準にあって、いずれの企業も生産の拡大を目指していたとき、働く意欲の強い労働者の育成を企業戦略の第一に置いたのであった。この状況は労働市場においては売手市場にあったことになる。しかし、バブル崩壊後長く停滞がつづき、労働市場が売手市場から買手市場に切り替わることによって、日本固有の雇用制度である終身雇用制度と年功序列型賃金体系は姿を消すことになった[14]。

(3) 投資先行から消費先行へ

　これまでの成長重視の経済運営においては、企業の設備投資先行型で有効需要を伸ばし、それによってGDPの拡大を図る政策をとってきた。その設備投資が技術革新によって労働生産性の向上を伴うとき、賃金の上昇を伴って消費需要を刺激することから、GDPの伸びを確実なものにしていった。したがって、これまでの成長重視の経済運営においても、GDPの拡大には消費需要の伸びが大きな支えになってきたのである。それは設備投資先行型であってもGDPに占める投資Iの構成比は消費需要の3分の1に過ぎないことにもとづく。

　したがって、サービス化が進展して3次産業がGDPの70％を占めるようになり、設備投資の多くの部分が3次産業で行われるようになるとき、製造業のように技術革新に伴う設備投資であっても労働生産性の伸びに直接つながっていかないとすれば、消費需要の伸びを介してGDPの伸びすなわち成長を促すことにつながらなくなる。

　第2節で経済のサービス化の進展が中産階層の後退をもたらしてきたことを見てきたが、全く同じ見方で投資先行型の経済運営では、これまでのように2％前後の成長率さえ維持することが難しいことを説明することになって、ここにおいて消費先行型の経済運営が提案されることになる。GDPの60％を構成する消費需要が他のいずれの項目に先行して2％の伸びを示すとき、GDPは101.2に伸び、これだけで1.2％の成長率を維持できることになる。したがって、この消費先行型の経済運営を実現するための決め手はいかにして消費需要を伸ばすかにかかってくる。

　もし、毎年確実に可処分所得が2％ずつ上昇することが約束されていれば、誰もがその増分の全額でなくても消費需要を増やすことは十分に期待される。たとえば、給与所得者の場合、バブル崩壊以前まで長くわが国で

採用されてきた年功序列型の賃金体系の場合は、どのような職場であれ、そこで一年間勤務することでいろいろのことを学び、労働者もできるだけ早くその職場に慣れるように努力することから、労働生産性は向上しているとみなし、それを次の年の賃金に反映させていくものである。これによって労働者は一層労働生産性を高めることに努力を払うことになるという、人間を「性善説」[15] で見ていることにもとづく。しかし、誰もが一年勤務することで賃金が定期的に上昇するとすれば、自分の労働力の向上に力を注ぐことなく、却って怠惰になってしまうという「性悪説」に立つときは年功序列型賃金体系は成立しない。

　いずれにしても、消費先行型の経済運営は年功序列型の賃金体系のもとに成り立つことから、人間を性善説で見ることが前提になっていると考えるとき、分配重視の財政運営の背景には、人間は誰もが前向きに日々の生活を送るものと想定することになる。

4　終身雇用制度と年功序列型賃金体系

(1) 労働意欲を支える賃金体系

　終身雇用制度と年功序列型賃金体系を基本に置く雇用制度は、戦前からわが国の大企業が事業規模の拡大を目指して採用してきた日本固有の雇用制度であり、戦後においてもそのまま受け継がれ、とくに、高度成長過程においては必要な労働者を確保するために引き継がれ、わが国が成熟社会を迎える 1980 年代においても維持されてきた。バブル崩壊後わが国の経済が長い不況に追い込まれ、いずれの企業においても不況に直面して自由に人員の調整が行い得るような雇用制度に切り替えるまで受け継がれてきた。この雇用制度については、経済運営の目標を成長から分配に転換し、経済の拡大については従来の投資先行型から消費先行型に切り替えることによって、消費需要の伸びを通じて経済の拡大を図る方向に切り替えていくにあたって、終身雇用制度と年功序列型賃金体系をもう一度見直すことにしよう [16]。

　成長重視の経済運営においては、有効需要を構成する消費需要Ｃ、投資需要Ｉ、財政支出Ｇ、貿易収支（X − M）のうち、主に投資需要Ｉと財政支出Ｇを通じて経済の拡大を図ってきた。これに対して、前節で提案してきたように消費需要の伸びに重点を置き、それを先導に成長を図っていく場合には、

消費需要を決める可処分所得が先行的に一定の伸びを示さなければならない。先の数値例ではGDPにおいて60％を占める消費需要が毎年2％の伸びを示すことによって、GDPを1.2％押し上げることが想定された。そして、そのためには毎年可処分所得の2％の伸びを実現しなければならないが、そのうちの賃金に関しても毎年2％の増加を見込むことが求められる。

この場合、戦前、戦後を通して大企業が採用してきた終身雇用制度のもとでの年功序列型賃金体系で毎年2％のベースアップが決められるならが、可処分所得のうち賃金に関しては2％の増加率を見込むことができ、消費需要先行型の経済成長を維持することができる。このことは労働生産性のアップを意味することから、今や、70％のシェアを占めるサービス産業においても確実に労働生産力のアップが生産設備に対する投資とは関係なくもたらされることになる。

ここで問題になるのは、これまでわが国で大企業が採用してきた年功序列型賃金体系が終身雇用制度と結びついて採用されてきたことを考えるとき、職場間の移動が比較的自由ないまの雇用環境のもとで年功序列型賃金体系を制度的にどのように定着させていくかである。中間階層の後退から先鋭化してきた貧困層と富裕層の対立をできるだけ緩和することが求められることを考えるとき、年功序列型賃金体系はむしろ中小企業でのこのような賃金体系の定着化が決め手になると想定される[17]。

いま、想定される簡便な方法はいずれの企業も採用時の賃金水準を提示するとともに翌年からの賃金についても年功序列型賃金体系で提示することにすれば、労働者の側も働く場を決めるにあたってより多くの情報を得ることになり、選択の範囲も拡大することになる。もう一つの問題は、学校を出て最初に職に着くときは、企業側が示す初任給と年功序列型賃金体系で判断できるが、途中で職場を変えるとき、これまで勤めてきた企業で受けてきた年功序列型賃金体系の年限をどのように勘案するかである。おそらく、職場を変えるにあたっては、いろいろの理由があるにしても、新たに受け取る賃金がこれまで得ていた水準より低くなることは避けたいと考えるからである。

むしろ、転職の理由としては、これまで以上の賃金が受け取れることが大きいはずである。その場合、受け入れ側の企業としては、すでに年功序列型賃金体系表をもっているから、その表にもとづいてどの年限から適用

するかが問題になり、それを決めるにあたって新規の応募者がこれまでどのような勤務状況であり、どのように賃金を受けてきたかを見ていかねばならない。このことを考慮するとき、労働者一人一人が雇用手帳をもっていてできるだけ詳細に職歴を記入していくことにすれば、転職の際に企業にそれを提示することによって、年功序列型賃金体系の適用がつながっていくことになり、勤め先の企業が変わっても終身雇用制度と同じ雇用の連続性を個々の労働者が意識することができるようになり、雇用の安定性が一層高まることになる。

このような労働者の立場から見て、安定した雇用制度の実現にあたっては、国に課せられた三つの基本的役割の3番目の「国民に対する働く場の確保」から考えて、政府がこれまで見てきた新しい雇用制度および年功序列型賃金体系の設計を担当し、企業はそれにもとづいて労働者を雇用することに努めなければならない。

(2) 石の上にも3年

年功序列型賃金体系の導入にあたって重要なことは、制度設計よりも労働者がそれぞれの職場において働く者にとってきわめて有利な条件となる年功序列型の賃金体系においてどのような姿勢で職場に臨むかである。もし、多くの労働者が働く者にとって有利な条件に甘んじて、ひたすら解雇されるようなことだけはしないという後ろ向きの態度を取るのか、それとも、前向きに賃金のアップ分に見合うだけの労働生産性の向上を目指して努力するかである。もし、誰もが前向きな姿勢を取って労働の質を高め、少しでも労働生産性の向上を目指して努力を怠らないという積極的な姿勢がとられるならば、年功序列型賃金体系は賃金の上昇分以上の労働生産性の向上をもたらすことも期待される。

わが国には「石の上にも3年」という諺があるように、あることを手がけた場合、それが自分に合ったものであるかどうか、また、それを続けることによって自分の目指しているものが見つけられるのかについて、それを見極めるためには少なくとも3年はかかるのであって、1、2年位では見極めることはできないという警告である。しかし、つぎのような解釈もできないことはない。人は誰も自分でも気付かないいい面ないしは隠れた素質を持っているものであって、それが3年間ひとつのことを続けることに

よって表に現れてきて、そこで自分のいい面を理解でくるようになるという、いずれにしても性善説にもとづいた考え方である。

　3年という期間が長いか短いかは別として、いまのかなり多くの若者が短期間で職場を転々と変わっていく様子を見ていると、この諺をもう一度いまの社会状況に登場させてみたい気もするわけであるが、その場合、年功序列型賃金体系は「石の上の3年」が比較的容易に実行に移される状況を造ってくれているようにも見なされる。すなわち、はじめての職場で上司や先輩からいろいろのことを学んでいるうちに1年は直ぐにすぎていくと思われるが、それでも次の年は賃金が確実に上昇するのであるから、1年間の苦労が雇用主によって認められたように考えられ、もう1年頑張ってみようと考え、次の年も前向きに労働の質の向上に努める。

　このような前向きの姿勢は労働の質を高めるのに非常に重要であって、おそらくこのような姿勢を取るときは、2年目の職場での行動は1年目よりもっと積極的な行動を取ることになり、周りの人びとに対してもいろんなことを教えてもらうという謙虚な姿勢を取ることになる。そして、2年目が終わって3年目を迎えるとき、さらに賃金の上昇を見ることになるが、そのことはいまの仕事をもう少し続けていこうという気持ちをもたせてくれるはずであって、このような姿勢を取るとき、「石の上にも3年」は直ぐに終わってしまうことになり、多くの労働者はその職場を天職とみなすことはなくても、しばらくはこの職場で頑張ってみようと考えることになる。

(3) 消費先行型経済運営と年功序列型賃金体系

　GDPのうち60％を占める消費需要を先行的に伸ばして、GDPの拡大を図ろうとする消費需要先行型の経済運営では、どのように消費需要を先行的に伸ばしていくかが決め手となる。そのためには可処分所得を先行的に増大させていかねばならないが、いま、可処分所得の大部分を賃金によってもたらされているとすれば、ここで提案してきた年功序列型賃金体系はまさにその条件を充足させるものである。いま、仮にすべての職域・職場において毎年2％の賃金の上昇率を想定するとき、消費需要は毎年1.2％の伸びを示すことになり、この分のGDPの伸びを実現することになるから、経済成長率もほぼ1.2％が維持される。

　この成長率は、これまで多くの先進国で採られてきた成長に重点を置く

経済運営に比べて安定的であることは明らかである。これまで取られてきた成長戦略ではGDPを構成する投資需要Iと財政支出Gの伸びを通じて総需要の伸びが図られてきたが、両者のGDPの構成比は35パーセント前後であることから、先と同じ成長率1.2％を実現するためには投資Iや財政支出Gを3.4％は伸ばさねばならない。財政支出については可能な伸び率であるが、投資の場合、3.4％の伸び率を維持することは必ずしも容易なことではない[18]。

　言い換えれば、消費需要先行型の経済運営の方が年功序列型賃金体系と結びつくとき、一定の成長率の実現を確実にするとみなされる。成長を経済運営の第一の目標に位置付けるよりも、分配に重点を移して経済運営を行った方が、着実に一定の成長率が維持されることについて多少の違和感があるが、そのために年功序列型賃金体系の導入が前提であることをもう一度確認しておかねばならない。

5　中間階層の後退と社会構造

(1) 中間階層の後退と地域社会の安定・安全

　いま、生活の場である住居を直接取り巻く地域社会[19] が安定・安全を欠き、誰もが日常生活において不安な気持ちを強く感じるようになってきたと言われている。そして、それをもたらしてきた要因の一つに、中間階層の後退にもとづく富裕層と貧困層の対立の先鋭化が指摘されている。しかし、この問題提起は国土全体の社会構造の安定・安全の問題であって、一個人の生活の「場」であり、また、日常行動圏として捉えられる地域社会での安定・安全の問題については別の角度からの見方が求められる。

　地域社会の一員として日常生活を送っている人びとにとっては、地域社会での安定・安全が第一であって、いつも顔を合わせている人びとと短くても言葉を交わし、いつもと変わらない日常生活を送ることができれば、十分に地域社会の安定・安全は確保されたことになるのであって、誰もがこれまでと変わらない日常生活を送ることができることになる。かくして、地域社会の安定・安全はそこで生活している人びとがどのような日常生活を送っているかが問題になるのであって、そこでは富裕層に属する人びとが多く暮らしている訳ではなく、また、中間階層に属する人びとも生活しているとしても、それほど多くないとすれば、地域社会に関しては国土全

体についていわれているように、中間階層の後退による富裕層と貧困層の対立の先鋭化が地域社会に不安定・不完全をもたらしている訳ではなく、むしろ、そこに住む低所得の若い人びとがどのような日常生活を送っているかが問題になるとみなされる。

たとえば、地域社会に住む住民の多くがそこに長く住みつづけていて、日常生活の中での住民同士の交わりが比較的頻繁であるような地域社会では、安定・安全の後退はほとんど考えられない。しかし、このような地域社会でも賃金が伸びず、先行きの不安を感じているような若者が増えてくれば、それだけ地域社会でも人びとの結びつきが弱くなり、場合によっては低所得の人びとの日常生活における不安定感が地域社会における安定・安全を損ない、人びとの関係にこれまで感じられなかった隙間ができるような場合、住民の誰もがその変化を敏感に受け止めて地域社会において安定・安全のさらなる後退を招くことにもなりかねない。

地域社会に見られるこのような状況の変化は、国全体で考えても同じであって、社会構造の不安定化は、社会の底辺に位置する低所得者の生活に対する不安感がまわりの人びとにも暗い影を落とし、誰もが自分の将来に希望を失っていくことによって社会の不安定・不安全が広がっていくとすれば、地域社会であれ、国土全体であれ、社会構造から不安定・不安全を取り除いていくためには、貧困層を構成する低所得者層の所得水準を少しでも引き上げて、将来に向けて希望が持てるような状況を造り出すことが求められる。言い換えれば、いまの社会構造の不安定・不安全を解消するためには、貧困層を構成している所得水準が最低限度の生活に近い人々のこれからの暮らしに少しでも希望を持ちうる状態がもたらされるか否かにかかっているともみなされる。

(2) 地域社会の安定・安全と前向きな生活姿勢

誰もが毎日の生活のなかで将来に向けて希望を持ちつづけていくためには少なくとも、自分の所得がわずかでも伸びていくことに確信を持たなければならない。それによって自分の生活が少しでも改善されていく自信が持てるとき、将来にさらなる希望をもって前進することが可能となる。とくに、低所得の人びとが将来に向けて希望を抱き、毎日の生活を前向きに送り始めるとき、地域社会は以前の「地縁」にもとづく木目の細やかな人

間関係を取り戻すことになり、安定・安全な地域社会に戻すことができるはずである。それによって国土としての社会構造でも安定・安全を取り戻すことが可能となる。

　ここで問題になるのは、人びとに日常生活のなかで将来に向けて少しでも希望を抱くための背景をなす所得の伸びに対する確信をどのように持たせるかであるが、その環境づくりの一例として、第4節において提案してきた年功序列型賃金体系が想定される。これが確固たる社会制度として労働者のすべてに適用されるためには、21世紀の日本経済の運営にあたってこれまでの成長重視の姿勢を分配重視に切り替え、先の第3節で議論してきたように、消費需要の伸びを先行させてGDPの拡大を図っていくことを目指さねばならない。もし、この賃金体系が低所得者に限らず、全ての労働者に適応されるとき、日常生活において誰もが将来に向けて希望をもって前向きの姿勢を取りつづけることから地域社会は安定・安全を増し、国土全体でも社会構造から不安定な要因が取り除かれることになる。

　おそらく、資本主義体制がサービス化の進展の下で一定の成長率を維持していくためには、このような消費需要重視の経済運営が求められるが、それを可能にするのは社会の底辺を構成している貧困層の人びとが少しでもこれから先の生活に希望をもつことが前提となることは明らかである。21世紀の日本経済の運営にあっても、地域社会の安定・安全に重点を置いた方向づけは維持されねばならない。

(3)「国造り編」での議論の進め方

　この章を含め、四つの章からなる第4編「国造り編」はすでに始まっている人口減少を前提に21世紀の日本経済の安定した運営の方向と道筋を明らかにしていくことを目指している。そして、22世紀において、人口8000万人のもとで日本経済を安定的に運営することを目指し、そのもとで日本がどのような国を目指して国造りを進めていくかを明らかにしていく。したがって、この項での議論は、国造り編の四つの章で進められる議論の内容を紹介するものである。その意味では、国造り編の序文にあたり、この章の前に置くべきかもしれない。

　まず、第9章では人口減少のもとで21世紀の日本経済を運営するにあたって、その前提とみなされる国土がいわゆる中間階層の後退によって不

安定・不安全な状態に置かれているものと想定し、その状態が多くの人びとが生活時間の大半を過ごす地域社会にも拡大して、「向こう三軒両隣」で象徴されるような「地縁」にもとづく人間関係すなわち近所付き合いが薄れて、地域社会においても社会構造の安定・安全が後退していき、そのことが一層地域社会の不安定・不安全を加速しているとして、この傾向を食い止め、できれば以前の「地縁」にもとづく人間関係の回復を目指して、まず、21世紀の日本経済の運営の大枠を整えることを提案する。

これから出生率の回復を見なければ、人口の減少は加速し、世紀末には5000万人を切ることも想定しなければならない。そのような人口では恵まれた自然環境を守ることは難しいと考えられ、自然環境を守りながら恵まれた水資源を生かしてくれる水田の維持が難しくなることが想定される。そのため、2050年に人口を1億人にとどめ、世紀末には人口8000万人で人口減少を終息させ、22世紀はその人口規模で誰もが将来に希望をもって日日の生活を送ることができるような国造りを目指し、第9章以下に三つの章を設定し、その方向性を明らかにしていく。

第10章「人口1億人（2050年）に向けての経済運営」においては、副題で「適正な人口減少速度の実現」を掲げたように、何故、2050年に人口1億人を設定したかを説明し、その実現に向けて経済運営の方向づけを明らかにし、具体的な政策についても分析を進めている。それを受けて、第11章「人口8000万人（世紀末）に向けての国造り」では、世紀末に人口8000万人に定着させるために、さらに出生率を高め世紀末には合計特殊出生率を2まで高めることを目指す。そこでも自然環境を守ることが主眼とされることから、農村部においても出生率が2を下回ってはならない。そのことから、副題に「地方主導の国造りを目指す」を掲げておいた。

「人口8000万人時代に向けての日本経済」という全体のタイトルからすれば、第12章「人口8000万人のもとで進める22世紀の日本経済」は全体の議論の到達点を示すことになる。すなわち、21世紀に日本の人口を8000万人に終息させると設定してきた以上、その人口のもとで展開される国造りをどのように進めるべきかについてコメントを加えておくことで、この本のテーマに沿っての議論の最終点となるはずである。

[注]

1) 労働者の多くは家内工場での従業員であってことから、これまでの賃金より多くの賃金の支給を受けることができたはずであり、それでしばらくは満足したと考えられる。

2) 技術革新による生産性の向上は、生産過程において見られる分業・協業体制にもとづくものである。

3) このようなベテランの労働者は家内工場長として長く勤めてきた人が多かったと想定される。

4) サービス化の進展は第3次産業の比率の増大によって示されるが、わが国では3次産業の比率がGDPの70%にも達している。

5) 公務員や教育関係で採用されている年功序列型賃金体系や終身雇用制度がわが国において貧困層と富裕層の対立の先鋭化を緩和していることは確かである。

6) ベテランの労働者が家内工場主である場合は、むしろ、雇用者としての立場を保持したともみなされる。

7) この問題は、4章「市場原理の有効性とその限界」の第5節「サービス化と市場原理」で取り上げている。

8) ここでは東京・大阪・名古屋の3大都市圏を想定している。

9) 医療機器の技術開発そのものは2次産業に属するものである。

10) わが国は難民の受け入れに対してどう対処していくかというもう一つ重要な課題を抱えている。

11) 先進国では難民の低賃金による就労が貧困層と富裕層の対立のもう一つの大きな要因となっている。

12) 各項目の数値は過去10年間の実績の平均的数字である。

13) 機械を使わず道具だけの場合、一人前の職人になるのに長い時間が必要とされた。

14) 終身雇用制度のもとでの人員整理は早期退職者を募るという方法しか取れなかったので、人員整理に時間がかかり、それが停滞を長引かせた要因の一つとなった。

15) 中国の孟子が唱えた、人間の性質は生まれながらに善でありうるという説。

16) 就職先を決める場合、学卒者の多くが希望する公務員は現在も終身雇用制度と年功序列型賃金体系が守られている職場である。

17) いま、政府は残業に伴う過労死と関連づけて働き方の問題を議論しているが、残業問題などは、残業手当が残業時間の延長に伴って急激に上昇するように決めておけば解決するように思われる。

18) 投資の乗数効果が考慮されるとき、投資に求められる3.4%の伸び率は多少抑えることが可能となる。

19) ここでは地域社会を住居を直接取り囲む買物、通学、通院などの日常行動圏と想定する。

10章

人口1億人（2050年）に向けての経済運営

―適正な人口減少速度の実現を目指して―

1　自然環境の保全＝水田の保全

（1）水資源の顕在化

　南北に細長い日本列島は夏は太平洋に発達した高気圧に覆われ、冬は大陸に居座る高気圧が日本列島に冷たい風を送ってくる。それによって、夏は日本列島を縦断する山脈にかなりの雨を降らせ、冬には冷たい風が運んできた雪を降らせてきた。その年間の雨量は地球上でも最も多い地域に含まれる[1]。地下資源（鉱物資源）に乏しいわが国にとっては掛け替えのない「資源」といえる。しかし、南北に細長い日本列島の場合、山岳部から海までの距離が短く平坦な陸地が狭いことから、山岳部で降った雨・雪がそのままでは短時間で海に流れ込んでしまうことになり、豊かな水資源が潜在的資源のままで終わってしまうことになりかねない。

　豊かな水資源を潜在的資源として終わらせないためには、山岳部で降った雨量をできるだけ長く日本列島にとどめて利用しなければならない。私たちの祖先は多くの時間と知恵をこのために使ってきたと考えられる。そして、縄文時代の後期に水田による米作りが始まって、徐々に水田を広げながら少しでも長く水資源を日本列島にとどまらせることに工夫を凝らし汗を流してきた。

　いまも、4月から5月にかけての田植えシーズンになれば、少し歩いて郊外に出ると、田圃一面に水がはられて苗が植えられているのを目にすることができる。広い田圃の場合は湖のようにも見え、水田のわき道を歩くと、日本中が水浸しになったように感じることもある[2]。その水田を注意して見ると、ほぼ同じような広さをもつ水田が上流から下流へと連なっており、その間を水が流れ、その速度は大陸の平坦な土地を流れる大河のように、

ときにはそれより緩やかでもある。

　おそらく河川の上流で水田に汲み上げられた水が、ゆっくりと下流の水田へと流れていくことから、この水は河川そのまま流れていく水に比べて、何日もあるいは何週間も長く日本列島にとどまることになる。ときには水田の水の温度を高めるため、水田における水の流れを何日も止めることがあるが、その場合はさらに水田の水は1カ月以上も日本列島にとどまることになる。

　しかし、潜在的水資源は毎年同じように日本列島にもたらされるわけではない。何年かに一度は異常気象によって春から夏にかけての雨期にほとんど雨が降らず干ばつに見舞われることが繰り返されてきた。そのような場合、水田に水を引くことができず、水田はひび割れた土に変わってしまって田植えができない状態に見舞われた。当然、それに備えて米の保存を考えてきたが、このような干ばつが2年もつづくことになれば、自分たちの仲間から死者を出さざるを得ない状態に追い込まれた。

　このような何年かに一度の干ばつでも何とか田植えをして、少しでも米の収穫を得たいと考え、私たちの祖先はいろいろな工夫を凝らし田植えのための水の確保に多くの時間を費やしいろいろのことを試みてきた。

(2) 地下水と植林

　おそらく、はじめに思いついたのは谷間に堰を設けてそこに水を溜めておくことであったと思われる。しかし、堰を造るとしてもいまのような土木技術を持たず、土木用の道具もなかった縄文時代ではそれほど大きな堰を造ることができなかったと考えられる。そして、そこに溜められた水も雨の降らない乾期になるとその水位が急速に低下していったため、雨期を迎えても雨が降らなければ、田植えはいつものようにできなかった。しかし、堰の水位がある水位まで下がると、その後は乾期がつづいても水位が減らないことに気づき、間もなく地下水の存在を発見することになった。そして、乾期において堰の水位の低下を防ぎ水位を保って雨期を迎えるためには、できるだけ地下水を堰の上流で留めておくことが必要であることに気づくことになる。

　そして、地下水を少しでも多く溜めておくために何をなすべきかを考え始めた。そこで考え出されたのが植林であった。降雨の多い山間部に植林

を行って、その根元に水を溜め、地下水として地中に水を溜めておき、それによって乾期にも堰の水位を保つことに努めたのであった。これによって堰に溜められる水量がそれほど変わらなくても、山間部における植林による保水力の方が面積的にも広大であったので、堰に比べて数十倍の水を蓄えることを可能にし、雨期に雨が降らなくてもほとんどの水田で何とか田植えを可能にしてきた。

　わが国では1000 mを超える山岳部でも植林が行われ緑に覆われており、はげ山は見られず、それがまた豊かな自然環境を造っているのであった。ただ、植林の場合は、木を植えるだけでいいというものではなく、無駄な枝を切り落としたり下草を刈り取ったりしなければ、保水力を高めることもできないし高山で杉を育てることもできない。杉については苗から成木に育って木材として伐採されるまで、50 ～ 60 年と見なされることから、一山を50 ないし60 に区分し、毎年そのうちの一区域で植林をし、別の一区域で伐採を行うことで、一山の保水力が一定に保たれてきたと考えられる。そして、山はつねに緑に覆われていた。

　かくして、私たちの祖先は水田で米をつくることで潜在的水資源を顕在化し、保水を通じて水資源を長く日本列島にとどめて自然環境を豊かにしてきたのである。このように私たちの先祖が何千年にわたって守り育ててきた自然環境をいま受け継いだ私たちは、水田を維持していくことによって豊かな自然環境を守りぬいていかねばならない。ここにわが国では水田の維持がそのまま自然環境の保全につながることになる。

(3) 水田の保水力

　いま、全国の水田に5cmの水位で水を溜めたとすると、その水量は水田の総面積に5cm を乗じた量となる[3]。それとわが国の年間の平均の雨量とを比較するとき、大体、水田の保水能力を知ることができる。その水田の水の流れの速度を河川の水の流れの何十分の一と想定するとき、水田持つ保水能力はわが国の河川全体の保水能力に比べて数百倍に及ぶことが想定される。このことを言い換えれば、わが国唯一の天然資源と見なされる水資源を潜在的として終わらせずに「顕在化」させるために水田が果たしている役割はきわめて大きいものと見なしてもよい。それは大陸を流れる大河に匹敵する保水力とも見なし得るものである。

21 世紀の日本経済の運営に当たって、恵まれた自然環境を守ることを大きな目標の一つに掲げているが、この目標の実現は今の水田を守っていくことによって可能になると言い換えられるのであって、第 1 節のタイトルとして掲げた「自然環境の保全＝水田の保全」もここから生まれてきたものである。

2　水田を守る協働体制の維持

(1) 線上に並ぶ水田

　一人で稲作を行う面積がそれほど広くないことから、いくつかの水田が川上から川下に向かってつながり、その間を水がゆっくり流れることによって水田の持つ保水能力は大きくなる。いわば、水田が一列に並ぶことによって大きな水路が形成され、その中を稲を育てながらゆっくりと水が流れていくことになる。ときには、水を完全に止めることもあるので、川上で河川から汲み上げられた水は川下でふたたび河川に戻されるまでに 1 月余り水田にとどまることもあり、水田は大きな保水能力を持つことで山間部に降った潜在的水資源を顕在化させる役割を担う。

　このような水田の連なりは、多い場合は数十軒の農家が参加し、少ない場合でも十数軒の農家が集まって水の管理を行うことによって、水田は大きな保水力を持つ。しかし、この連なりで水田が大きな保水力を持つためには、ここに参加する農家が協力して水管理にあたらねばならない。ここに水田の保水力を維持するための協働体制が組織されてきた。したがって、水田が保水能力を発揮して潜在的水資源を顕在化していくためには、協働体制そのものの維持・管理が前提となる。もし、人口減少が加速して協働組織の維持が難しくなり水田の保水力が守りきれなくなるとき、わが国の恵まれた自然環境は荒廃に向かうことになりかねず、水資源は顕在化することなく太平洋か日本海に流れ込んでしまう。

　ここで水田を管理する協働体制の維持のためにはどの程度の人口減少速度までが許されるかについて検討を加えておこう。そのために図 10-1「10 戸の農家による協働体制のケース」を用意し、これにもとづいて議論を進めることにするが、ここで想定されている協働体制は 10 軒の農家によって構成される組織であるが、実際はもっと大きな組織であって百軒に及ぶ農家によって組織されているような協働体制もある。

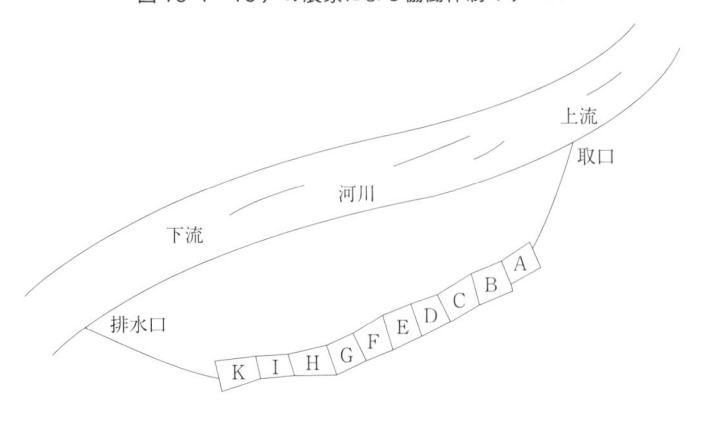

図10-1　10戸の農家による協働体制のケース

(2) 協働体制の維持と人口減少速度

　図10‑1によれば、水田の保水のための協働体制は農家Aから農家Kまでの10戸の農家によって組織されていることになる。ここでは、わが国の豊かな自然環境を守ることは保水力の大きな水田を守ることであるという置き換えを行い、そのためにはそれぞれの地域において稲作農家によって構成されてきた協働体制が途切れることなく維持されていかねばならないと想定し、図10-1にもとづいて、そこで許されるぎりぎりの人口減少速度を導出することにしよう。

　このような状況のもとで、ある年たとえば2017年に後期高齢者のＤさんが亡くなったと想定しよう。しかも、Ｄさんには後継者がいなくてＤさんの水田を引き継ぐものがいないとすれば、とりあえず考えられることは、Ｄさんの両隣のＣさんとＥさんがＤさんの水田を二分して稲作をつづけることによって何とか一連の水田を守り、保水能力を維持することに努めるとき、利水を管理する協働体制も支障なく維持されていくと考えられる。

　しかし、その次の年すなわち2018年にこれまで一人暮らしで水田を守ってきたＢさんが近くの町に住む長男に引き取られてこの土地から去っていったとすれば、Ｂさんの水田を残された8人によって守っていかねばならないが、水田の方は残された8人で何とか守っていくことができるかもしれないが、協働体制の方が2年のうちに10人のメンバーのうち一度に2人が欠員になることでその維持が難しくなることが懸念される。おそらく、もう一人組織からの脱退者が出るときは、水田の維持も難しくなり、協働

体制も組織としての機能を失ってしまうことになり、そのときは図 10-1 の 10 戸の水田がすべて姿を消してしまうことにもなりかねない。

しかし、この場合でも、Dさんが亡くなってから、Bさんが協働体制から抜けるまでに 10 年以上経過している場合には、その間にDさんの水田を引き継ぐ後継者が現れることも期待されることから、協働体制の維持は何とか可能になるものと想定される。言い換えれば、協働体制からの引退者が現われても、その速度が緩やかであれば、十分に水田の保水力を維持するだけの機能を協働体制が持続することは可能である。いま想定してきた協働体制からの会員の脱退を人口減少と見なして、人口減少の速度を想定するとき、この章のタイトルに掲げた 2050 年の 1 億人の人口は、各地で水田を守る協働体制を維持していくためのギリギリの人口減少の速度として設定されるものと見なされる。

現在の合計特殊出生率 1.46（2015 年）がそのままつづくとき、わが国の人口が 2053 年で 1 億人を割り、50 年後には 8800 万人まで減少すると想定されている[4]。したがって、このままでは多くの地域において水田を守るための協働体制が維持できなくなり、日本列島の保水力は著しく低下し、豊かな自然環境は守りきれなくなるだろう。上で見てきたように水田を何とか維持していくために設定された 2050 年の人口を 1 億人にとどめておくためには、合計特殊出生率を 1.7 程度まで徐々に引き上げていかねばならない。かくして、水田を守るためには出生率の着実な上昇を伴うことを考えるとき、自然環境の保全はまさに合計特殊出生率を着実に引き上げていくことによって目標の達成を見ることになる[5]。

3　合計特殊出生率と経済の成長率

(1) 2050 年に出生率 1.7 を目指す

図 10-2「出生率と成長率の推移」は、1980 年以降 2015 年までの合計特殊出生率と GDP 成長率の推移を示したものである。二つの推移の間には特別の関連性は見られない。成長率に関しては 1991 年のバブル崩壊までは 4% 前後の安定した推移を示しており、それ以降は 1% 前後の低水準で推移している。これに対して、出生率の方は 80 年代に入ってそれまで長くつづいてきた 2 以上の出生率が急速に低下をはじめ、90 年代に入って 1.3 前後まで低下し、その後緩やかに上昇をはじめており、全体として緩やかな U 型

を描いていると見なされる。

図10-2　合計特殊出生率と成長率の推移

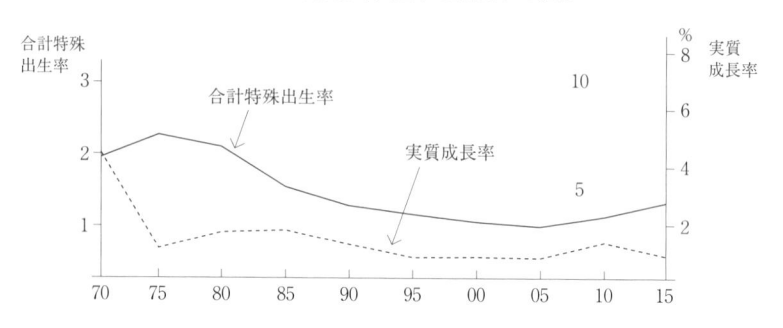

　図10-2を見る限り、出生率と成長率の間には明確な関連性も見出せない。それだけに今後出生率がどのような推移を辿っていくかは予測が非常に難しいことになる。当然、出生率に調整を加えて2050年に人口が1億人になるように誘導することは非常に難しいが、ここで言えることはいまの出生率1.46を2050年までに1.7まで引き上げていかねばならないということである。そのとき、各地において水田を守るための協働体制が何とか維持されることになる。言い換えれば、水田を守りわが国の恵まれた自然環境を維持していくためには何としても、合計特殊出生率を2050年までに徐々に1.7まで引き上げていかねばならないことになる。

　しかし、出生率が1.3を切ってそれを下回ったとき、それ以上の低下を食い止め、できればその引き上げを目指して、当時の政府はいろいろの手を打ったが、ほとんど目に見える形での効果は得られず、そのうちに少しずつ上昇傾向が現れ、図10-2に見られるように2015年に1.46まで回復をみたが、その後横ばいの状態がつづいており、その推移については見通しが立ちにくい。このように見てくると、子どもを産むか産まないかも、また、産む場合に何人の子供を産むかについては女性自身が決めることであり、その決定を行うときの女性の「生き方」を決める人格はそれまで生きてきた時間のすべてが関連し、その女性を取り巻く環境のすべてが関連していることを考えるとき、出生率に係わる要因を一律に特定化することは難しく、したがって、合計特殊出生率を徐々にでも上昇させていくために取るべき対策には決め手は全くないとも見なされる。

　出生率がまだ2以上を維持していたとき、結婚適齢期は25歳までとされていて初婚の年齢の平均値もほぼそのような水準にあったが、その当時は、女性の大学進学率もそれほど高くなく、多くの女性は高校を卒業すると直ぐに就職し、25歳までに離職して結婚した。したがって、職に就くといっても花嫁修業的なところがあって雇用する側もそのつもりで採用していたと見なされる。しかし、高度成長も70年代に入ってくると、雇用側も少しずつ女性に責任ある仕事をもたせるようになり、女性の方も仕事の面白さがわかってくると、25歳になって周りの人が結婚を促してもそのまま仕事から離れない女性が増えてきた。

　その結果、女性の初婚の平均年齢が少しずつ後ろにずれ、90年代に入る頃には28歳を超え29歳に近づくことになる。母子ともに安全に出産ができる年齢は20歳代といわれてきたが、もし28歳で結婚した場合、安心して出産できるのはせいぜい1人か2人ということになる。このように女性の職場での働き方と女性の婚期の高齢化との関係を結び付けて考えるとき、出生率に影響を与えてきたもっとも有力な要因の一つに女性の職場での働き方を取り上げることができる。また、結婚しても職場にそのまま残った場合、仮に、子供を産むとしても1人ということになり出生率の低水準はそのままつづくことになる。

　しかし、職場での女性の働き方に関しては雇用側に女性労働者をどのように遇するかの決定権があることを想定すれば、出生率の今後の動向にある程度影響をもたらすことができるのは企業であり、女性の働き方について企業に対して働きかけができる政府ということになる。したがって、ここでは2050年にわが国の人口が1億人になるために出生率を現在の1.46（2016年）から徐々に高め、2050年に1.7になるように雇用側も政府も努力していくものと想定することにしよう。ここで想定される人口減少速度のもとで、水田を守るための協働体制が維持されていくものと想定し、その方向性を見ていくことにする。

(3) 30歳までに2人の出産

　これまでの合計特殊出生率の低下過程と女性の初婚の平均年齢の推移と

の間に逆相関関係が見られる。出生率の低下に対して初婚の年齢は上昇を
つづけ、現在は29歳に近づいている。この関係は子供を出産し育てるのに
母親に肉体的負担が大きくかかることから、できれば20歳代で出産を終え、
子育てを終えることが母子ともに健康的であり、安定した出産と子育てが
できるという医学的見地にもとづくものである。

このことからすれば、2人の子供を産み健康に育てていくためには、遅
くとも女性は25歳までに結婚することが必要となる。1980年代に少子化
が始まるまでは、25歳までが結婚適齢期と言われていたが、それは30歳
までに子供を産み育てることを考えてのことであったともみなされる。し
たがって、いまのように初婚の平均が29歳まで後ろにくると、だいたい1
人の子供を産むことしかできないことになる。これによって出生率の低下
と晩婚化の関係が大体説明される。

2050年の人口1億人を目指して人口減少をコントロールするために出生
率を1.7まで戻していくには初婚の平均年齢をもう一度20歳代中ごろまで
戻すことが求められる。このことを考えるとき、出生率を1.7まで戻してい
くためには企業側の女性の働き方に関してかなり思い切った改革が求めら
れる。20代の女性の働き方について、企業も国も、さらに男性も女性も考
え直してみる必要があると思われる[6]。仕事を生活の中心に据えて結婚を
しない。また、仮に結婚しても子供は産まないという女性が増えてくると
すれば、合計特殊出生率を1.7まで引き上げることはきわめて実現の難しい
課題となる。

4　地方創生と水田を守る協働体制

(1) 情報発信量と人口の社会増減

国全体で人口1億人が2050年に実現していたとしても、それで水田を
守るための協働体制が維持されるわけではない。重要なことは水田を守っ
ていかねばならない地域において国全体で見てきた人口減少速度を維持で
きるかである。府県間の合計特殊出生率を比較しても全国平均値より高い
出生率を維持している府県は多くみられるのであって、たとえば、沖縄な
どは現在でも出生率は2に近い値を示している。全体として西高東低の傾
向が見られ、大都市から地理的に離れている府県ほど高い出生率が維持さ
れてきた。

したがって、わが国の出生率の低水準は東京都をはじめとする大都市の出生率の低水準によって押し下げられているとみなされる。府県間に人口移動がなく、いずれの府県も転入人口と転出人口がほぼ均衡していて、人口の社会的増減がほぼゼロに近いとすれば、現在でも水田を守るための協働体制の維持は十分に可能である。これに対して、これまでのように大都市からかなり距離のある地方の府県において流入人口より流出人口の方が大きく上回る府県では人口の社会減が自然増をつねに上回って人口減少がつづくことになる。そのため、比較的高い出生率が維持されながら人口の減少がつづき、水田を守るための協働体制の維持が難しくなる。

　若者が大都市に引きつけられる要因は一人一人異なるとしても、いま生活している地域では得ることのできないものを求めて大都市に向かうことを考えれば、結局、情報の発信量に大都市と地方の府県とでは比較にならないほどの大きな開きがあるということになる。情報量が人口に比例すると見なせば、大都市の情報量が地方の府県に比べて圧倒的に多いことは当然であるが、さらに問題になるのは若者を引きつける情報が地方にどれだけあるかである。たとえば、大都市でありながら大学の数が十数校の限られた数しか存在しなかったとすれば、そして、地方都市にユニークな学部をもつ大学があちこちに点在しているとすれば、それらの大学が立地している府県は人口流入が流出人口を上回ることも十分に想定されるのである[7]。

（2）地方創生の拠点

　いま、情報の発信源として大学を想定したが、若者を引きつけるような情報であれば、どのような情報でもよいはずである。たとえば、ある県のほぼ中央に位置する小さな盆地が日本列島において昼夜の温度差が最も大きいことを利用して、これまでなかった野菜や果物をつくり、また、加工品を造っていくつかの特産品をつくり出していけば、ユニークな情報の発信地となって人を呼ぶことになる。それによって、流入人口と流出人口がほぼ均衡するようになったとき、地方創生が実を結ぶ。

　多くの府県において人口の流出と流入がほぼ均衡して、人口の社会増減がゼロかゼロに近づくとき、大都市への人口集中は終わりを告げることになり、大都市は国の人口減少率に合わせて人口の減少が始まることになる。これが地方創生がもたらす人口動態に与える影響の結果であるとすれば、

地方創生の拠点作りは情報発信量の拡大をもってはじまる。各府県とも人口の社会増減がゼロになることで、全国の人口減少速度で人口が推移することから、水田を守るための協働体制も十分に維持され、恵まれたわが国の自然環境も守られる。

(3) 都市との交流の「場」となる水田

ここで残された問題は、人口の流入と流出を均衡させるような情報の発信をどのように創り出していくかである。言い換えれば、地方創生の進め方であり、それに必要な組織体制をどのようにつくっていくかである。まず、地方創生の活動が展開される広がりであるが、先の昼夜の温度差が全国で一番大きい盆地の場合、集落がいくつも含まれる比較的広い面積が想定されることから、地方創生活動の核に何を据えていくかがまず問題となる。

したがって、自然環境に他の地域と区別されるような特別の要素が存在しない場合は、たとえば、その地域に流れる主要な河川を中心に、水田を守るための協働体制が集まって地方創生活動の核になることも十分に想定される。図 10-3「ある河川と水田の広がり」に見られるように、ここでは6組の水田を守るための協働組織が想定されているが、それぞれの協働組織はほぼ一集落をカバーすると見なされることから、全体でほぼ一町村の広がりをもつことになると想定される。

図 10-3　ある河川と水田の広がり

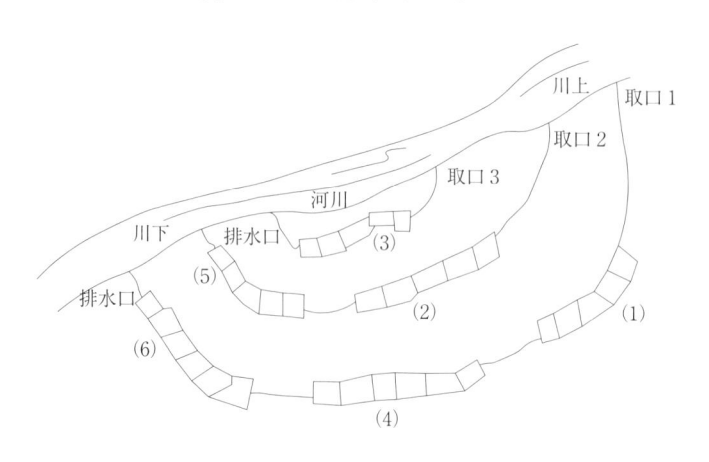

もし、この広がりで地方創生の活動を展開していくとすれば、その組織はこの町村で編成されることになり、水田を管理する六つの協働体制が中心になって地方創生活動を展開することになるであろう。そこで発信される情報が稲作に関することであってもよいし、水資源の活性化に関する情報であることも想定される。いずれにしても6組の協働体制が共同して情報の発信を行うことによって、水田ないしは稲作に関する情報が全国に発信されることになり、情報の発信量によっては地方創生活動の核になることも期待される。

5　水田を守る協働体制と情報の発信

(1)　都市との交流の「場」＝水田

　21世紀の日本経済において一つの柱に置いてきた「豊かな自然環境を守る」という目標に関して、この章では「自然環境を守る」ことを「水田を守る」ことに置き換えて議論を進めてきた。さらに、日本列島の山間部に降った雨雪をできるだけ長く陸地にとどめておいて有効に利用するために、私たちの祖先が長い時間をかけて造り上げてきた水田を取り上げ、それによって水資源が日本列島にどれほど長く留まってきたかを見てきた。しかし、この問題は潜在的水資源を現実の水資源として顕在化させる問題であって、この章のはじめに述べてきたように「水田を守る」ことが「自然環境を守る」ことにつながっていくためには、河川から汲み上げられた水が水田をゆっくり流れていく間に土壌を中心に自然環境にどのような影響を与えていくかを見ておかねばならない。これまでの議論では水田によって山岳部で降った雨水がどれだけの時間水田にとどまるかが明らかにされたが、さらに、水田にとどまる間に稲を育てながら土壌にどのような影響をもたらしてきたかを明らかにすることが求められる。

　この問題に関しては、本書の政策編の第8章「環境と水田」において、水田での稲作と土壌で直接栽培される小麦の場合とを比較して、両者の自然環境に対する影響を比較しているが、小麦の栽培の土壌に与える影響については、イラクの中央を流れるチグリス・ユーフラテス川を取り上げ、今から5000年前の黄金に実った麦畑が現在どうして砂漠化してしまったのかを問い掛け、一方、水田に関しては、縄文時代後期から数千年以上に渡ってつづいているわが国での水田での稲作を取り上げ、両者を比較しながら

土壌を及ぼす影響を調べてきた。

　同じ場所での穀物の生産に関しては、その収穫量を時間の経過と共に辿っていくと減少過程が明らかである。それは栽培される穀物によって土地に含まれている養分が吸収されていくためである。したがって、そこで育った穀物が人間によって収穫されずにそのまま同じ場所で立ち枯れして土壌に返っていくとすれば、次の年もそこでの穀物は豊かな実りをもたらすはずである。しかし、人間が穀物を収穫し、別の場所で食するときは、その穀物が吸収した分だけ、その土地は養分を失ってやがてその土地は砂漠化していくことになる。

　先に示した古代のチグリス・ユーフラテス川の状況は、それ以前の何万年にわたって上流から運ばれてきた養分が十分に蓄えられていたときの情景を示すものといえる。そして、現在の砂漠化した状況は川の流れによって補給される養分よりも早く穀物の生産によって土地に含まれる養分が吸収されていったことを示すものである。これに対して、水田での稲作は縄文時代後期から数千年に渡ってつづけられており、現在でも秋には豊かな実りをもたらしてくれる。黄色の穂が垂れている景色は古代と全く変わらない。これによって、水田による稲作が自然環境にやさしい栽培方法であることが証明される。

　その第一の要因は、図10-3に見られるようにいずれの水田も河川から水を汲み入れており、その水が長く水田にとどまることで河川が上流から運んできた窒素、燐、カリウムなどの養分が水田で土地に吸収されていくことと、水田に生える草や茎がそのままの形で水田に埋められ、さらに、家畜の糞尿や魚介類等の有機肥料を施して必要な養分を補給してきたのである。このようにして水田の持つ養分が水の流れによって補給されてきたことが水田が縄文時代後期から数千年に渡ってわが国でつづいてきた大きな要因と見なされる。

　土地の砂漠化を自然環境の破壊と見なすならば、水田はまさに自然環境を守る栽培方法といえるのであって、ここに水田を守ること即自然環境を守ることとみなしてきたこの章の前提が認められることになる。しかし、戦後、直ぐに農薬の出現を見て、肥料は悪臭を伴う有機肥料から化学肥料（無機肥料）に変わり、除草については除草剤を使うようになった。これによって有機肥料に伴う悪臭から解放され、炎天下での草取りの過酷な労働から

解放されることになった。このような農薬を使い、さらに、田植え、稲刈り、耕作が機械化されることによって、反あたりの米の収穫量は増えることになるが、残留農薬による環境破壊という新たな問題に直面することになった。

　皮肉にも、農薬による新しい環境問題は水田が用水路の形を取ることと関連する。稲に与えられた無機肥料が稲によって十分に吸収されずに、残りの無機肥料は水田を通って河川に流れ込み河川や湖水を汚染するようになっていった。当然、途中の小川やため池も汚染されることになり、トンボやホタル、イナゴやバッタといった昆虫が姿を消し、メダカや小魚も姿を消してしまった[8]。

　これだけを見る限り、水田は自然環境を守るどころか自然環境を壊してきたことになる。ここでもう一度農薬による無機栽培から有機栽培に戻していくことを、水田を維持してきた協働体制が河川単位で集まって進めていくとすれば、それだけで十分に地方創生活動の目標になりうるし、もう一度よみがえった田園風景を都市との「交流の場」に育てていくならば、それもまた地方創生活動の中心的テーマになりうるはずである。戦時中の集団疎開ではないが、集落ごとに各家で余裕のある部屋を開放し、収容可能な児童数を登録してもらい、その収容人数によって都市の小学校に働きかけて参加者を募集することとする。

　滞在日数とか滞在中の行事については、季節によって異なってよいと思われるが、滞在中にこの章においてテーマにしてきた「水田を守る」ことがわが国では「自然環境を守ること」に通ずることについて十分に理解して「まち」に帰ってもらうことを第一の目標にしなければならない。そして、一度、この「自然の親しむ会」に参加した人は、準村民になってもらって、いつでもまた何人でも村に里帰りして滞在してもらうことも考えていく。

　このように水田を守る集落に2、3日滞在し、村の人たちと交流して、準村民になって「まち」に帰って行く人たちが、それぞれの都市での生活の中で発信する情報の量はかなり大きなものになるはずであって、特産物などを全国に売り出すことに伴う情報の発信よりかなり大きな情報量となりうることが期待される。

(2) 有機栽培への回帰

　地球温暖化と異常気象の関連性についてはまだ十分には解明されていな

いが、異常気象が地球温暖化の過程で発生していることは明らかである。その場合、たとえば、集中豪雨が頻繁にいろいろな場所で起こっているが、これと地球温暖化の関連性が明らかにされてくれば、前もって発生する場所を特定化することが可能となることも想定される。いずれにしても現在各地で起こっている集中豪雨や竜巻などの異常気象が土砂崩れや堤防の決壊などをもたらし、それによって命を落とす人もかなり出ているし、この被害によって地形の変形などを目にするが、このことをもって自然環境の破壊と見なすかどうかである。

　この章では、水田を守ることは自然環境を守ることであるという前提にもとづいて議論を進めてきた。そして、チグリス・ユーフラテス川の古代と現代を比較し、土壌が植物を育てる力を失って砂漠化していく状態を捉えて自然環境の破壊と見なしてきた。自然環境の破壊についてはもっと違った捉え方があると思われるが、ここでは自然環境の破壊をこのように捉え、水田における稲の栽培が日本列島で数千年以上もつづいてきたことと組み合わせて、これからも水田を守っていくことがそのまま日本列島における自然環境を守ることと見なしてきた。

　自然環境の破壊に対するこのような捉え方にもとづくとき、先に見てきた異常気象にもとづく土砂崩れや堤防の決壊などは地形に変化を与えるが、これによって砂漠化が進むわけではないから、異常気象が自然環境の破壊に直ぐにつながるとは言えない。このような前提に立ってここでの議論をつづけることにしよう。したがって、異常気象による地形の変化や土壌の変化などはむしろ社会環境の破壊と見なされる[9]。水田を維持するために水の管理などを行う協働体制は十分に自然環境の維持に関して中心的役割を担ってきたと見なされるが、それが明確に断言できるためには、改めて、現在の農薬による無機栽培をもう一度有機栽培に戻し、水田での稲作に使われてきた耕運機をはじめとする稲作のための機械化が自然環境にどのような影響を与えてきたかを見ておかなければならない。

(3) 準村民の里帰り

　水田における稲作が土壌に与える影響が農薬の使用や機械化が始まる以前の状況に戻ることができるとき、水田は十分に地方創生の中心的役割を担うことになり、同時に、自然環境を守る運動の旗手にもなりうる。そして、

地方創生のもう一つの柱となる情報の発信において協働体制が中心になるとき、発信される情報はそのまま自然環境に関する情報と言うことになるから、ここでも水田を維持する協働体制は中心的役割を担うことになる。前節で提案してきた水田を「まち」との交流の場とするという地方創生の一つの目標が実現すれば、それによる全国への情報の発信量は極めて大きなものになるはずである。

このような自然環境に関する情報の発信によって、一時滞在者でなく、永住者としての人口の流入が増加して流出を上回り、人口の社会増をもたらすことになれば、水田を守る協働体制の維持については全く心配はなくなり、心置きなく水田を守るための水の管理とそれに関連しての情報の発信に専念できることになり、協働体制はさらに強固なものとなって、組織の継続性については万全を期することになる。

しかし、水管理の協働体制がここに至るためにはいくつかの問題をクリアしなければならないことはこれまでの議論で明らかであるが、そのなかでも農薬を排除して稲作を有機栽培に戻すことが最も重要となり、最も厄介な問題であるとも見なされる。この問題がクリアされることによって、上で見てきた地方創生のために企画されるいろいろの試みが生きてくることになる。ただ、残念なことは、この問題に関してほとんど専門的知識を持たないため、建設的意見を述べることができないことである。しかし、できるだけ専門家の意見に関して私なりに理解を深め、私なりの提案について慎重に検討していくことにする。

また、ここで試みてきた情報発信のための提案は、思いつきのようなものが多いが、これに関しては例示に過ぎないのであって、水田での稲作にとって一番重要な水の管理を受け持つ協働体制こそが自然環境に関する情報の発信者になることが相応しい組織と考えて議論を進めてきたことは確かである。

［注］
1）この状況の説明は第8章「環境と水田」、第2節「わが国の水資源」において行っている。
2）日本列島で一番幅の広い中部地区では木曽三川によって比較的ゆったりした流れが造られてきた。

3) 平成26年10月1日現在で田圃の総面積は26,083㎢であるからこれに5cmを乗ずることによって水量が計算され、わが国の年間の降水量と比較することができる。

4) この数字は国立社会保障・人口問題研究所が平成16年4月10日に発表した「日本の将来推計人口」にもとづくものである。

5) この人口減少速度が維持されるとき、2100（世紀末）の人口は8000万人と想定されるが、そのためには合計特殊出生率はさらに2まで引き上げられねばならない。

6) いま、政府は働き方について検討しているが、女性の働き方について子供を産む環境との関連についてはほとんど議論されていない。

7) 現在は大学の3分の2以上が東京に集中している。

8) 豊かな水田に関しては、「メダカの学校」、「赤とんぼ」、「早春賦」など多くの歌がある。

9) 豪雨で河川が氾濫し、堤防が決壊し、土砂崩れが起こるのは社会環境の破壊と見なされる。

11章

人口8000万人（世紀末）に向けての国造り

―地方主導の国造りを目指す―

1 「向こう三軒両隣」と地域社会

（1）地域社会と地縁

　戦後、1960年代から70年代にかけての高度成長期においても、「向こう三軒両隣」[1]で表現される細やかな人間関係がまだ地域社会に残っていた。お年寄りは家の前の道を朝掃除をしながら、学校に出かける子供たちに一言二言声をかけ、子供たちも笑顔で挨拶して通っていく情景がどこの街角でも見られた。また、通勤のために利用する鉄道やバスの最寄りの駅までの道でいつも顔を合わせる人とちょっとしたきっかけで言葉を交わすようになることも、誰もがよく経験することであった。このような細やかな人間関係が日常生活圏ともいえる地域社会で生まれていったが、これらは同じところに長く住むことで生まれてきた人間関係であることから、「地縁」にもとづく人間関係ともみなされた。

　このような「地縁」にもとづく人間関係は細やかで、心もとないものであったが、誰もが地域社会での生活に少しでも不安な気持ちを抱くようなときも、近所の誰かと一言、二言言葉を交わすことで安心が得られた。言い換えれば、誰もが日常生活の大半を過ごす地域社会はほとんどの住民にとって安定・安全な場所であった。このような地域社会では誰もが外へ出ると、近所に住む誰かに出会って挨拶を交わすことになるが、それだけで自分もこの地域社会での一員であると感じて安堵感を抱くことになり、1日の生活が心穏やかに始まっていった。

　このような緩やかではあるが、誰もが安心の得られる地域社会での人間関係が「向こう三軒両隣」での挨拶から始まって、1本の生活道路に沿って地域社会全体につながりが広がっていくと見るならば、地域社会での人

間関係はまさに「地縁」にもとづくものであった。そして、当時の地域社会の状況を思い浮かべるとき、いつも二つの風景が目に浮かんでくる。

(2) 遊び場と焚火

その一つは、夏の夕暮れ時、昼間の暑さが少し和らぐころ、道一杯を利用して子供たちが鬼ごっこや縄跳びやボール投げなどして遊んでいる情景である。おそらく、向こう三軒両隣の子供たちの全部が外に出てきて遊んでいるのであろうが、この子供たちが向こう三軒両隣の結びつきを強くしていることは確かである。また、この子供たちの遊びの「場」から少し離れたところに住む子供たちが加わるとすれば、向こう三軒両隣の人間関係は道路を介して地域社会に広がっていくことになる。

当時の情景を振り返ってみるときいつも思い浮かんでくるもう一つの風景は、寒さの厳しい冬の朝にお年寄りが2、3人で火の管理をしながら行っている「焚火」の風景である。そして、その焚火には通学途中の子供たち4、5人が火を囲んで暖を取りながら、焚火を世話しているお年寄りと言葉を交わしている風景である。そこに通勤途中のサラリーマン風の男性が皆に挨拶しながら、手を火に少しかざして通り過ぎていく景色である。この焚火を通じての穏やかな人間関係が地域社会全体に広がっていくことが感じられるのである[2]。

このように「向こう三軒両隣」がもたらす細やかな地域社会における人間関係には道路とくに生活道路が重要な役割を果たしてきたことが指摘される。このような細やかな人間関係が「地縁」と呼ばれる理由がここにある。そして、誰もが地域社会で時間を過ごすとき、安定・安全を感じ取り一言の挨拶で不安な気持ちを感じないで済むことになる。しかし、いま私たちが暮らしている地域社会においてはこのような安定・安全を感じることができず、どちらかといえば不安定感や危機を感じて身構えて暮らさなければならない状況になっている。

そして、自分の暮らしの周りからは、道で遊ぶ子供たちの姿も声も消えてしまい、焚火の風景も見られなくなってしまった。生活道路は全部舗装され、周りの住宅も現代風に建て替えられて街全体が小ぎれいになったが、外に出てもほとんど親しく言葉を交わすような人にも会わず、自分の街という感じが薄れてしまった。生活道路でありながら引かれた白い線の内側

を身を縮めるように歩いていると、ワゴン風の大きな自動車に何台も追い抜かされ、運転している人は近所の人が多いと思われるが、顔を見ないから声をかけることもない。自分の街と思っていながら、旅をしていて全く知らない町を歩いているような孤独を感じることさえある。

(3) 私たちの「まち」への思い

　そんなとき、地域社会からは「向こう三軒両隣」という細やかな人間関係が姿を消してしまって不安定さだけが残り、一住民として生活を続けていくにあたって以前のような安堵感が薄れて、落ち着かない気分に追いやられてしまったことに気づくとともに、地域社会から「地縁」にもとづく細やかな人間関係が姿を消してしまったことにも気づくことになる。

　このような地域社会で毎日の生活を送っているとき、心からゆとりが消え、それに代わって安心感が薄れていくようにも思われる。おそらく、「向こう三軒両隣」の細やかな人間関係を知らない若い世代の住民はもっと強く不安定感を感じることになり、その気持ちが向こう三軒両隣の情景を知っている高齢者にも伝わって、次第に地域社会から安定・安全が姿を消すことになっていった。

　地域社会に安定・安全をもたらしてきた「向こう三軒両隣」の雰囲気をもう一度呼び起こし取り戻すためには、改めて、なぜ、向こう三軒両隣を造り出していた「地縁」が街から姿を消すようになってしまったのか、その要因を明らかにしておかねばならない。そのため、なぜ子供たちの遊び場と焚火が地域社会から姿を消してしまったのか、その理由を考えていくことにしよう。

2　「地縁」を薄めてきた三つの要因

(1) モータリゼーション

　「向こう三軒両隣」の雰囲気がまた残っていた1970年代において地域社会で見られた二つの情景、すなわち、夏の夕暮れの子供たちが自分の家の前の道路で縄遊びをしたり、鬼ごっこをしたりしていた騒々しい情景と、寒い冬の朝の街角での焚火の情景が、なぜ、地域社会から姿を消していったかを問うことによって、地域社会から「地縁」にもとづく細やかな人間関係が次第に薄れていった状態を見ていくことにしよう。

1970 年代の当時の地域社会の状況と 21 世紀の初頭の状況とを比較するとき、その間のおおよそ 40 年にわたって時間経過において私たちの日常生活がどのように変わっていったかを振り返ることで、地域社会での人間関係に何が起こってきたかを辿っていくことにしよう。ただ、その間の私たちの生活の変化を詳細に辿っていくだけの時間の余裕もないので、私たちの地域社会での生活に変化をもたらしたと考えられる多くの要因のなかから、思い切ってつぎに示す三つの要因を取り上げて、これらの要因が地域社会での私たちの生活をどのように変えてきたかを見ていくことにする。その三つの要因とは、モータリゼーション、携帯電話の普及および少子化の進行である。

　高度成長期が 1972 年の秋に発生したオイル・ショックによってようやく終息を見ることになり、翌年の 73 年には戦後初めて実質成長率がマイナスを記録するが[3]、翌年 1974 年には成長率はプラスに戻り、高度成長期の約 2 分の 1 の 5% 前後の成長率を維持することになる。それでも先進国のなかでは最も高い成長率であって、それに伴って賃金も上昇を続けたことから、1980 年代に入ると一人当たりの所得水準は先進国に並ぶことになり、わが国もいわゆる成熟社会を迎えることになった。

　この間に各家庭での生活水準も急速に向上し、主な電気製品はほとんど揃えられ、最後の支出項目として自動車が選ばれ、自動車の販売台数が急上昇していった。80 年代の初めころは自動車の生産が需要に追いつかない状況が続いた。この期間に一気にモータリゼーションが進行し、自動車が道路にあふれることになる[4]。いずれの家庭も自動車をまず手に入れたが、これを納める車庫を造るためには住宅を造りかえる必要が出てきたため、それには時間がかかることから、その間、家の前の道路に自動車は放置されることになる。そのため、向こう三軒両隣がすべて自動車を購入すれば、子供たちは遊び場を奪われてしまうことになる。このようにモータリゼーションはまず子供たちから遊び場を奪うことになった。

　当時はまだ生活道路の多くは土のままで舗装されているところが少なかったことから、ドライバーから行政に対して道路の舗装の要求が出てくることになり、短時間でいずれの生活道路も舗装されていった。そのことでどこに出かけるのも自動車を利用することになる。大型のスーパーマーケットが郊外に造られていくのもこの時期である。これによって生活道路

でありながら自動車に占拠された状態になり、歩行者が身をかがめて白線の内側を歩く形となった。生活道路の場合、その幅員は広くても対抗自動車がやっとすれ違うことができるくらいであって、その場合、歩行者は身を道端に寄せて自動車の通過を待たなければならない。そのため、直ぐ近くの店に買物に行くにもその回数を減らすことになった。かくして、モータリゼーションは歩行者からも道路を奪うことになってしまった。

　当然、街角での焚火にのんびり暖をとるような余裕はなくなっていった。モータリゼーションはここでも地域社会の細やかな人間関係の形成に寄与してきた焚火の風景を消してしまった。いずれにしても生活道路から歩行者を追い出すことになったモータリゼーションの地域社会における人間関係に与えてきた影響は極めて大きい。「袖振り合うも他生の縁」という諺も歩行者同士の出会いとそのときの気持ちの優しい動きを表現したものである。そう考えるとモータリゼーションは、いずれはこの諺も私たちの記憶から消し去ってしまうのかもしれない。

　これに対して、自動車はドライバーを外部から完全に遮断してしまっていて、対向車とわずかでも接触すれば、ドライバーはまず自分の車の損傷を調べ、つぎに相手のドライバーに対して接触の責任をなすりつけることになる。まさに、「袖触れ合うは、大きな対立」となってしまって、地域社会の安定・安全をもたらす細やかな人間関係はどこかに消えてしまうことになった。

(2) 携帯電話の普及

　つぎに、このようなモータリゼーションの進行に少し遅れて普及していった携帯電話を取り上げておこう。携帯電話もはじめは各家庭に1台からその普及が始まることになる。仕事や会社勤めで外に出かけるお父さんがまず携帯電話を手にして、家に連絡を取り易いようにする。その場合、外から家に連絡するとき固定電話にかけることになるが、おそらく話す相手は主婦であるから、たまたま電話の傍らにいないときは全く連絡が取れなくなることから、つぎに主婦が携帯電話を持つようになり、つねに身につけておくようになる。

　さらに、その主婦がアルバイトなどで家庭を空けることが多くなってくると、子供との連絡をとるために子供たちにも持たせることになる。一方、

電話会社の方も家族が持つ場合割引をして持ち易いようにしていった。そのため、携帯電話の普及の速度はモータリゼーションより速かったともみなされる[5]。しかも、通信の媒体が電波であることから、中継地を造っていけば、いくらでも通話のできる範囲を広げることができることから、半導体の開発に伴ってきわめて安い料金で通話ができるようになり、大人も子供も携帯電話を通じて連絡を取り合って会話をするようになっていった。さらに、スマートフォンの開発でコンピューターの機能も持つようになると、昼間でも夜間でも起きている間は携帯電話を手放すことができない人が多くなっていった。

　診療所の待合室で子供を膝に抱えながら、スマートフォンを懸命に使っている若い母親を見かけるが、これではなかなか子供と母親とのコミュニケーションはうまく取れないであろうし、子供の親に対する信頼の感情も起こってこないのではと心配する場面をよく見かける。このような母親の態度が多くの人びとに広がっていくとき、これまで地域社会で見られた細やかな人間関係にどのような影響を与えることになるかが当然問題となる。

　情報の原形がフェイス対フェイスで交わされる言葉であるとすれば、固定電話や携帯電話を通じて交わす会話は真の情報とはいえない。それに対して、フェイス対フェイスの場合はお互いに顔に出る表情の変化や身体全体に現れる微妙な動きを見たり感じたりすることができるため、言葉以上の情報を話相手から得ることができる。「目を伏せる」、「目を細くする」、「目を見張る」のように、目からも多くの表情を読み取ることができる。こうした表情を読み取ることが、交わす言葉は一言であっても、情報量を数倍にすることもできるのである。そして、知らず知らずに表情の変化を読み取り、同時に話相手の自分に対する感情を読み取ることができるようになる。

　しかし、携帯電話を介しての話し合いの場合は、いくら会話を重ねても、電波を介しての通話であってそこでいくら言葉を交わしても、相手の表情やしぐさの変化を見ることができないのであって、人間が本来持っている話相手の表情を読み取る能力が低下していって、いつの間にか完全にその機能を失ってしまうことも想定される。そうなると通学や下校時に近所に住むお年寄りと街で出会っても、そのお年寄りが自分のことを知っていて声を出しての挨拶はないにしても好意を持ってくれていても、それを理解できなくて挨拶の言葉が出なくなってしまう。そのために地域社会で以前

にはよく見られた買物の途中で出会った近所の人との一言二言の立ち話の情景も姿を消し、細やかな人間関係も薄れてしまって自分一人が取り残されているように思われ、地域社会全体から安定・安全が姿を消していくように感じてしまう。

(3) 少子化

　地域社会における「地縁」によるつながりを断ち切ってしまった要因としてもう一つ挙げられるのは少子化である[6]。そもそも人口減少をもたらしてきた要因である少子化は街から子供の姿を消してしまったが、「向こう三軒両隣」という「地縁」の出発点は子供たちが家の前の道路を遊びの「場」にしたことから始まることを考えれば、道路から子供の姿を消してしまったのはモータリゼーションも大きな要因であるが、少子化も大きな要因とみなされる。仮に、自動車が子供たちから道路という遊び場を奪わなくても、少子化によって道路から子供の姿が消えていったともみなされる。

　散歩の途中に子供を連れた若い女性に言葉をかけるとき、まず子供に話しかけるとほとんどの女性は子供をあやしながら、話しかけに応じてくれてちょっとしたコミュニケーションが生まれることになる。しかし、よほど天気がよく暖かい日でなければ、散歩の途中に子供連れの若い女性を見かけることはほとんどない。いまは子供の姿を見かけるのは、児童・生徒の通学時であるが、学校側も登校、下校時に交通事故をはじめとして子供たちに降りかかってくる災難から子供たちを守るため、集団を組んでの登校・下校となっているため大人が子供たちに話しかける機会はほとんどなくなってしまった。

　出生率が2以上の場合、兄弟は少なくて2人で兄弟が3人以上の家庭も多く見られた。したがって、家庭のなかでたとえば2人の弟が喧嘩をして、長女の姉がなかに入って仲裁を買って出るとき、長女は社会性を身につけることになり、学校でも友達との関係も旨く維持していけることになる。おそらく、いじめに遭ったり、いじめに加わったりすることもなく、勿論、不登校ということは全く考えられないことになる。これに対して、合計特殊出生率が1.3くらいになってくると、兄弟の数は1.5人とか1.6人くらいになってくるため、せいぜい兄弟は2人となってしまうが、その場合、家庭での生活のなかで十分な社会性は身につきにくい。ましてや兄弟が男と

女に分かれるときはお互いが一人っ子のようになってしまう。

　そのまま、学校生活に入っていくとき、多くの子供たちは友達との付き合いにも戸惑いを感じ、そのうちにいじめの対象になったり、なかなか友達との会話もできないといった状態が続くことになる。勿論、このような子供は通学の途中に近所に住むお年寄りの方から、親しく声をかけられても黙って通り過ぎることになってしまう。もし、子供たちが街で出会った近所の人から少しでも言葉がかけられたとすれば、「地縁」にもとづく地域社会における人間関係を少しでも取り戻すことができると考えるとき、地域社会においていま進行している不安定・不完全な状態がもたらされてきた要因として、モータリゼーションと携帯電話の普及に加えて、少子化を取り上げねばならない。

3　地域社会を徒歩移動圏とする

(1) 徒歩移動圏

　戦時中、戦火が大陸から太平洋にも広がっていったころ、私は国民小学校の5、6年生頃であったと記憶しているが、題名は忘れたが、「歩け、歩け、あーるけ、歩け、道なき道もあーるけ、歩け、…」という歌詞の歌が唄われていたことを記憶している。前節で1970年代の高度成長期における地域社会には「地縁」にもとづく細やかな人間関係が残っていて、地域社会が安定・安全な社会構造をまだ保っていたことを説明し、それがその後の急激なモータリゼーションと携帯電話の普及、そして、少子化の進展によって、その細やかな人間関係が地域社会から姿を消していく過程を説明し、不安定・不安全な社会構造に変わってしまったことを見てきたが、ここでは、もう一度地域社会が以前ほどではないにしても、少しでも木目細やかな人間関係[7]を取り戻し、社会構造の安定・安全のこれ以上の後退を食い止めるためにできることは何かを考えることにしたい。

　地域社会における安定・安全を支えてきた「地縁」にもとづく人間関係をもう一度呼び戻すことが、地域社会の安定・安全の回復にとっての早道であることは明らかであるが、そのためにはモータリゼーションの進行を食い止め、できればもとへ逆戻りさせ、携帯電話の乱用を控えてできるだけフェイス対フェイスの会話に努めることが求められるが、いずれもそこに含まれている巨大なエネルギーを考えれば、おそらくそれは不可能とい

わざるを得ない。このことはそれをもたらしてきた少子化についても同じであって、それを逆転させるために求められるエネルギーは極めて大きいことになる。

　そのため、地域社会を日常行動圏として捉え、その広がりを半径500mなしは1kmで捉えてそこでの移動についてはできるだけ徒歩で行うことを促し、住民同士が一言でも二言でも言葉を交わす機会を増やそうという提案である。一応、ここでは日常行動圏ないしは地域社会を「徒歩移動圏」[8]と呼んでおこう。人口密度にもよるが日常行動圏はほぼ小学校区に重なり、買物、通院、ボランティア活動、学習などの日常的行動のほとんどはこの圏域での移動で収まることを想定し、ここでの移動にはできるだけ自動車を使用しないで「徒歩で移動しよう」という提案である。

　この節のはじめに取り上げた「歩け、歩け、あ〜るけ、歩け、――」の歌は戦意高揚のためであったが、ここでは地域社会のもう一度「地縁」にもとづく細やかな人間関係を少しでも取り戻し、地域社会における安定・安全の後退を何としても食い止めるために取り上げる。これによって以前に見られた生活道路での一言二言の立ち話の機会がどれだけ増えるかは、この運動に参加する人の数によるといえるが、すでに子供たちは登校・下校は徒歩であるから、少なくとも下校時間に合わせて「徒歩移動圏」を歩けば、場合によっては気持ちの通う状況も起こりうる。

　問題は「徒歩移動圏」の趣旨に賛同して、歩け歩け運動にどれだけの人が参加するかである。この運動を提案している私はこれまで一度も自動車を運転したことがなく、勿論、自動車の免許状をとったこともないので、このような提案ができたのではないかとも考えられるが、ときどき妻や子供たちが運転する車の助手席に乗せてもらったときに感じる一種の優越感めいた気持ちを思い起こすとき、この運動の難しさがある程度理解できるように思われる。法定速度で走っている前の車を見て、もう少しスピードを上げてもいいのではと思ったり、交差点で信号の変わるのを待っている歩行者にもう一歩下がって信号の変わるのを待った方がよいのではと言ったりするので、子供たちから、「お父さんは車に乗ると人が変わるね」とも言われている。

　最近は乗用車も大型の車両が増えて、座席も高くなっているので歩く人や背の低い車などを見下ろす感じになっており、運転する人が一層優越感

を持つようになっているのではと考えると、「歩行移動圏」の提案によって「地縁」を少しでも回復させることはかなり難しいように思われる。しかし、車を降りて道路に立つとき、車のなかからガラス越しに見てきた同じ景色が全く違って目に映ることを感じ、陽光や風が全く違って捉えられてすがすがしい気分になることもあると思われることから、自然環境に注意を向けることが習慣になっている人であれば、「徒歩移動圏」に参加することは十分に期待されることから、もう一つ参加のきっかけを与える「仕掛け」を工夫すれば、この運動への参加者の拡大も期待されるはずである。

　モータリゼーションの進行を止めることが難しいように、自動車の移動に慣れてしまった人に対して少しでも歩く時間を増やすように仕向けるのは一層難しいことに思える。それだけに地域社会をともかく「徒歩移動圏」に仕立てていくためには、かなりの時間をかけていろいろの取り組みを心がけていかねばならないが、いま、思いつくものとして二つのことを提案しよう。

(2) 挨拶掛け合い運動

　その一つは、歩数を記録してたとえば1万歩で1点を与え、100点に達したら表彰するといった制度の導入である。総点数を何点にするとか、表彰の仕方については今後の議論に委ねなければならないが、歩くことへの仕掛けの問題である。もう一つは、歩くことが自分を取り巻く環境、とりわけ、自然環境を五感で感じる時間を与えてくれることを理解してもらうように仕向けていくことである。自動車を運転しているときは、ほとんど空を見上げることはないと思われるが、歩いているときは、いつでも空を見上げることができ、そのとき、目にする雲の色や形で十分季節を感じ、自然の広がりや大きさを感ずるが、そのとき生まれる心のゆとりは、歩くことの素晴らしさを感じさせてくれるものである。

　私は歩くことが人間にとって基本的な動作・行動であると思っている。目線をまっすぐ前に向ければ、勇気が湧いてくるし、空を見上げれば、季節の微妙な移り変わりを感じ、視線を大地に向けて小さな草花を目にするとき、大地の安定感を理解できて心にゆとりが生まれることを感じる。そして、行き交う人に対して親しみを感じて言葉をかけたくなる。このことからすれば、「歩行移動圏」の提案は誰もが人間としての基本的行動に戻れ

る「場」の提供を意味することになる。

　散歩の途中で見知らない人から、「こんにちは」と声をかけられたとき、一瞬戸惑いを感じるが、その後直ぐに心に温かいものを感じ、少し歩いてからそっと振り返ってその人の後ろ姿を見ることを誰もが経験したことがあるのではないかと思う。そして、いまでは散歩でなくても、人通りの少ない道で出会う人に、こちらからできるだけ「こんにちは」と声をかけることにしている。初めのころは声をかけた人の反応が気になっていたが、いまでは自分で「挨拶掛け合い運動」と呼び、「徒歩移動圏」への参加を呼びかける一つの方法とも考えている。

4　夫婦子2人がふたたび標準世帯に

(1)　二等辺三角形の人口ピラミッド

　22世紀において8000万人の人口を維持しながら日本経済を運営し、恵まれた自然環境を守りながら国民の生活をゆっくり豊かにしていくことを目指すためには、合計特殊出生率は2で維持していかねばならない。この問題に関しては改めて12章「人口8000万人のもとで進める22世紀の日本経済」で議論することとなるが、この章では、2050年の人口1億人から50年間で8000万人まで減少するためには、減少速度を2015年の出生率14.6を約35年間で1.7まで引き上げていくことが求められているが、後半の50年間ではさらに2.0まで引き上げることが必要となる。その引き上げ幅からいえば、前半は約35年間で0.24の引き上げに対して、後半は50年間で0.3の引き上げになるが、出生率が2に近づくほどその押し上げが難しくなることが予想されることから、相対的に後半の人口減少速度のコントロールの方が難しくなると予想される。

　ただ、出生率が2で安定するとき、人口はほぼ8000万人が維持されることになるが、同時に子供2人の家庭が増えてきて、戦後、1980年頃まで続いてきた夫婦子2人の標準世帯が復活することになる。子供2人の組み合わせは男・男、男・女、女・男、女・女が想定されるが、とくに、男・男、女・女の場合、兄弟、姉妹の関係で少し社会性を身につけることができると想定されていることから、義務教育の現場で起こっている不登校の問題やいじめの問題は減少することが期待される。

　また、男・女、女・男の場合であっても、両親が子供と同じ目線で子供

の会話に加わることによって子供同士の社会性が形成され、子供社会に馴染めないという問題はかなり減ることが想定される。その場合、両親はいずれの子供に対しても同じ距離を保つことが求められる。さらに、同じ小学校区で同世代の世帯が集まれるような「場」が行政側から用意されるならば、子供と一緒にそこに出かけて参加することも必要となるであろう。

これまでは標準世帯を想定して、子供が学校に上がる前に身につけておきたい社会性について見てきたが、誕生から自分を意識し始める3歳頃までの生活を考えるとき、毎日できるだけ長い時間親との生活を送ることが重要となる。つねに親から話しかけられ、お乳をもらい、おむつを替えてもらい、入浴も一緒に入るうちに、親に笑いかけ、声を発すると、直ぐに親から言葉が返ってくる。お腹が空いて泣いて訴えると、それに親が応えてくれる。このように親がつねに自分のそばにいることを感じ取って、自分を意識することになる。俗な言い方をすれば、いつも自分を見つめてくれている親の存在を意識し始めて自分を自覚し、無意識のうちに前向きに生きていく力を身につけていくことになる[9]。

このことからも、女性に与える産休休暇は3年とすることが求められる。標準世帯の場合、女性は6年間の産休休暇が与えられることになる。したがって、乳児保育は原則としてはあり得ず、3歳以降就学前までの保育が原則となる。その間、標準世帯の場合は上で見てきたように子供たちの間で少しずつではあるが社会性を身につけることができると想定されるが、誕生から3歳までは母親と一緒に生活し、自分をはっきりと意識し、できれば前向きの姿勢が芽生えていかねばならない。かくして、問題は世紀末に8000万人の人口に落ち着かせる過程で、安定した経済運営と国造りを進めながら、3年間の産休休暇をどのように制度化し、その間の親子の生活費をどのように補償するかについても制度設計をしておかねばならない。

(2) 出産・子育て休暇制度の創設

ただ、3年間の産休休暇が与えられその間所得補償が十分に行われ、女性はこの制度を利用して子育てを考えるようになれば、第一子の場合はともかく子供を産みたいと考え、そこで産休制度を利用して得た子育て中の安心感によってさらにもう一人産んで育てようと思うことになれば、出生率の世紀末に向けての上昇も十分に期待することができる。このように考

えると 3 年間にわたって支給される子育て手当ての支給額が問題となる。給付額が高すぎる場合は産休制度を利用して生活費を維持しようとなれば、出生率は 2 を超え、標準世帯も夫婦子 2 人を超えて、夫婦子 2.3 とか、2.4 に上昇し、8000 万人の人口を維持しながら安定した経済運営を持続させるといった 22 世紀の経済運営の目標の実現は難しくなる。

　しかし、3 年の子育て手当が十分でないときは、産休制度を利用して 2 人目を産むことを見送ることになり、合計特殊出生率の 2 を維持することが難しくなり、結局、22 世紀を迎えても人口減少が続くことになりかねない。先に、産休休暇を 3 年と決めたのは、自分を自覚し、前に向かって生きていくことをおぼろげに持ち始めるのが 3 歳の頃ということにもとづいていた。しかし、そのためにはその間、つねに母親と一緒にいて母親が献身的に育てていくことが求められるということから、産休休暇が 3 年とされてきたことを考えるとき、子育て手当として支給される額は、母親が子供に注意を払っている時間が 1 日 24 時間のうちかなりの時間であることを考え合わせて決めなければならない。

　そして、このような考え方が生まれてくる背景には、子供は成長すれば社会人として協働体制に加わり、その体制の維持に貢献することが期待されており、ここではその額について具体的な数字を上げることはできないが、全体では相当な金額になることが明らかであって、そのため、必要な財源をどのように確保するかを見ておかねばならない。これまでの議論では、3 年間の産休休暇をとる場合、それまで勤務していた企業を退職することを前提にしてきたが、場合によっては籍を置いたままにして、最初の 1 年は少しは賃金が支払われ、その後、ゼロとなることもあるだろうが、ここでは元の職場での関係は別にしてすべての母親に一律の金額が支給されるものと想定する。

　また、この制度の名称であるが、3 年という期間の長さからいえば、「出産・子育て休暇制度」と呼んだ方がよい。第 11 章のタイトルには「国造り」という言葉が使われているが、この言葉の意味には人口 8000 万人の国を維持していく場合、国造りの基本は「人づくり」に置かれるべきであるということが含意されている。そして、もう一つ人口の増減がゼロの国を維持していくとき、経済成長などは国を運営していく場合の目標にはならないのであって、私たちが毎日生活している地域社会にしろ、また、国土とい

うより広い社会にしろ、生活の安定・安全を脅かす要因が少しでもあってはならないのであって、「安定・安全な社会造り」こそが国造りの目標となる。

　いずれにしても安定・安全な社会構造の確立が21世紀の国造りの目標の中心に置かれる限り、出産・子育て休暇制度はその中核をなすものであることから、かなりの予算をこの制度につぎ込むことが求められ、そして、つぎ込むべきでもある。この制度によって、出生率を2で維持することができ人口8000万人が維持されるならば、年功序列型の賃金体系とあわせて、わが国固有の福祉国家の建設が可能となる。

5　人口8000万人の維持と地域社会の安定・安全

(1) 地域社会の安定・安全の3条件

　人口8000万人を世紀末に向けて目指すとき、2050年に想定してきた1.7の合計特殊出生率を世紀末に向けて2に高めていかねばならない。これに関連して女性を取り巻く環境、および、子育ての環境が整備されていかねばならないが、より重要なことは毎日の生活が安心して送れて、明日の生活は今日の生活よりはよくなるだろうという希望を誰もが持てるような状況を日本経済の運営において造っていくことが前提条件の第一となる。この条件を整えていくのは国の役割であって、国は国に求められる三つの基本的役割を通じてこの前提条件を満たしていかなければならない。第9章ではそのための実行可能な提案を「年功序列型賃金体系の導入」という形で行ってきた。

　しかし、このような生活の環境をすべての人びとに用意していくためには、国や自治体が先頭に立って進めていかねばならないが、同時に、すべての人びとがそれぞれの立場や置かれている状況に応じてこのような生活環境の整備に向けて努力しなければならない。このことを念頭に置きながら、この章では二つの問題を取り上げ議論を進めてきた。

　その1は、私たちが毎日の生活時間の大半を過ごしている地域社会が安定・安全であって、一昔前の「向こう三軒両隣」の細やかな人間関係が感じられるような地域社会をもう一度復活させることを目指すことであり、その2は、若い女性に対して経済的にも時間的にも安心して子育てのできる環境を造るために3年間の「出産・子育て休暇制度」を提案し、その制

度の仕組みについて議論してきたところであるが、この提案の背景には、22世紀においてわが国は人口8000万人で定着を見、この人口のもとで自然環境を守り、誰もが明日に希望を持って毎日の生活を送るためには、合計特殊出生率を2で維持していかねばならないが、そのために、子供を産み育てたいと考えている女性に、その実行を可能にするような環境を用意するということであった。

　ただ、ここで提案されている3年の出産・子育て休暇制度は、これまでの産休制度に比べて期間の長さから見ても、また、期間中に支給される子育て手当の額から見てもこれまでの産休制度とは比較にならないほど、女性にとって手厚いものになっている。このような提案を行ってきた背景には、将来に向けて人口が一定の社会でもその基本的枠組みとしての協働体制を維持しさらに強固にしていかねばならないが、どの地域においてもこの体制を担っていく人材の育成が必須の条件であることにもとづく[10]。

(2) 協働体制の強化

　人口8000万人が維持されることが前提に置かれていることから、協働体制に関しては維持するだけでなく強化にも重点が置かれることになるが、それを実際に実現していくのはつねにそのときの子供たちであることから、その子供たちができるだけいい環境で「生」を受け、できるだけ行き届いた環境で「教育」を受けるように諸条件を整えていくのは、社会全体の責任であるという考えにもとづくことはいうまでもない。そして、この考えにもとづいて、この章において、年功序列型賃金体系の導入に加えて出産・子育て休暇制度を提案してきたのである。ここで改めてこの二つの制度について説明をしておこう。

　まず、出産・子育て休暇制度について、人はこの世に生を受けて、自己を確立し、前に向かって独り立ちしようとするときがちょうど3歳くらいと考えられているが、そのとき誰もが同じスタート・ラインに立つことを目指して造られる制度といえる。誰もがこの制度によって誕生から3年間母親と一緒に暮らすことができるならば、同じ人生のスタート・ラインに立つことができるのであって、ほとんどハンディキャップを負うことなく自分の人生を切り開いていくことが可能となる。したがって、できるだけ行き届いた教育制度が用意されていることによって、誰もがほぼ同じ環境

のもとで成人を迎えることができることになり、貧困の連鎖を断ち切ることが実現すれば、出生率2が維持され、人口8000万人が定着を見るとき、きわめて安定・安全な形で国土を維持することができるはずである。

これに対して、第9章で行ってきた年功序列型賃金体系の導入というもう一つの提案は、毎年着実に上昇することが約束された所得によって消費需要主導型の経済運営を行うことを可能にし、緩やかな経済成長が持続され、確実に日々の生活がよくなっていくと誰もが実感することによって誰もが将来に向けて希望を持ち始めるとき、1日の生活時間のかなりの時間を過ごす地域社会の安定・安全の確保というもう一つの条件が実現を見る。そこで、最後にもう一度地域社会の安定・安全の問題を取り上げ、この章での議論を終ることにしよう。

(3) まちの個性化

地域社会の捉え方はいろいろであるが、ここでは買物、通院、通学、学習など日常的行動が行われる広がりで捉えられる、いわゆる、日常行動圏をそのまま地域社会とみなしてきた。人口密度によってその広がりは異なってくるが、街並みが続いているところでは半径が500mないしは1kmの広がりを持つものとみなされる。この広がりを念頭に置いて、改めて、人口8000万人のもとでの経済運営と地域社会の安定・安全の関連について議論をしておこう。

人口8000万人で定着を見るとしても、全国のどの地域においても安定した日常生活を送ることができるためには、いずれの地域においても人口の大きな変動があってはならない。これからも国内、国際的にも人口の移動は頻繁に行われるであろう。その移動が長期にわたるとき、流入人口および流出人口が大きくなり両者に差が生まれるとき、人口の社会増・減が生じ、国全体で人口が8000万人に定着していても、人口が増大していく地域と、逆に、人口が減少するところが生じる。

とくに、人口の社会減が長期にわたって続く場合、いままで懸命に守られてきたその地域での協働体制が守りきれなくなってしまったとき、人口流出を加速させその地域は生活の「場」としての機能を失っていくことになりかねない[11]。これまでの東京一極集中がこのまま続くとすれば、全国の多くの地域で人口の社会減が続いて、人口が8000万人で維持されても多

くの地域で生活の「場」が消えていくことにもなりかねない。このことを念頭に置くとき、22 世紀の日本経済の運営にあたって、第一に守らねばならないことは、地方から都市に向かっての人口の移動の方向を都市から地方に向かっての人口の流れに変えることであるともいえる。都市圏においては、仮に人口の社会減が発生しても、数 % の減少であればこれまで維持されてきた協働体制は十分に守られ、都市に残された水田も守られることは確かである。

　都市部における人口の社会減の速度がどの程度まで許されるかが問題となるが、これについては改めて議論しなければならないが、できるだけ低速度のほうがいいわけであって、できれば増減はいずれの地域においても、変動幅が 1% 以下に抑えられることが求められる。それは全国のどの地域においても、地域社会の安定・安全を維持するためには誰もがそこで長く暮らすことで、その地域社会への愛着が強くなっていくと考えられるからである。そして、自分の暮らす「まち」への愛着をもって周りの人びとに接するとき、そこにおける「地縁」にもとづく人間関係がさらに強まることが想定される。この状況はモータリゼーションが進展していた 20 世紀の後期から 21 世紀の初めころとは全く反対の方向の動きであって、地域社会は安定・安全の方向に向かうことになる。

　このように見てくると、人口 8000 万人で国を維持していくとき、国内での人口の短期的移動および長期的移動がどのように変わっていくかが問題になる。それぞれの地域において、地方創生運動に関連していろいろの情報を全国に向けて発信するならば、おそらく、短期的移動は現在より頻繁となるともみなされるが、いわゆる転入・転出による人口の社会増減はむしろ終息していくであろう。わが国人口が 8000 万人であった大正から昭和にかけての頃、若者が特色のある地方の旧制高等学校を目指して大都市からも移動したように、22 世紀には誰もが地方の情報発信地に短期的移動することが多くなることも想定される。

　そのとき、もう一度大正浪漫の雰囲気が人びとの気持ちのなかでよみがえることはないとしても、誰もがいまよりさらに長くなる自由時間を利用して生きていくうえで自分を後押ししてくれるもの、たとえば、真理、美、体力、気力等をさらに追求し、高めていくことに努めていくとすれば、大正浪漫以上の雰囲気が地域社会にも充満し、地域社会での人間関係は「向

こう三軒両隣」の時代よりも厚く、きめ細やかになり、地域社会の安定・安全が強化されていくことが確信される。その状況については、12章「人口8000万人のもとで進める22世紀の日本経済」において議論する。

［注］

1) 日常親しく交際する近所の付き合いの状況を表す言葉であるが、近所付き合いを通じて誰もが安心して毎日の生活を送っている様子もうかがえるような親しみを感じる表現でもある。

2) 唱歌「焚火」はその情景をよく表していて誰もが一度は口にした歌であるが、消防法で道路での焚火が禁止されてから、いまでは小学校でも幼稚園でもほとんど歌われなくなった。

3) 1973年の秋に発生した第1次オイル・ショックによって1974年に戦後初めてマイナス成長を記録し、それにもとづく法人税の落ち込みで翌年1950年に赤字国債を発行することになり、財政構造はプライマリー・バランスで赤字を出す結果となってしまった。

4) 自動車の保有台数の推移によってモータリゼーションの進展の状況を見ることができるが、そのほかにも交通事故の件数の急増によっても知ることができる。

5) 下表は総務省の「移動体通信（携帯電話）の年度別普及率と契約数の推移」にもとづいて作成したものである。

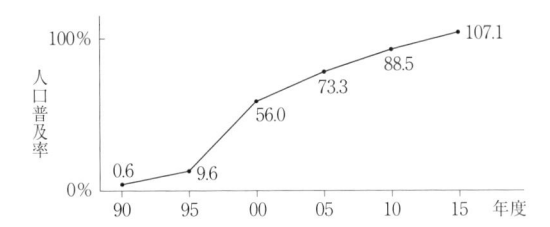

上表によれば1990年から2015年までの25年間で契約数は156倍の拡大を見たことになる。

6) 年少人口、生産年齢人口、老年人口の推移を100％のグラフで表す。

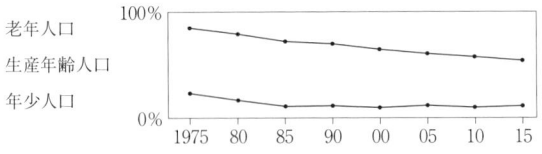

7) 人間関係を生み出す媒体として、地縁のほかに共通の価値観や対人サービスが想定されるが、それらについても説明を加えていく。

8) この名称については再検討が必要であり、誰もが直ぐに口にすることができるような呼び名を考えていくことが求められる。

9）　子供の発達は人間が生まれながらに持っている素質（遺伝）の力と、乳幼児を育てる周囲の働きかけの力（環境）によるとされているが、このうち環境に関しては乳幼児期を母親によって育てられることが最善とされている。

10）　協働体制の維持・強化に関しては、第 10 章において水田を守る協働体制の維持・強化に関連して議論してきたところである。

11）　集中豪雨によって大規模な土砂災害が発生して、多くの家屋が被害を受け、集落全体で他の地域への移転を決めたことがときどき報道されてきた。そのような場合、これまでの生活の場が姿を消すことになるが、同時にこれまでの集落の人びとによって維持されてきた水田も姿を消すことになりかねない。水田を守っていく立場からは、国が被害からの立ち直りのための援助を、これまでの土地での生活を続ける方向で行うべきである。

12章

人口8000万人のもとで
進める22世紀の日本経済

―誰もが将来に向けて希望を持てる社会の構築―

1 人口一定のもとでの経済運営

(1) 人口8000万人の意味

　21世紀の末に向けて人口減少が終息し、22世紀においては人口8000万人を維持しながら、自然環境との共生の経済運営を進めることによって、明治維新以降の日本経済の運営は人口の変化にもとづいて三つの期間に分かれて行われることになる。第1期は明治維新以降2010年までの人口増加期であり、第2期は2010年から2100年（世紀末）に至る人口減少期である。そして、第3期は22世紀の初頭から始まる人口が一定の期間である。現時点は2018年であり、人口減少期は始まったところであるから、ここで取り上げようとしている21世紀の日本経済および22世紀の日本経済についての議論においてはかなり思い切った仮定を設定して進めなければならない。しかも、この議論を進めるにあたって拠り所となる分析手法は人口増のもとで生起してきた経済現象にもとづいて確立されてきた経済学という学問体系である。そのため、人口の推移に関して一定の目標値を定め、そのもとでわが国の恵まれた自然環境を守りながら、誰もが毎日の生活において将来への希望を持ち続けられるような経済運営を進め、安定・安全な社会構造を構築していくという分析手法を取りながら、日本列島にもたらされる水資源の活用を国造りの基本に置くことにした[1]。

　ここで問題になるのは、22世紀の人口一定のもとでの経済運営にあたって、なぜ、人口8000万人が設定されたかである。その理由の一つは、第10章でも議論したように、わが国において自然環境を守ることは水田を守

ることであるという置き換えを行って、これまでの人口減少期においても何とか守られてきた水田をこれからも維持していくためには、長年にわたって水田を守ってきた協働体制を堅持していかねばならないが、そのために維持していかねばならない人口の減少速度から、2050 年の人口 1 億人が導出され、21 世紀末に人口が 8000 万人になることが導出されてきた。

　さらに、水田を守っていくための協働体制を維持していくためには、それ以上の速度で人口減が起こったとき、多くの過疎地域で水田を守りきれなくなるということで、8000 万人で人口を維持していくという目標が設定されてきた。ただ、その前に、人口減少期における経済運営の目標に、(1) 恵まれた自然環境を守り、(2) 安定・安全な社会構造のもとで、(3) 人びとの生活水準を着実に高め、(4) 誰もが将来に向けて希望を持ち続けられる社会の構築という四つの目標を掲げてきた。そして、第 10 章の議論では、このうちの (1) の目標を取り上げ議論してきた。また、第 11 章では目標 (2) を取り上げている。

　これに対して、目標 (3) は人口の変動のいかんにかかわらず、経済運営の第 1 の目標となるものであるので、ここでは改めて取り上げないで、第 12 章において目標 (4) を取り上げることとし、副題にも「誰もが将来に向けて希望を持てる社会の構築」を掲げることにしたのである。

(2) 将来に希望の持てる社会

　一個人が将来に希望をもって毎日の生活を送ることができるためには、今日より明日、明日より明後日に向けて生活水準が確実に向上することが前提となる。そのもとで将来に向けての実現を目指す目標を誰もが持つことが可能となる。できればその目標はそれが実現するとき、自分が喜びを感じることは当然として、他の人びとにも一緒に喜びを感じてもらえるような目標であることが求められる。そして、その目標の実現が自分の生活水準の向上につながっていくだけでなく、周りの人びととの生活水準の向上にもつながっていくものでなければならない。すなわち、各人が掲げる人生の目標は社会的に見ても「善」でなければならない。

　さらに、できれば掲げた目標が実現したときに感じる喜びは、掲げてきた目標の中身によって決まるというより、その目標の実現に向けて毎日積み重ねられてきた努力の大きさによって決まるものともみなされ、それに

よって木目の細やかな人間関係の回復が期待され、同時に日々の生活のなかで払われる努力にも喜びを感じ、それがさらに明日の努力を引き出していくことになる。このように見ていくと、この章の副題に掲げた「誰もが将来に向けて希望を持てる社会の構築」のためには、誰もが自分の人生の目標を掲げて日々努力を重ねていくことが求められ、その積み重ねで希望のほうも大きく膨らんでいくことになっていく。

定めた目標に向かって自分の努力によって一歩でも半歩でも近づくことを感じるとき、それは自分に大きな希望をもたらすが、同時に周りの人びとにも喜びをもたらすものでなければならない。そのためには自分の設定する人生の目標ができるだけ多くの人びとによって受け入れられるものでなければならない。反社会的な目標を掲げ、その実現が周りの人びとに害をもたらすものであれば、日々努力して目標に近づいても、周りの人びとには嫌悪感を抱かせるだけである。その場合は目標を見直し誰に対しても「善」とみなされる新しい目標を設定しなければならない。

(3) 日々前進

生活の目標ないしは人生の目標を掲げ、それに向かって日々努力を重ねていく生活において大切なことは「継続」である。すなわち、毎日一歩でも半歩でも目標に近づくために努力を重ねていく継続性である。仮に１日の前進が半歩であっても、目標に近づいたことを感じて努力を重ねることの大切さを心にとどめておかねばならない。しかし、１日でも前進の努力を怠るとき、目標に近づくことはできないだけでなく、周りの人びとが努力してその目標への接近が見られるときは、自分はむしろ目標から遠ざかっていくようにも感じかねないことを自覚すべきである。

この場合、他の動物には見られない人間固有の奉仕・学習・創造[2]の三つの行為が日々の努力の継続性をもたらす源泉とみなし、つぎの節において３行為と「継続」との関連について考察していくことにしよう。

2　奉仕・学習・創造の基本的行動と人生の目標

(1) 奉仕・学習・創造と社会人

奉仕（serve）・学習（study）・創造（create）は他の動物には見られない人間固有の行為ないしは行動といえる。そして、人間はこの三つの行為に

もとづいて度重なる地球環境の変化にも適応し、多くの危機的状態を乗り越えてきた。ただ生き延びてきただけでなく、暮らし向きを向上させ、着実に豊かになってきた。そこには他の動物のように仲間を造ることもなく一人で危機状態にぶつかるのでなく、できるだけ多くの仲間を集めて協力して難局に対処してきたことが指摘される。すなわち、人間がこのように他の動物と比較にならないほど豊かな生活を送ってきたのは、仲間を集めて社会を造り、互いに足らざるところを補い合い、ときには競い合って切磋琢磨してきたことの結果といえる。

そして、社会の構造の基本は協働体制であり協働組織である。すなわち、社会に参加する場合、自分の持つ能力に応じて自分の分担する役割を受け持っていくことで社会を構成するメンバーの持つ能力の合計の数十倍の力が発揮され、生きていくうえで必要なモノが一人で得ようとする場合の何十倍のモノが得られ、均等に分け合っても誰もが大きな分配分を手にすることができた。このように見てくるとき、人間と他の動物との違いは、社会を構成し、社会のなかで他の人びとと協力し、役割を分担し合って生きていけるかどうかにもとづく。

このように人間と他の動物との違いが社会を構成し、社会のなかでの自分の居所を見出し、生きていけるかどうかに求められるとすれば、なぜ、人間だけが社会を構成し、社会のなかで自分の居所を見つけて生きていけるのかが問題となる。ここでこの節の最初に取り上げた奉仕・学習・創造という他の動物には見られない、人間固有の三つの行為が問題となる。まず、奉仕は自分以外の人につくす行為であるが、神を敬い、神に自分の命をささげる行為も含まれる。この奉仕という行為によって社会が成り立つことは明らかである。日本には「情けは人のためならず」という諺があるが、これは社会が成り立つための条件として、誰もが奉仕という行為を行うことが必要であることを述べたものである。

しかし、いくら奉仕の気持ちを強く持っていても、他の人が持っていない技能とか知識を持っていなければ、社会に奉仕することはできない。これに対して、ほかの誰もが持っていない技能があるとき、それを使って多くの人に役立つ行為を行うことができる。そのため、誰もができるだけ多くの技能や知識を持とうと努める。これが「学習」である。そのため、学習は自分の祖先や親たちが何をやってきたのか、また、いま、先生や友達

を含めて自分の周りの人びとが何をやり、何をやろうとしているかを知りたいと思い、それをできるだけ明らかにしようとする行為が学習である。

そして、その過程でこれまで誰もがやってきたことを学習しているうちに、ここをこのように変えれば、何か新しいものができるのではないかといったことを気づくとき、その方向に関心が向くことになり、それについてこれまで誰もが気づかなかったモノを造り出してみようという思いが大きくなっていくとき、三番目の「創造」という行為が始まる。このように見てくると、奉仕・学習・創造はいずれも自分が社会を構成する一員として社会で生きていくことから生まれてきた行為でもあるといえる。そして、この行為によって社会全体で発揮される力が、構成員の一人一人の力の合計量の何十倍にもなっていくのである。

(2) 協働体制の維持

社会を造り、そのなかで互いに役割分担して生きているのが人間だけであるとすれば、奉仕・学習・創造という三つの行為は人間だけが持つ行為であって、他の動物には見られない行為といえる。それだけに22世紀において人口8000万人のもとで、毎日の生活を自分の掲げる目標に向かって送っていくとき、毎日の生活のなかでその目標に一歩でも二歩でも近づくことに喜びを感じ、さらなる前進を続けるためには奉仕・学習・創造の人間だけが持つ行為を通じて目標の実現に向かって努力を続けることが求められる。

たとえば、自分がとくに優れた素質を持っているとは思わないが、生きていくうえで問題となるような欠陥があるわけでなく、ごく普通の人間としてこれまで生きてきたことを周りの状況を見ながら両親に感謝する気持ちを強く持っている人が、社会で生きていくうえでハンディキャップを持つ人たちに対して手を差し伸べるために、自分に与えられた自由時間のなかからできるだけ多くの時間をハンディキャップを背負っている人たちに手を差し伸べるために使っていくことを考えた人は、人間固有の行為である「奉仕」を通じて自分の掲げる目標に向かって毎日の生活を送ることになる。

そして、この奉仕に向けられる時間が限定されていることを想定するなかでできるだけ多くの社会的弱者を援助したいと考えるとき、援助の仕方

について工夫したり、あるいは、これまで工夫されてきた援助の方法を勉強するとき、学習や創造といった人間固有の行為を当然伴うことになる。このように、自分の掲げる生涯の目標の最大限の実現を目指して奉仕・学習・創造の人間固有の行為を行うとき、この目標に向かって毎日努力を重ねていくという生活の姿勢は途絶えることのない人間の真の姿をもたらすものと想定される。

　もう一人若い男性銀行員を取り上げ、自然を被写体とする写真を撮り続け、できればそれを通して日本の豊かな自然環境を多くの人びとに知ってもらって、恵まれた自然環境を守ることに寄与したいと考えていると想定しよう。この青年が掲げる目標は奉仕・学習・創造の三つの人間固有の行為のうち創造に重点が置かれることになるが、この場合も毎日の生活のなかでこの目標が生きがいを感じさせてくれて、将来に向かって生きがいを持ち続けることを可能にするはずである。そして、この青年の目標の実現については創造が最も関連する行為となるが、同時に、写真技術の向上のためには学習も伴い、この目標に一歩一歩近づく過程で、少しはできるだけ多くの人びとに感動も与えていきたいと考えるとき、奉仕の行為とも関連する。

　このように将来に向けてその実現を目指す目標を掲げて毎日の生活を送るとき、生きがいを感じながら生きていくことが明らかになってくるが、この生活の態度を持ち続けるためには、奉仕・学習・創造の三つの人間固有の行為のいずれかに重点を置いてその目標に向かうことが、このような生活を継続させるために必要であることは明らかである。言い換えれば、奉仕・学習・創造の人間固有の行為のなかには「継続性」[3]というもう一つの人間固有の性質が含まれていることが指摘される。

　22世紀において人口8000万人のもとで日本経済を考える場合、人口増のもとでの経済運営のようにできるだけ高い成長率を目指すことはできないことから、先に掲げた四つの目標の実現が経済運営の目標となり、そのことを考慮する経済運営にとって重要なことは継続性ということになるが、そのためにも経済の運営にあたって奉仕・学習・創造の三つの人間にとって固有の行為が中心に置かれねばならない。

(3) 生活の向上と奉仕・学習・創造

　ここで改めて「生活の向上」について議論をし、そこで奉仕・学習・創造の人間固有の行動がどのように生活の向上にかかわっているかを検討しておこう。この議論を通じて、より具体的に人口一定のもとで目指すべき生活のあり方について検討する。

　誕生から3年間の母親のもとでの育児を通じて、自分を自覚し、母親を通して自分と他人との関係を理解しはじめ、自愛と他人を愛することを明確に区分することができるようになって、就学前の保育期間において徐々に社会性すなわち他人に対する接し方を身につけていく。そして、それに続く9年間の義務教育において、協働体制を基本とする社会の仕組みを理解し、そのもとで一構成員となる自分の生き方を理解し、併せて、他人との接し方を道徳心を養う形で身につけ、できれば社会で自分がどのような役割を担っていきたいかまで自覚をした後、その考えにもとづいて高等教育での勉学の方向性を明確にできるならば、社会人になってからの職業の選択、また、社会人としての生活の仕方について迷いはほとんどなくなるものとみなされる。さらに、社会人としての日常生活において、人間の固有の動作ないしは行為である奉仕・学習・創造を十分に使いこなしていくことができるはずである。

3　「奉仕」がもたらす地域社会の連帯性

(1) 市場と貨幣

　人口8000万人の22世紀の日本経済においても、そして、日本列島のどこで生活するにしても、社会から完全に隔離して生きていくことは不可能である。全くの孤島に漂流して命の助かったロビンソン・クルーソーがたまたまその孤島に立ち寄った船舶に救助されるまでに十数年にわたって生き延びることができたのは、難破船から持ち出すことができた小道具・食糧と母国での社会生活があったればこそであって、そこでの社会生活で身についてきた生活の知恵がロビンソン・クルーソーの命をつないだのである。

　その社会の本質は協働体制であって、誰もがその協働体制の一員として他の人びとと分業・協業の関係を造っていることにもとづく。その協働体制のもとでその一員として生きていくことは、他の人びとと相互依存の関係を保ちながら生きていくことになるが、直接顔を合わせて生活し、相互

依存関係にあるのは家族であり、同じ職場で一緒に働いている人たちである。その数はそれほど多くはなく、せいぜい 20 〜 30 人から 50 〜 60 人であろう。加齢に伴って現役から引退すると、その人数は急減し、せいぜい 10 人前後となる。ほとんどの時間を家で暮らす高齢者の場合は家族だけということにもなりかねない。

ただ、毎日の生活時間の大半を家のなかで過ごし、直接顔を合わせるのは家族だけであっても、多くの人びとの働きに依存して生きていることは明らかであって、もし、このような人びととの関係がなくなれば、数日間でも生き延びることは難しい。いまの住まいを建ててくれた大工さんとの関係が消えるとすれば、明日からどこで雨風をしのぐかが問題になり、毎日食べている米を造ってくれる農家の皆さんとの関係を断ち切れば、たちまちその日から食事はできなくなる。このように見ていくと顔を合わせたことがなくても、何千人、何万人の人びととつながっており、また、多くの人びとに支えられていることは明らかである。フェイス対フェイスではなく遠くの人と関係を持つことができるのは、お米や野菜、衣類や日用品などを通じてであるが、それを可能にしているのが市場であり、貨幣である[4]。

いま、お米をほしいと思っても、それを手に入れるためにはお米を誰かに買ってもらいたいと考える人を見つけなければならない。周りにお米を造っている農家が点在している場合には、一番近くの農家を訪ねることで直ぐにお米を求めることができるが、周りに畑も田圃もない都市では米を売りたいという人は直ぐには見つからない。しかし、都市でもお米を取り扱う市場があれば、そこに出かけていけばお米を手に入れることができる。そして、そこで貨幣でお米を買うことができれば、お米を売りたいと思っている人だけを探せばよいことになるから、容易にお米を手に入れることができる。かくして、社会の骨格をなす協働体制を支えているのは、「市場」であり交換手段としての「貨幣」である。

(2) 世代間のつながり

社会の協働体制を支える市場システムを造ってきたのは、奉仕・学習・創造の人間だけに与えられた三つの行為であるが、この市場システムを維持しその機能をさらに高めていくのも、奉仕・学習・創造の三つの行為で

あることを理解しておかねばならない。一個人の生き方を見ても、先に見てきたように、3歳まで両親の庇護のもとに愛情をもって育てられ、9年間の義務教育を受け、さらに、高校に進んでい広い知識を身につける頃から生涯にわたっての生き方を考えるようになるが、誰もが高い目標を掲げ、その実現に向けて毎日の生活のなかで一歩でも二歩でもその目標に近づくように努力を重ねていくことになるが、このような生き方を誰もが持つようになるのは、奉仕・学習・創造の人間固有の行為にもとづくものである。

　また、毎日の努力が継続していくのも奉仕・学習・創造の3行為によるものといえる。ここではボランティア活動を通じて一人でも多くの社会的弱者を支えていくことを人生の目標にしている女性を取り上げ、毎日の生活のなかで努力を重ねていく場合を取り上げておこう。彼女は結婚していて2児の母親であるが、2人の子供が小学校に行くようになったので、中断していたボランティア活動を再開することにした。それに家計を助けるために週3日パートに出ている。そのため、ボランティア活動を続けるためには相当無理な時間のやりくりを必要とする。このような時間のやりくりをしてでも、ボランティア活動を続けていこうとするのはなぜかが問われる。奉仕・学習・創造の人間固有の行為そのもののなかにそれを続けさせる何かがあると考えざるを得ない。ここで見てきたボランティア活動の場合、奉仕に対する見返りは全く求めないで人のために尽くすという行為であるから、奉仕という行為自体に心を満たすものが含まれており、ボランティア活動そのもののなかにその行為を続けさせる何かが含まれていることになる。そのため、ボランティア活動はそのうちに「持続性」という性質を含むものである。

(3) 人と人の連帯

　さらに、ボランティア活動が他の人びとをこの活動に参加するように誘い入れる要素を含むとすれば、それは奉仕という行為の持つ固有の要素ともみなされる。そして、それはボランティア活動が地域社会において人と人との連帯性をもたらす「地縁」[5]的要素を含むことになり、そのことが地域社会の安定・安全を強化させるとすれば、人口8000万人のもとでの経済の運営にあたってボランティア活動が非常に大きな安定要素になることが想定される。

そのため、地域社会で展開されるボランティア活動が人と人のつながりを強めながら、連帯感を醸成していく過程をもう少し詳しく跡付け、地域社会の安定・安全が強化されていく状況をもう少しフォローしておく必要がある。同時に、同世代の連帯性に加えて世代間の連帯性を取り上げ、現在の核家族のもとでの人間関係のあり方について議論し、家庭内暴力の問題についても論及しておく必要がある。

4　創造活動が22世紀における新しい文芸活動を育てる

(1)　美の追求と真理の探究

　生涯を通じて目指す目標に真理の発見や美の追求を掲げ、それに向かって日々の生活において努力を重ねていくときも、毎日の生活において将来に対する希望を持ち続けることができれば、生活はつねに前向きとなる。そして、この目標の追求においては奉仕・学習・創造の三つの行動のうちでも創造に重点が置かれるが、この行為のなかにも継続性が多分に含まれており、創造を中心にした毎日の生活において掲げた人生の目標に向かって、一歩でも二歩でも目標に近づいたことを感じるときの喜びは、目標に向けての努力をさらに加速させる方向に向かって心に刺激を与えることになる。

　このように創造という人間固有の行為には、持続性に加えて加速性というもう一つの特性を持つことが指摘される。しかも、目標が真理の追究でなく、美の追求の場合、目標に向けての一歩でも二歩でもその前進が誰の目にも見えることから、周りの人びととも創造の喜びを分かち合えることになり、本人の目標に向かっての努力を加速させるだけでなく、周りの人びとにも創造の喜びを分け与えることになり、いつの時代においても新たな文芸復興を起こしうる要因をそのうちに含むものである。

　22世紀の日本経済を人口8000万人で維持していくことを決めたとき、大正から昭和にかけて、若者を中心に大正浪漫という形で花開いたささやかな文芸復興を、22世紀のわが国において、若者に限らず誰もが参加できるような規模で花開かせたいという思いがあったことは確かである。先に、21世紀の日本経済の運営にあたって四つの目標を設定し、その4番目の目標に「誰もが将来に希望をもって生きていく」を掲げてきたが、そのためには誰もが人生の目標を高いところで設定し、つねにその目標に向けて努

力を重ねる生き方を持ち続けなければならない。そして、その目標に向かって一歩でも二歩でも前進できたとき感じる喜びが努力の原動力になって、さらなる前進を促すことになる。

　また、一人一人が掲げる目標はそれぞれ異なるが、その実現にあたっては奉仕・学習・創造の人間固有の行為にもとづかねばならない点において共通である。なかでも創造に関しては、毎日の生活のなかにおいて、どれほど小さなものであっても発見があったり、目標に少しでも近づくことが確信できたならば、さらなる勇気をもって前に向かって進むことができる力が与えられるはずである。この創造の持つ持続性ないしは加速性は周りの人びとに対しても大きなインパクトを与え、同じ目標を掲げてそれに向かっての創造活動に誘うような効果を持つようにも想定される。

　いま、一人の青年が自分の考える美の確立を目指して絵画を始めたと想定しよう。しかし、はじめから創造活動が始まるわけでなく、まず、油絵であれ、日本画であれ、絵を描く技法を学ばねばならない。この過程においては大半は学習であるが、ときには、油絵の技法に日本画の技法の一部を取り入れることなどが行われてくると、創造にも結びつくことになる。そして、美の確立を目標として日々努力を重ねている場合、思わぬ発見があったりして毎日の生活においても喜びを感じ、それが明日への前進の原動力に変わっていくことが経験されるが、このような刺激は当人だけにとどまらず、周りの人びとにも感動を与え、目指す目標は異なっていてもそれに向かって進んでいく勇気が与えられることが想定される。それは周りの人びともその変化を目で確かめることができるからである[6]。

(2) 22世紀の文芸復興

　創造という人間固有の行為にはその人に勇気をもたらすだけでなく、周りの人びとにも感動を与え、ときには創造の活動に参加するように誘われることもある。その場合、自分は創造に直接参加しなくても見守って一緒に感動を覚えることで創造活動に参加する。ここにおいて一人の創造活動が周りの人びとを加えて「美」という絆で結ばれていくことになり、ある種の連帯感をもたらす。このような連帯の輪がいたるところで生まれてくるとき、それは22世紀の文芸復興であって、人口一定のもとで着実に所得の伸びが年功序列型の賃金体系によって保障されており、多くの人びとが

創造活動に参加して、創造の喜びを分かち合えることはこれまでの文芸復興と異なる。

　当然、大正浪漫とも異なる。むしろ、この状態は人口一定のもとでの国の理想の姿ともみなすことができる。年功序列型賃金体系によって誰もが所得水準の伸びを確信できることから、誰もが将来に向けて自分の設定した目標に向かって進んでいくことができることを考えるならば、文芸復興というより、人類が目指すべき一つの国家の理想の形とみなされる。その意味では 22 世紀のわが国における経済運営の目標は、人口一定のもとでの理想的な国造りともいうべきものである。それは、21 世紀の人口減少の状況のもとで経済運営を進めるにあたって、四つの目標を掲げ、その四番目に「誰もが将来に希望を持ち続けることができる」を掲げてきたが、これは、人口一定のもとでも当然満たされねばならない条件であるが、この条件が誰もが奉仕・学習・創造の人間固有の行為によって満たされていくならば、先に見てきたように、自分の定めた目標の実現に向けての過程において他人との対立や争いをもたらすものでないことから、お互いが自分の掲げる目標に向かうにあたって協力し合い刺激を与え合って、先に述べた大正浪漫的雰囲気が一部の限られた人びとの間だけでなく、国全体に広がっていくことを目指すことになる。

　しかし、誰もが自分の掲げた目標に向かって生涯を生き抜くということにはならないであろう。ある人はその目標が自分の持っている能力ないしは感性に合っていないことに気づき、これまでの生き方を変えるかもしれないが、それまでの生き方は頭のなかに残ることから、その後の人生においてもそれは精神的支えになるはずである。むしろ、同じ目標を掲げてきた人びとの活躍を応援し、そうした人びとが目標に一歩でも二歩でも近づくことを共に喜べるようにもなれると考えられる。

　このように、自分の掲げた目標に向かって、奉仕・学習・創造の人間固有の行為によって努力を重ねる時間を経験する場合、仮に、途中で挫折があったとしても、その原因を他人の所為にしたり、社会の所為にして逆恨みをすることはせず、むしろ、希望を捨てずに努力を重ねていたときを懐かしく思い出して、改めて新しい目標を掲げることを試みたり、他の人びととの努力に声援を送るようなゆとりのある気持ちを持ち得るはずである。この場合、地域社会で見られる「地縁」にもとづく人間関係が国全体にま

12-1「22世紀の人口ピラミッド」のように安定した二等辺三角形の形状を示す。

図12-1　22世紀の人口ピラミッド

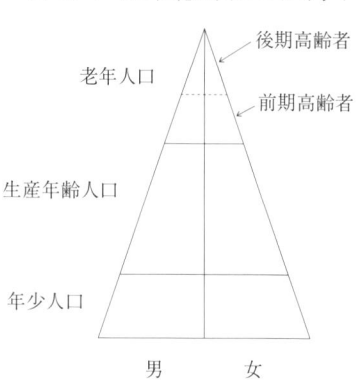

前期高齢者はまだ体力的にも仕事を続けることができる人が多く、少なくとも自立ができる年齢ともみなされることから、後期高齢者と区分されることには十分に根拠がある。ただ、高齢者の場合、これまでの長い人生の生き方から、とくに、体力や健康状態において大きな個人差が見られることから、前期高齢者のなかにも自立は難しく社会から何らかの援助を受けなければならない高齢者が含まれるが、その数はそれほど多くはない。これに対して、後期高齢者になると、とくに平均寿命を超えてくると肉体的にも、経済的にも自立は難しくなってくることから、後期高齢者をどう支えていくかが問題となる。

「有終の美を飾る」とか、「終わりよければすべてよし」、あるいは「細工は流々仕上げをごろうじませ」という言葉があるように、とくに、日本人には終わりとか結果を重視する気持ちが強いようであるが、これを人生観に当てはめて考えれば、できるだけ長く体力を保ち、わずかな他人のサポートで日常生活を送り、最後は短い病床生活で生涯を終えるというのが、高齢者の誰もが望む生き方とみなされる。しかし、実際にはこのように有終の美を飾れる人は稀であって、多くの人は認知症にかかったり、成人病にかかって介護が必要になったり、あるいは、転んだりして、介護なしには生活できないような状態に陥る人も多い。

第 10 章において、人口減少過程における経済運営の目標を四つ掲げたが、人口 8000 万での経済運営において世代間の関連性を重視するとき、もう一つの目標、「有終の美」を飾って誰もが人生を全うすることを加えることが必要となる。第 2 節で誰もが未来に希望をもって毎日の生活を送ることが、地域社会の安定・安全の回復のためには必要であることを述べてきたが、その場合、想定していたのは主に生産年齢人口の人びとであったが、高齢者についてこのことを当てはめて考えるとき、「有終の美を飾る」ことが加わる。

(3) 有終の美

　高齢者の場合、「有終の美」を飾って生涯を終わるためには、ただ、最後まで実現を目指す目標を掲げるだけでは十分でなく、健康を維持し、自立の生活を送れる体力を保持していかねばならない。このことは長い人生を送ってきた後の年月であるだけに、とくに後期高齢者にとっては「有終の美を飾る」ことは非常に難しいことになる。そのため、できるだけ早い時期から健康の維持と体力の保持について考え方を明確にし、それに沿って毎日の生活を律していかねばならない。その意味では、先に述べてきたように人生の送り方として、高い目標を掲げ、その実現に向けて毎日の生活を送るという生き方と同じであって、むしろ、両者を旨く関連づけていくことによって、両者の目標が実現するものとも考えられる[9]。

　このように若いときから生涯を見通して毎日の生活を律していくにしても、すべての人びとが恵まれた環境のもとで生を受け、恵まれた素質をもって生を受けるわけではない。ただ、生まれた環境については、夫婦子 2 人が標準所帯になることから、これからは大きな差は生まれてこないし、両親が揃っておれば、兄弟の数に多少の差はあっても十分にそれを考慮して、社会に出る前の生活環境は十分なものが造られるはずである。また、恵まれた環境に生まれても、肉体的に欠陥をもって生まれてきて、体力ないしは知力においてハンディキャップを背負ってのスタートとなるものについては、家庭での生活の面倒を見、不足の部分を補いカバーするとしても、社会全体でバックアップするという体制を造ることは当然必要である。

　成人してからの生き方を決めるにあたっては、年少人口に含まれる 15 歳未満での生活が重要となるが、その期間でも三歳までの自分を自覚する

までの期間の生活が重要となる。これに関連して3カ年の「出産・子育て休暇制度」の提案を行ってきたが、この制度によって誰もが3カ年母親と一緒に生活できることによって、多くの幼児がこの間にこれからの生き方とくに社会生活で必要な他人を思いやる気持ちとか、他人に迷惑をかけない生き方が養われていくならば、目標を設定しそれに一歩でも二歩でも近づくことに喜びを感ずるような生き方を確立することになり、高齢者になっても体力を十分維持できるような生き方を可能にし、「有終の美」を飾って生涯を閉じることになる。

　このような生き方を、この世に生を受けた者のできるだけ多くの人びとが目指すことになれば、人口8000万人のもとで進められる経済運営は誰もが望む方向に向かっての国造りを可能にすることになる。この章では、22世紀の日本経済の運営を進めるにあたって、人口8000万人で固定することを想定し、そのうえで経済運営のあり方ないしは国造りの方向を議論してきたが、むしろ、この日本の国に生を受けた一人一人がその人生を全うするためには、人口が一定の規模で推移することが求められることを見てきたことになる。この章でのこの結論を念頭に置いて、もう一度、国造り編の四つの章の議論を振り返ってみる必要があるようにも思われる。

[注]
1)　戦後、鉱物資源を海外に依存することを前提に、貿易立国を国造りの目標に掲げたのとは正反対の立場に立つことになる。
2)　奉仕（serve）、学習（study）、創造（create）は人間にとって固有の行為であり、他の動物にはほとんど見られない行為である。社会の根幹をなす協働体制はこの三つの行為によって維持されてきた。
3)　とくに真理を追究する研究活動においては「継続性」は必須条件である。
4)　目に見えないが、国全体で人びとが関係を持ち続けられるのは貨幣にもとづくことは明らかである。理論編でのこの議論と関連づけてこの点をもう少し説明しておくべきである。
5)　11章「人口8000万人（世紀末）に向けての国造り」で取り上げた「向こう三軒両隣」は道路を媒体に結ばれることから「地縁」である。
6)　美の追求がもたらす周りの人びとへの波及効果はそれほど強くはないが、このよ

うな効果は真理の追究においても見られ、それが文芸復興のうねりを大きくしていく。

7) 自治体間で人口移動があるとき、受け入れ側の自治体では受け入れ体制を造る必要がある。いずれにしても自治体間の人口移動はそれぞれの自治体における人口ピラミッドの形状を崩すことになり、行政の展開を難しくする。

8) 21 世紀の人口減少期はこの状態が続くことになる。

9) 「有終の美」はそれ自体が人生の目標ではなく、誰もが自分の掲げた人生の目標を生涯を閉じる寸前まで求め続けることができたとき、周りの人びとから「有終の美」を飾って生涯を閉じたと讃えられるのである。

あとがき

　1998年7月に6年間の参議院議員の任期を終えて政界からの引退とともに、休む暇もなくその年の8月から名城大学の都市情報学部に籍を置くことになり、研究活動に復帰することができた。平成10年度後期から完全にこれまでの大学人の生活に戻り、講義・ゼミナールでの学生の指導と研究活動に私に与えられた時間の大半を充てる生活が始まった。その時の私の年齢は69歳であったから、同年輩の多くの人びとはすでに現役を引退されたことを考えれば、きわめて恵まれた環境に戻ったことになる。

　このような人事には、私と名城大学との間に以前からのかかわりがあって、そのことが何かと私にとって都合よく働いたといえる。1970年から参議院議員に出馬するまでの約20年にわたって名城大学法学部において財政学の講義を非常勤で担当してきたことから、1990年に名城大学において都市情報学部の新設計画が議論になったとき、その設置準備委員会のメンバーに加えられ、次第に複雑化してきた都市問題に対処するための文理融合の学部の新設を目指し、カリキュラムの構成等に力を注ぐことになった。そして、名古屋市立大学の定年退職後は都市情報学部に赴任することも依頼されていたのである。

　ところが設置認可直前の1991年夏の参議院選挙において公明党から参議院比例選挙の第1位に推薦され、立候補することになり、1期6年の任期を終えた後、都市情報学部の教授として赴任することを条件に参議院の出馬が認められたという経緯があった。当時、名城大学の定年は70歳であったが、私の場合、参議院をもう1期務める場合を想定して、72歳までと決めてもらった。そして、72歳になったとき、特任教授としてさらに3年間の延長をして講義をもたせてもらったから、大学人のまま後期高齢者に仲間入りさせてもらい、それまで現役で研究活動に携わることができたのである。

　いまでも、後期高齢者になるまで現役で社会に貢献できたことを誇りに思い、大きな勲章とも思っている。このような環境をつくっていただいた名城大学に対して心から感謝している。もう一つ名城大学での8年に及ぶ

大学人生活で得た貴重な体験がある。それは大学に出て講義を行わないときは、これまでの習慣でほとんど家で研究活動を行ってきたが、その間、加齢とともに徐々に衰えていく体力に合わせて研究生活のスタイルを調整することができたことである。これによって75歳で大学生活から引退してからも、家での生活においてそれ以前とほとんど変わらない研究生活をつづけることができたのである。

　毎朝6時起床、近くに流れる石ケ瀬川の堤防まで20分ほど散歩してから朝食をいただき、8時から机の前に座って午前中はほぼ執筆で時間を費やし、途中、新聞を読んだり郵便物の整理をしたりに時間を使うので、正味の研究時間は2時間半くらいであるが、毎日のことであるのでかなりの書きためもでき、その時々において設定する課題・テーマに関して原稿がたまっていった。午後の時間は読みたい本を読んだり、新聞の記事でとくに関心をもったものについて整理して記録したりすること等に充てている。夜はかなり視力が衰えてきているので目を使うことは極力避けていて、そのためテレビを見たり、音楽を聴いたり、たまには下手な歌を歌ったりして時間を使っている。就寝は10時半である。

　たまに高校や大学の同窓会に出席して古い友人と話し合うとき、誰もがいまもゴルフを楽しみ、囲碁に励んでいるようで、外出が多く人との付き合いが多くて、結構老後の生活を楽しんでいることを聞くが、これまで研究活動だけに打ち込んできた私は、そのような時間の使い方を知らず、おそらく、友人からみれば、退屈極まりない老後の生活と見なされるのか、何かにつけて声を掛けてくれるので、外から見るほどには退屈していない。

　今回の『人口8000万人時代に向けての日本経済』もこのような毎日の生活の中から生まれてきたのであるが、2007年に『宝暦治水』を風媒社から出版しているので、それ以降の毎日の研究生活の中から生まれてきたものと見なされる。序章を含めて13章から構成される本書は字数では約35万字に及んでいるので、これまでに出版してきた十数冊の書物に比べて最も多い分量といえる。現役時代の執筆のスピードからすれば、ペースは約半分に落ちてはいるが、いまの生活スタイルが私の研究活動に十分に適合していることを証明しているといえる。「継続は力」という言葉が改めて思い起こされる。

　そして、この間に私の研究活動にプラスになる二つの貴重な経験があっ

たことは付記しておかねばならない。その一つは、2007年の総選挙で公明党から出馬・当選した伊藤渉衆議院議員の後援会長に就任したことである。伊藤議員は大阪大学の工学部出身でＪＲ東海の技術職員から出馬した若手の議員であったので、経済・財政に関する基礎的知識を勉強するため、一月1回私の書斎を訪ねてきて、その時々の話題を通じて経済・財政に関する基礎知識を勉強することになったことである。

　伊藤議員は若くて鋭い判断力をもっていたため、できるだけ短い期間で経済・財政の問題についてベテラン議員と十分に議論できるだけの力をつけたいと、勉強会は月1回であったが、私もそれなりの準備をすることになり、時々、現役時代の大学での講義のことも思い出されて、80歳に近い年齢でありながら充実した時間をもつことができたことは、私にとっても何にも変えられない貴重な経験となった。

　もう一つの貴重な経験は、東日本大震災が発生した2011年の6月に徳島の四国大学から博士論文の審査だけを行う特命教授の就任を依頼されたことである。審査対象の博士論文とテーマが韓国の地方自治に関するものであったことから、私に指名がなされたと思われるが、はじめは2011年7月1日から3年間の契約での就任依頼に対して、自分の年齢のこととか、名古屋と徳島の距離のことなどを考えて少し躊躇したが、現役引退後もそれまでと変わらぬ研究活動をつづけてきたことと、距離の問題に関しては妻の両親の墓が阿波池田にあることから感覚的に問題はなかった。

　結局、その年の7月から経営情報学研究科の一員として月1回の割合で四国大学に勤めることになり、ふたたび現役の大学人に復帰することになったのである。四国大学のある徳島市は本州からみて、四国の中でも孤立した状態にあったが、明石大橋ができて京阪神と道路でつながってからは、バスで神戸から2時間という距離までに短縮され、私も3年間月1回の出校は神戸からバスを利用し、日帰りで通うことができたのも幸いであった。1年目は論文の審査とそれに関連する手続きで、大学での滞在時間の大半を費やしていたが、2年目からは論文審査の時間が少なくなってきたので、その時間を利用して研究会をもち、そこでこれまで私が確立してきた社会科学における分析手法を伝えておこうと考え、研究科長の大恵先生、研究所長の竹内先生、地理学先行の荻原先生と相談し、研究科委員会の始まる前の1時間半を利用して研究会をもつことにした。

私が言い出した研究会であるので、しばらくは私が1時間ほど使って報告を行い、残りの時間で意見交換をするという研究会の進め方を提案した。これに対して、経営情報学研究科の先生から、専門分野に少しずつズレがあるので、できれば経済のアップ・トゥ・デイトの問題について幅広い議論をしてもらえれば、大学院生の希望者にも参加を呼びかけたいとの申し出があり、私もその申し出を受け入れて、大学院での講義のつもりで引き受けることにしたのである。研究会は2012年12月からはじめることになったが、残りの在任期間を考えて、一応研究会の回数を10回と想定し、ともかく、はじめることになった。

　大学を引退して5年がたち、講義はもちろんのこと、人前で話をすることもほとんどなかったことから、一つのテーマで1時間話すことについて、はじめは十分な準備が話の内容だけでなく時間配分についても必要と考えられ、自宅での仕事においても、このことにかなりの時間を使うことになっていった。自宅での午前中は大部分を執筆に充てていたが、2012年に入る頃から、その時間は四国大学での研究会の準備に充てるようになっていった。さらに、そこで検討される内容が、21世紀の日本経済の運営にあたって前提とせざるを得ない人口減少の加速化が、日本経済の行方を考えるときどのような意味をもつかに集中するようになっていった。この研究会の議論を通じて本書の大枠が出来上がっていったと考えられる。

　人口減少のもとでGDPを維持し、1人当たりの平均所得水準を少しでも高めていくためにはどのような経済・財政運営が求められるのか、人口減少のもとで財政再建を進めることがはたして可能か、人口減と少子高齢化が同時に進行するなかでの持続可能な年金制度はどうあるべきか。人口減のもとでも地球温暖化は進むとき、環境問題はどのように変わっていくのかというように次々に新しい問題が浮かんできて、それについて研究発表することになれば、私の見解を明確にする必要があり、四国大学での3年目に入る頃には、月1回の研究会であったが、ほとんど私の研究活動がそれを中心に回るようになっていった。

　お陰で現役時代大学院で何人かの研究者志望の院生を指導していたときの充実感を久しぶりに味わうことができたのである。しかも、発表のテーマが五つ六つと揃ってくると、できたら一冊の本にまとめたいという意欲も出てきて、自分の考えをできるだけ多くの人びとに聞いてもらいたいと

いう意欲も出てきたのである。その意味では、四国大学での後半の1年半は全く現役の研究者に返った気持ちであった。その証拠に名古屋から四国大学まで3時間半の行程であったが、ほとんどが日帰りで往復できたのは前向きの気持ちが80歳を超えた私の体力を十分に補ってくれたためといえる。2013年6月で四国大学を辞してから、さらに4年半を費やして本書をようやくまとめることができたが、考えてみれば大学を卒業して研究者を目指してから丁度60年目にあたるこの年にこのような形で一冊の本をまとめることができたのは、きわめて幸運であったと感謝しなければならない。そして、この幸運の大半は四国大学および佐藤理事長をはじめ経営情報学研究科の先生方から頂いたものと有難く思っている。この研究会の開催にあたって事務方の世話を一手に引き受けていただいた事務長の祖上晃代さんに心からお礼申し上げます。

　このような研究・執筆の活動がどれだけつづけられるかは分からないが、これからも日本経済の進む道を見守りながら、この本で記述してきたことをチェックし、修正すべきところは手直ししていくことにしたいと思っているが、多分、その度に四国大学での特命教授としての3年間の生活の想い出が新たな勇気を与えてくれるものと思っている。いまでも、何かの拍子に四国大学のキャンパスとその前を悠々と流れる吉野川の川面をふと思い浮かぶことがあり、その度に気持ちの弾みを感じることが有難い。

2018年7月　著者

[著者略歴]

牛嶋　正（うしじま・ただし）
1931年、兵庫県生まれ。京都大学経済学部卒業。大阪大学大学院経済学研究科博士課程修了。経済学博士。61年、名古屋市立大学経済学部助教授。71年、同大学教授。88年、名城大学都市情報学部教授。名古屋市立大学名誉教授。
『租税の政治経済学』『財政再建―再生への道』『租税原理―課題と改革』『新版 現代の地方自治―新しい課題と行政能力』『宝暦治水―歴史を動かしたプロジェクト』ほか著書多数。

装幀◎澤口　環

人口 8000 万人時代に向けての日本経済

2019 年 5 月 28 日　第 1 刷発行　（定価はカバーに表示してあります）

著　者　　　牛嶋　　正

発行者　　　山口　　章

発行所　　名古屋市中区大須 1-16-29
振替 00880-5-5616 電話 052-218-7808　　風媒社
http://www.fubaisha.com/

＊印刷・製本／モリモト印刷　　　　乱丁本・落丁本はお取り替えいたします。
ISBN978-4-8331-1128-7